KVS TGT

विज्ञान

नवीनतम संस्करण

अभ्यास किट

05 टेस्ट्स

05 मॉक टेस्ट्स

वास्तविक परीक्षा प्रारूप पर आधारित टेस्ट

✓ पूर्णतः संशोधित और अद्यतन

✓ सभी बहुविकल्पीय प्रश्नो का विस्तृत विश्लेषण

शीर्षक : KVS TGT विज्ञान
लेखक का नाम : Mr. Rohit Manglik
प्रकाशक : EduGorilla Community Pvt. Ltd.
प्रकाशक का पता : 12/651 प्रथम तल, अरविन्दो पार्क के सामने, निकट जामा मस्जिद, इंदिरा नगर लखनऊ, उत्तर प्रदेश, 226016, भारत।

कॉपीराइट EduGorilla

ISBN : 978-93-55565-61-7

प्रथम संस्करण

अस्वीकरण EduGorilla

Compiled and created by EduGorilla Community Pvt. Ltd

रोहित मांगलिक
सीईओ, EduGorilla

संपादक की कलम से

प्रिय छात्रों,

एक बहुत ही प्रचलित कहावत है कि "सफलता उन्हीं को मिलती है जो उसके लिए कड़ी मेहनत करते हैं।" लेकिन मैंने लोगों को उनकी परीक्षाओं के लिए दिन-रात एक करके मेहनत करते हुए देखा है, पर फिर भी वे सफल नहीं हो पाते। तो वहीं दूसरी ओर, कुछ लोग बस आधी मेहनत करके परीक्षा में सफलता प्राप्त करते हैं। तो, क्या वे किस्मत वाले हैं? नहीं मेरा मानना है, कि ऐसा इसलिए है क्योंकि वे सिर्फ कड़ी नहीं बल्कि कुशल तरीके से अपनी तैयारी करते हैं। इसी तरह आपको भी अपनी परीक्षाओं की तैयारी के लिए अपनी योजना बनानी चाहिए, ताकि आपकी भी सफलता की संभावना बढ़ सके। तो तैयार हो जाइये EduGorilla के साथ अपनी परीक्षा में चयन होने की संभावना को 16 गुना बढ़ाने के लिए।

EduGorilla आपको न केवल कड़ी मेहनत करने में मदद करता है, बल्कि एक स्मार्ट और योजनाबद्ध तरीके से तैयारी करने में भी सहायता प्रदान करता है। EduGorilla की तैयारी पैकेज के साथ आप अपने परीक्षा में चयन होने के रास्ते को सहज और मनोरंजक बना सकते हैं। अपनी तैयारी के लिए सही रास्ता खोजना मुश्किल हो सकता है, यदि आप ये नहीं जानते कि आपको किस दिशा में जाना है। चिंता न करें हम आपके साथ खड़े हैं! EduGorilla आपकी सफलता में आपका मार्गदर्शक बनेगा। हमारे तैयारी पैकेज के साथ आप रणनीतिक रूप से तैयारी कर, अपनी परीक्षा में सिर्फ एक ही प्रयास में सफल हो सकते हैं।

EduGorilla के तैयारी पैकेज में शामिल हैं-

- टेस्ट सीरीज़
- किताबें

हमारे तैयारी पैकेज को सभी तरह के नये बदलवों, विशेषज्ञों की राय एवं छात्रों के प्रतिक्रिया के अनुसार तैयार किया गया है। जो आपको परीक्षा के प्रत्येक चरण की चयन प्रक्रिया को पार करने के योग्य बनाता है।

हमारी किताबें शिक्षकों और विशेषज्ञों द्वारा आपकी परीक्षा के लिए तैयार की गई हैं, 150+ वर्षों के अनुभव के साथ; ताकि आपको आसान, कुशल और प्रभावी शिक्षण प्रदान किया जा सके। हमारी स्मार्ट किताबें न सिर्फ आपको प्रश्नों के उत्तर देने की समझ देती हैं, अपितु आपके अभ्यास के लिए समान रूप के प्रश्न भी प्रदान करती हैं।

EduGorilla की सक्षम टेस्ट सीरीज आपको वास्तविक अनुभव और आत्मविश्वास प्रदान करती हैं, जिसके माध्यम से आप केवल एक प्रयास में अपनी ऑफलाइन अथवा ऑनलाइन परीक्षा पास कर सकते हैं। वर्तमान में हम 84,000+ मॉक टेस्ट्स और 1,440+ प्रतियोगी एवं शैक्षणिक परीक्षाओं की तैयारी कराते हैं।

अर्थात, EduGorilla आपकी तैयारी में आपकी सहायता करने का कोई भी मौका नहीं छोड़ता है और परीक्षा के सभी चरणों को कवर करता है, ताकि परीक्षा की तैयारी के लिए आपको कहीं और भटकना ना पड़े।

हम आपको डिफेन्स, बैंकिंग, टीचिंग और अन्य राष्ट्रीय एवं राज्य स्तरीय परीक्षाओं के लिए सम्पूर्ण तैयारी पैकेज प्रदान करते हैं। अतः इससे कोई फर्क नहीं पड़ता कि आप किस परीक्षा के लिए तैयारी कर रहे हैं, क्योंकि आप सफलता हासिल करेंगे।

आपको परीक्षा की शुभकामनाएं!

रोहित मांगलिक,
संस्थापक और मुख्य कार्यकारी अधिकारी, EduGorilla

प्रस्तावना

EduGorilla छात्रों को उनकी परीक्षा में सफल होने के लिए मार्गदर्शन प्रदान करता है। जिसको ध्यान में रखते हुए हमारे कुल 150+ वर्षों का अनुभव रखने वाले प्रतिष्ठित विशेषज्ञों ने कड़े प्रयासों के द्वारा "KVS TGT : विज्ञान" को तैयार किया है। इस किताब के प्रश्नों को हाल ही में परीक्षा के पाठ्यक्रम और पैटर्न में हुए सभी बदलावों को ध्यान में रखकर बनाया गया है। वो प्रश्न जिनकी KVS TGT विज्ञान परीक्षा में आने कि संभवना काफी प्रबल है, उनको इस किताब मे रखा गया है। आप EduGorilla की "KVS TGT : विज्ञान" के माध्यम से अपनी सफलता की संभावना को 16 गुना बढ़ा सकते हैं।

EduGorilla ये अपनी संपूर्ण तैयारी पैकेज के माध्यम से साकार करता है। इस किट में आपको प्रश्न अच्छी तरह अवधारित एवं संरचित रूप मे मिलेंगे जिन्हे आपकी जरूरतों के अनुसार बनाया गया है। इसके माध्यम से आपको स्मार्ट तरीके से परीक्षा के लिए अभ्यास करने में मदद मिलेगी। साथ ही आपको सहायक, समाधान और स्मार्ट उत्तर पत्रिका भी प्रदान की जायेंगी। जिससे आप अपना मूल्यांकन स्वयं कर सकते हैं। आप स्वयं की समीक्षा कर, उन सभी बिन्दुओं पर खुद को बेहतर तरीके से तैयार कर सकते हैं।

EduGorilla आपको अपनी परीक्षा में सफ़लता दिलाने और आपके लक्ष्य को हासिल करने में आपकी सहायता करने का वादा करता हैं। हम अपने प्रतिभागियों पर पूरा भरोसा करते हैं और उन्हें मेरिट सूची के शीर्ष पर देखते हैं। शीर्ष स्थान की ओर आपका पहला कदम है हमारे साथ तैयारी शुरू करना। EduGorilla की "KVS TGT : विज्ञान" की विशेषताएं कुछ इस प्रकार हैं।

➤ अच्छी तरह से शोध किया हुआ पाठ्यक्रम

➤ उच्च गुणवत्ता

➤ विस्तृत उत्तर और विश्लेषण

➤ स्मार्ट उत्तर पत्रिका

➤ परीक्षा सुसंगत प्रश्न

इस प्रकार EduGorilla आपकी तैयारी को मजबूत और आपको परीक्षा में सफल होने के योग्य बनाता है।

KVS TGT विज्ञान
परीक्षा की योग्यता, परीक्षा पैटर्न, विषय को जानने के लिए QR कोड को स्कैन करें।

Book ID: 1231

विषय-सूची

मॉक टेस्ट 01

Q.1 दो या दो से अधिक तत्वों को एक निश्चित अनुपात में संयोग करने से बना पदार्थ कहलाता है:

A. तत्व **B.** यौगिक **C.** मिश्रण **D.** ठोस

Q.2 वायुमंडल में ओजोन गैस की सर्वाधिक मात्रा पाई जाती है:

A. क्षोभमंडल **B.** मध्यमंडल
C. समताप मंडल **D.** तापमंडल

Q.3 यदि हाइड्रोजन की पहली कक्षा में इलेक्ट्रॉन की ऊर्जा -13.6 eV है, तो तीसरी कक्षा में इलेक्ट्रॉन की ऊर्जा (eV) में कितनी है?

A. -1.51 **B.** -4.53 **C.** -40.8 **D.** -122.4

Q.4 प्रकाश क्वांटा का प्रसार _________ द्वारा वर्णित किया जा सकता है।

A. फोटॉनों **B.** प्रोटानों **C.** न्यूट्रॉनों **D.** इलेक्ट्रॉनों

Q.5 पदार्थ की वह अवस्था जिसमें आयनित गैसों के रूप में अति ऊर्जावान कण होते हैं, कहलाती है:

A. द्रव अवस्था **B.** प्लाज्मा अवस्था
C. गैसीय अवस्था **D.** इनमें से कोई नहीं

Q.6 पदार्थ की निम्नलिखित में से किस अवस्था में सबसे कमजोर अंतर-आणविक बल हैं?

A. ठोस **B.** द्रव
C. गैस **D.** इनमें से कोई नहीं

Q.7 पदार्थ की निम्नलिखित में से किस अवस्था में अंतर-आणविक दूरी निश्चित होती है?

A. द्रव **B.** ठोस
C. गैस **D.** इनमे से कोई भी नहीं

Q.8 सर्दियों में बाहर, धातु का एक टुकड़ा लकड़ी के टुकड़े की तुलना में ठंडा क्यों महसूस करता है?

A. लकड़ी की अपेक्षा धातु ऊष्मा की सुचालक है
B. लकड़ी धातु की अपेक्षा ऊष्मा की सुचालक होती है
C. लकड़ी धातु की तुलना में तेजी से गर्मी का संचालन करती है
D. धातु और लकड़ी दोनों ही ऊष्मा की कुचालक होती हैं

Q.9 $^{80}_{35}Br$ में प्रोटॉन, न्यूट्रॉन और इलेक्ट्रॉनों की संख्या की गणना करें।

A. 35,45,35 **B.** 30,35,45
C. 45,35,45 **D.** 35,45,45

Q.10 निम्नलिखित में से कौन से गुण समस्थानिकों के लिए समान हैं?

A. भौतिक गुण
B. रासायनिक गुण
C. भौतिक और रासायनिक दोनों गुण
D. न तो भौतिक और न ही रासायनिक गुण

Q.11 यदि आफबाऊ सिद्धान्त का पालन नहीं किया जाता है, तो Ca^{20} किस ब्लॉक से संबंधित है?

A. s-ब्लॉक **B.** p-ब्लॉक **C.** d-ब्लॉक **D.** f-ब्लॉक

Q.12 थॉमसन के परमाणु मॉडल के अनुसार निम्नलिखित में से कौन सा/से सत्य है/हैं?

A. परमाणु विद्युत रूप से उदासीन नहीं होता है।
B. एक परमाणु एक धनात्मक आवेशित गोला होता है जिसमें इलेक्ट्रॉन अन्तर्निहित होते हैं।
C. परमाणु में ऋणात्मक और धनात्मक आवेश परिमाण में समान नहीं होते हैं।
D. उपरोक्त में से कोई नहीं

Q.13 ईथेन को सूर्य के प्रकाश में ब्रोमीन के साथ अभिक्रिया करने की स्वीकृत मिलने पर बनने वाले विभिन्न प्रतिस्थापन उत्पादों की संख्या है:

A. 9 **B.** 6 **C.** 8 **D.** 5

Q.14 ईथर तब बनता है जब एल्किल हैलाइड को सोडियम अल्कॉक्साइड के साथ गर्म किया जाता है। इस विधि को कहा जाता है

A. कोल्बे संश्लेषण **B.** वुर्ट्ज अभिक्रिया
C. पर्किन अभिक्रिया **D.** विलियम्सन संश्लेषण

Q.15 एथिलीन क्षारीय $KMnO_4$ के साथ अभिक्रिया करता है:

A. ऑक्सेलिक अम्ल **B.** एसिटिक अम्ल
C. ग्लिसरॉल **D.** ग्लाइकोल

Q.16 $FeCl_3$ में क्लोरीन के साथ टॉलूईन की अभिक्रिया मुख्य रूप से देती है:

A. बेंजॉयल क्लोराइड **B.** m-क्लोरोटोलीन
C. बेंजाइल क्लोराइड **D.** o और p क्लोरोटॉलूईन

Q.17 ब्रॉन्स्टेड-लॉरी एसिड और बेस के प्रकार के संबंध में निम्नलिखित में से कौन सा सही उदाहरण है?

A. BF_3 - लुईस एसिड
B. CH_3COOH - ब्रॉन्स्टेड-लॉरी बेस
C. H_2O - ब्रॉन्स्टेड-लॉरी बेस
D. उपरोक्त में से कोई नहीं

Q.18 निम्नलिखित में से कौन लुईस एसिड और लुईस बेस के बीच अभिक्रिया से बनता है?

A. लुईस बेस
B. लुईस एसिड
C. लुईस एसिड-बेस एडक्ट
D. उपरोक्त में से कोई नहीं

Q.19 निम्नलिखित में से कौन सा पदार्थ अम्ल और क्षार दोनों के रूप में कार्य नहीं कर सकता है?

A. एम्फ़ोटेरिक विलायक **B.** एम्फ़िप्रोटिक विलायक
C. एम्फ़ोलाइट विलायक **D.** प्रोटोफिलिक विलायक

Q.20 7 से कम pH मान इंगित करता है कि विलयन __________ है।

A. अम्लीय **B.** क्षारीय
C. उदासीन **D.** इनमें से कोई भी नहीं

Q.21 निम्नलिखित में से लोहे का कौन सा ऑक्साइड लंबे समय तक भाप के साथ प्रतिक्रिया करता है?

A. FeO **B.** Fe_2O_3
C. Fe_3O_4 **D.** Fe_2O_3 और Fe_3O_4

Q.22 एक धातु जिसमें लोहा भी तैर सकता है:

A. सोडियम **B.** मैग्निशियम **C.** मैंगनीज़ **D.** पारा

Q.23 अमलगम का मुख्य घटक है:

[Joint Entrance Examination (Polytechnic), 2019]

A. पारा **B.** एक क्षारीय धातु
C. एक क्षार **D.** चाँदी

Q.24 कॉपर का इलेक्ट्रॉनिक विन्यास प्रदर्शित किया जा सकता है

[Joint Entrance Examination (Polytechnic), 2019]

A. $[Ar]4s^23d^94p^1$ **B.** $[Ar]4s^23d^9$
C. $[Ar]4s^23d^{10}4p^1$ **D.** $[Ar]4s^13d^{10}$

Q.25 एक कार्बनिक पदार्थ में कार्बन $= 38.71\%$, हाइड्रोजन $= 9.67\%$ तथा ऑक्सीजन है यौगिक का मूलानुपाती सूत्र होगा

[Joint Entrance Examination (Polytechnic), 2019]

A. CH_40 **B.** CH_2O **C.** CHO **D.** CH_3O

Q.26 वेल्डिंग में प्रयुक्त हाइड्रोकार्बन है:

[Joint Entrance Examination (Polytechnic), 2019]

A. इथाइन **B.** बेंजीन **C.** इथीन **D.** एथेन

Q.27 $(F_2C = CF_2)$ एकलक है-

[Joint Entrance Examination (Polytechnic), 2019]

A. टेफ्लॉन का **B.** ब्यूना-S का
C. नायॉन-6 का **D.** ग्लिप्टॉल का

Q.28 $HC \equiv C - \underset{H}{\overset{C_2H_5}{\underset{|}{\overset{|}{C}}}} - CH_3$ का IUPAC नाम है -

[Joint Entrance Examination (Polytechnic), 2019]

A. 3-मिथाइल-4-पेन्टाइन **B.** 3-मिथाइल-4-पेन्टाइन
C. 2-ईशाइल-2-प्रोपाइन **D.** 3-मिथाइल-5-पेन्टाइन

Q.29 स्वाद कलियों में पाई जाने वाली उपकला कोशिकाओं को कहा जाता है-

A. ग्लैंडुलर एपिथेलियल कोशिकाएं
B. पिगमेंटेड एपिथेलियल कोशिकाएं
C. न्यूरोएपिथेलियल कोशिकाएं
D. एब्जार्पटिव एपिथेलियल कोशिकाएं

Q.30 निम्नलिखित में से किसमें सरल स्तंभ उपकला का अस्तर पाया जाता है?

A. रक्त वाहिकाओं का अस्तर
B. गर्भाशय की परत
C. कशेरुक के श्वसन मार्ग
D. गुर्दे की विकृत नलिकाएं

Q.31 एरिथ्रोपोइटिन से संबंधित निम्नलिखित में से कौन सा कथन सही है?

A. एरिथ्रोपोइटिन एक ग्लाइकोप्रोटीन हार्मोन है।
B. हाइपोक्सिया (ऑक्सीजन का निम्न स्तर) एरिथ्रोपोइटिन उत्पादन को रोकता है।
C. अधिकांश एरिथ्रोपोइटिन वयस्कों में अग्न्याशय में बने होते हैं।
D. एरिथ्रोपोइटिन सफेद रक्त कोशिका के उत्पादन को उत्तेजित करता है।

Q.32 निम्नलिखित में से कौन सी वृक्क कोशिकाएँ अम्ल-क्षार समस्थापन में भाग लेती हैं?

A. पोडोसाइट्स **B.** इंटरकैलेटेड कोशिकाएं
C. प्रधान कोशिकाएं **D.** ब्रश बॉर्डर कोशिकाएं

Q.33 निम्नलिखित में से कौन सा कोशिका अंग एककोशिकीय जीवों के विषय में अतिरिक्त पानी और कचरे को बाहर निकालने में भूमिका निभा सकता है?

[UPSC NDA, 2020]

A. लाइसोसोम
B. संकुचनशील रिक्तिका
C. गोल्जी बॉडी
D. इंडोप्लास्मिक रेटिकुलम

Q.34 प्रोकैरियोटिक जीवों में परमाणु क्षेत्र एक झिल्ली से घिरा नहीं होता है। इस अपरिभाषित परमाणु क्षेत्र को __________ के रूप में जाना जाता है।

[UPSC NDA, 2020]

A. न्यूक्लिक अम्ल **B.** न्यूक्लियॉइड
C. न्यूक्लियस **D.** न्यूक्लियोज़ोम

Q.35 रक्त एक प्रकार का _ है।

[UPSC NDA, 2019]

A. उपकला ऊतक **B.** पेशी ऊतक
C. तंत्रिका ऊतक **D.** संयोजी ऊतक

Q.36 कोशिका द्रव्य और केन्द्रक के विभिन्न भागों में पदार्थों का संचलन सामान्यतः किसके द्वारा किया जाता है?

[UPSC NDA, 2021]

A. राइबोसोम्स
B. माइटोकॉन्ड्रिया
C. लाइसोसोम्स
D. एंडोप्लाज्मिक रेटिकुलम

Q.37 क्लिस्टोगैमी का एक लाभ यह है:

A. यह अधिक आनुवंशिक विविधता की ओर जाता है
B. बीज समूह परागणकों पर निर्भर नहीं होता है
C. बीज फैलाव अधिक कुशल और व्यापक है
D. परागणकर्ता की प्रत्येक यात्रा के परिणामस्वरूप सैकड़ों परागकणों का स्थानांतरण होता है

Q.38 सुक्रोज को _______ एंजाइम द्वारा ग्लूकोज और फ्रुक्टोज में परिवर्तित किया जाता है।

A. माल्टेज़ **B.** ज़ाइमेज़
C. आइसोमेरेज़ **D.** इन्वर्टेज

Q.39 एक विधि जिसमें जड़ें तने पर प्रेरित होती हैं जबकि यह अभी भी मूल पौधे से जुड़ी होती है, वह ________ कहलाती है।

A. लेयरिंग **B.** कटिंग **C.** ग्राफ्टिंग **D.** बडिंग

Q.40 एल्म (अल्मस), डंडेलियन (तारैक्सकम) जैसे पौधे और रोज फैमिली के सदस्य _________ द्वारा वानस्पतिक रूप से प्रजनन करते हैं।

A. राइज़ोम **B.** सकर **C.** स्टोलोन **D.** कॉर्म

Q.41 दो न्यूरॉन्स के जंक्शन को _________ कहा जाता है।

A. अंतर्ग्रथन **B.** सिनैप्सिस **C.** ज्वाइंट **D.** जंक्शन

Q.42 निम्नलिखित में से कौन-सा पादप हॉर्मोन है?

A. इंसुलिन **B.** थायरॉक्सिन
C. एस्ट्रोजेन **D.** साइटोकाइनिन

Q.43 जब कोई व्यक्ति गंभीर सर्दी से पीड़ित होता है, तो वह ________ नहीं कर सकता है।

A. सेब के स्वाद और आइसक्रीम के स्वाद के बीच अंतर
B. एक अगरबत्ती की गंध और एक इत्र की गंध के बीच अंतर
C. लाल बत्ती और हरी बत्ती के बीच अंतर
D. गर्म वस्तु और ठंडी वस्तु के बीच अंतर

Q.44 मस्तिष्क _______ के रूप में जानी जाने वाली खोपड़ी की गुहा के अंदर स्थित है।

A. मृदुतानिका **B.** ड्यूरा मेटर
C. कपाल **D.** तानिका

Q.45 निम्नलिखित में से क्या नर जनन तंत्र का भाग नहीं है?
A. शिश्न **B.** ग्रीवा
C. शुक्राणु वाहिनी **D.** वृषण

Q.46 निषेचन _______ में होता है।
[RRB/RRC Group D, 2018]
A. योनि **B.** गर्भाशय
C. फैलोपियन ट्यूब **D.** गर्भाशय ग्रीवा

Q.47 वीर्यकोष से शुक्राणु को लिंग में स्थानांतरित करने वाली मांसपेशियों की ट्यूब का नाम क्या है?
A. गर्भाशय नाल **B.** पुरस्थ ट्यूब
C. मूत्रमार्ग **D.** शुक्रवाहिका

Q.48 महिला प्रजनन प्रणाली के किस भाग को 'बर्थ कैनाल' के नाम से जाना जाता है?
A. योनि **B.** गर्भाशय ग्रीवा
C. गर्भाशय **D.** फलोपियन ट्यूब

Q.49 पक्षियों के पंखों के समान अंग का नाम बताइए।
A. मानव का अग्रभाग **B.** घोड़े का अगला पैर
C. कीट के पंख **D.** इनमें से कोई नहीं

Q.50 कारक के वाहक कौन से हैं?
A. एलेलेस **B.** गुणसूत्र
C. डीएनए **D.** इनमें से कोई नहीं

Q.51 मेंडल ने अपने प्रयोगों के लिए किस पौधे को चुना था?
A. चना **B.** गुलाब
C. मटर **D.** उपरोक्त सभी

Q.52 इनमें से कौन सा जीवाश्म है जिसके पंख और दांत हैं?
A. चिड़िया **B.** ऐकव्स
C. आर्कियोप्टेरिक्स **D.** सरीसृप

Q.53 चलती ट्रेन में एक यात्री पांच रुपये का सिक्का उछालता है। यदि सिक्का उसके पीछे गिरता है, तो ट्रेन एक समान _______ के साथ चल रही होगी।
A. त्वरण **B.** मंदन **C.** गति **D.** वेग

Q.54 तापमान का कणों की गति से क्या संबंध है?
A. व्युत्क्रमानुपाती **B.** एक दूसरे से स्वतंत्र
C. अनुक्रमानुपाती **D.** वक्रीय संबंध

Q.55 निम्नलिखित में से कौन सा कथन सही है?
कथन (A): न्यूटन का पहला नियम उड़ान भरने वाले विमान में पायलट के लिए मान्य है।
कथन (B): न्यूटन का पहला नियम स्थिर वेग से चलती ट्रेन में प्रेक्षक के लिए मान्य है।
A. केवल (A)
B. केवल (B)
C. (A) और (B) दोनों सही हैं
D. (A) और (B) दोनों गलत हैं

Q.56 सही विकल्प चुनें.
A. गतिमान कण का त्वरण सदैव उसके वेग की दिशा में होता है।
B. गतिमान कण के वेग और त्वरण सदिशों के बीच 0 और 360 के बीच कोई कोण हो सकता है।
C. गतिमान कण के वेग और त्वरण सदिशों के बीच 0 और 180 के बीच कोई कोण हो सकता है।
D. यदि त्वरण वेक्टर हमेशा गतिमान कण के वेग वेक्टर के लंबवत होता है, तो वेग वेक्टर नहीं बदलता है।

Q.57 रणवीर ने बिना बर्तन हटाए टेबल से मेजपोश खींच लिया। इसका कारण है:
A. जड़ता **B.** आवेग **C.** बल **D.** संवेग

Q.58 यदि किसी पिंड का संवेग स्थिर है, तो:
A. यह स्थानांतरीय संतुलन में है
B. यह स्थानांतरीय संतुलन में नहीं है
C. यह स्थानांतरीय संतुलन में हो भी सकता है और नहीं भी
D. इनमें से कोई नहीं

Q.59 न्यूटन के गति के तीसरे नियम के अनुसार, क्रिया और प्रतिक्रिया _____________
A. हमेशा एक ही पिंड पर कार्य करती है।
B. हमेशा अलग-अलग पिंडों पर विपरीत दिशाओं में कार्य करती है।
C. समान परिमाण और दिशाएँ हैं।
D. एक दूसरे के लिए सामान्य रूप से किसी भी पिंड पर कार्य करती है।

Q.60 हाथों के बीच रखे गुब्बारे को जब दबाया जाता है तो उसका आकार बदल जाता है। ऐसा इसलिए होता है क्योंकि:
A. संतुलित बल गुब्बारे पर कार्य करते हैं
B. असंतुलित बल गुब्बारे पर कार्य करते हैं
C. घर्षण बल गुब्बारे पर कार्य करते हैं
D. गुरुत्वाकर्षण बल गुब्बारे पर कार्य करता है

Q.61 यदि अचानक पृथ्वी और इसके चारों ओर घूमने वाले उपग्रह के बीच गुरुत्वाकर्षण बल शून्य हो जाता है, तो उपग्रह _________ होगा ।
A. समान वेग के साथ अपनी कक्षा में गतिमान रहेगा
B. स्पर्शक के साथ गति करेगा और दूर चला जाएगा
C. अपनी कक्षा में स्थिर बना रहेगा
D. पृथ्वी की ओर बढ़ेगा

Q.62 एक पत्थर को u की गति से ऊपर की ओर फेंका जाता है, इस गति से प्राप्त अधिकतम ऊँचाई ज्ञात कीजिए। (दिया गया है, g गुरुत्वीय त्वरण है।)
A. $\frac{u^2}{2g}$ **B.** $\frac{2u^2}{g}$ **C.** $\frac{u}{g}$ **D.** $\frac{u^2}{g}$

Q.63 यदि पृथ्वी की सतह पर गुरुत्वाकर्षण के कारण g त्वरण है, तो पृथ्वी की सतह से पृथ्वी की त्रिज्या के बराबर ऊंचाई पर उठाए गए द्रव्यमान m की एक वस्तु पर स्थितिज ऊर्जा होगी:
A. $mg\frac{R}{4}$ **B.** $mg\frac{R}{2}$ **C.** mgR **D.** $2mgR$

Q.64 एक उपग्रह ग्रह के बहुत करीब परिक्रमा कर रहा है। इसकी समय अवधि केवल ________ पर निर्भर करती है।
A. ग्रहों के घनत्व **B.** उपग्रह का द्रव्यमान
C. ग्रह की त्रिज्या **D.** इनमें से कोई नहीं

Q.65 एक कण को 16 m/s की गति से लंबवत ऊपर की ओर प्रक्षेपित किया जाता है, कुछ समय बाद, जब यह फिर से प्रक्षेपण बिंदु से गुजरता है, तो इसकी गति 8 m/s पाई जाती है। यह ज्ञात है कि ऊपर और नीचे की गति के दौरान वायु प्रतिरोध द्वारा किया गया कार्य समान होता है। तब कण द्वारा प्राप्त अधिकतम ऊंचाई है (मान लें $g = 10\ m/s^2$):
A. 17.6 m **B.** 12.8 m **C.** 8 m **D.** 4.8 m

Q.66 m द्रव्यमान का एक कण त्रिज्या r के अंतर्गत के एक क्षैतिज वृत्त में घूम रहा है सेंट्रिपेटल बल $-\frac{K}{r^2}$ के बराबर, K एक स्थिरांक है। कण की कुल ऊर्जा है:
A. $\frac{K}{2r}$ **B.** $-\frac{K}{2r}$ **C.** $-\frac{K}{r}$ **D.** $\frac{K}{r}$

Q.67 एक पिंड का संवेग 850.00 kg m/sec है और इसका द्रव्यमान 40.00 kg है। इसकी गतिज ऊर्जा ज्ञात कीजिए।

A. 89031.25 J **B.** 7031.25 J
C. 9031.25 J **D.** 6031.25 J

Q.68 एक 50 kg का आदमी अपने सिर पर 20 kg भार के साथ प्रत्येक 0.25 m ऊंचाई के 20 सीढ़ियां चढ़ता है। चढ़ाई में किया गया कार्य है:

A. 5 J **B.** 350 J **C.** 100 J **D.** 3430 J

Q.69 एक उड़ता हुआ चमगादड़ 100 KHz आवृत्ति की पराश्रव्य ध्वनि उत्सर्जित करता है। यदि वायु में ध्वनि की चाल 340 मीटर/सेकण्ड हो, तो ध्वनि की तरंगदैर्घ्य क्या होगी?

A. 34000 मिमी **B.** 0.34 मिमी
C. 3.4 मिमी **D.** 34 मिमी

Q.70 निम्नलिखित में से किस माध्यम से ध्वनि यात्रा नहीं कर सकती है?

A. निर्वात **B.** दूध **C.** वायु **D.** इस्पात

Q.71 ध्वनि कंपन का बड़ा आयाम _______ उत्पन्न करेगा।

A. तेज़ ध्वनि **B.** कमजोर ध्वनि
C. धीमी ध्वनि **D.** श्रेक ध्वनि

Q.72 भूकंप मुख्य झटके की लहर शुरू होने से पहले किस तरह की ध्वनि उत्पन्न करता है:

A. अल्ट्रासोनिक्स ध्वनि तरंगें
B. प्राकृतिक ध्वनि तरंगें
C. इंफ्रासोनिक ध्वनि तरंगें
D. इनमें से कोई नहीं

Q.73 'विद्युत धारा हमेशा एक चुंबकीय क्षेत्र उत्पन्न करती है', उपरोक्त कथन है:

A. आंशिक रूप से असत्य **B.** असत्य
C. आंशिक रूप से सत्य **D.** सत्य

Q.74 घरेलू परिपथ में लैंप समानांतर में जुड़े होते हैं क्योंकि _____________।

A. इस तरह, उन्हें कम धारा की आवश्यकता होती है
B. यदि एक लैंप बुझ जाता है तो दूसरा जलता रहता है
C. इस तरह, उन्हें कम शक्ति की आवश्यकता होती है
D. यदि एक लैंप बुझ जाता है तो दूसरा भी बुझ जाता है

Q.75 घरेलू तारों में, 'अर्थ तार' का रंग क्या है?

[UPTET Science and Maths, 2022]

A. लाल **B.** हरा **C.** काला **D.** सफेद

Q.76 किरचॉफ का विद्युत नियम के किसके संरक्षण पर आधारित है?

[UPTET Science and Maths, 2022]

A. ऊर्जा **B.** संवेग **C.** आवेश **D.** द्रव्यमान

Q.77 निम्नलिखित में से कौन एक सदिश राशि है?

A. चुंबकीय क्षेत्र
B. वेग, बल और चुंबकीय क्षेत्र
C. बल
D. वेग

Q.78 मानव शरीर में निम्नलिखित में से कौन सा अंग महत्वपूर्ण है जहां चुंबकीय क्षेत्र का उत्पादन होता है?

A. हृदय, मस्तिष्क **B.** हृदय, फेफड़े
C. फेफड़े, मस्तिष्क **D.** लीवर, हृदय

Q.79 जब कोई सीधा चालक धारा प्रवाहित कर रहा होता है तो __________

A. इसके चारों ओर वृत्ताकार चुंबकीय क्षेत्र रेखाएँ हैं
B. चालक के समानांतर चुंबकीय क्षेत्र रेखाएँ होती हैं
C. कोई चुंबकीय क्षेत्र रेखाएँ नहीं हैं
D. इनमे से कोई भी नहीं

Q.80 ओवरलोडिंग के बारे में निम्नलिखित में से कौन सा वाक्य सही है?

A. आपूर्ति वोल्टेज में आकस्मिक वृद्धि के कारण ओवरलोडिंग हो सकती है
B. एक ही सॉकेट में बहुत से उपकरणों को जोड़ने के कारण ओवरलोडिंग होती है
C. ओवरलोडिंग तब हो सकती है जब लाइव वायर और न्यूट्रल वायर वायर सीधे संपर्क में आते हैं
D. उपरोक्त सभी

Q.81 दो पौधों के बीच एक ही किस्म के संकरण कहलाते हैं:

A. इंट्रा वेराइटल **B.** इंटर वेराइटल
C. इंटर स्पेसिफिक **D.** इनमें से कोई नहीं

Q.82 गन्ना प्रजनन अनुसंधान संस्थान (SBRI) स्थित है:

A. नई दिल्ली **B.** शिमला
C. कोयंबटूर **D.** इनमें से कोई नहीं

Q.83 हरियाणा में गेहूँ का सबसे बड़ा उत्पादक जिला कौन सा है?

A. सिरसा **B.** हिसार **C.** पानीपत **D.** करनाल

Q.84 हरियाणा में किस खरीफ फसल में अधिकतम कृषि क्षेत्र शामिल है?

A. चावल **B.** गेहूं **C.** बाजरा **D.** मक्का

Q.85 किसी आवेशित वस्तु से पृथ्वी पर आवेशों के स्थानान्तरण की प्रक्रिया कहलाती है:

A. अर्थिंग **B.** आकाशीय विद्युत
C. दोलन गति **D.** इलेक्ट्रॉन गति

Q.86 इमारत पर बिजली गिरने से बचाने के लिए तड़ित चालक कहाँ लगाई जाती है?

A. इमारत के शीर्ष पर **B.** इमारत के तल पर
C. इमारत के बीच में **D.** ऊपर के सभी

Q.87 निम्नलिखित में से किससे सुनामी होने की संभावना नहीं है?

A. समुद्र के नीचे एक परमाणु विस्फोट
B. भूकंप
C. ज्वालामुखी विस्फोट
D. बिजली

Q.88 एक ऑरोरा क्या है?

A. पृथ्वी के चुंबकीय क्षेत्र और सूर्य द्वारा उत्सर्जित आवेशित कणों के बीच परस्पर क्रिया।
B. पृथ्वी के चुंबकीय क्षेत्र और हवा और जमीन के बीच आवेशित कणों का विवर्तन।
C. बारिश के समय रात में बिजली गिरने के दौरान उत्पन्न होने वाली रोशनी।
D. इनमें से कोई नहीं

Q.89 एक खाद्य जाल में, कौन से दो जीव भोजन के लिए प्रतिस्पर्धा करते हैं?

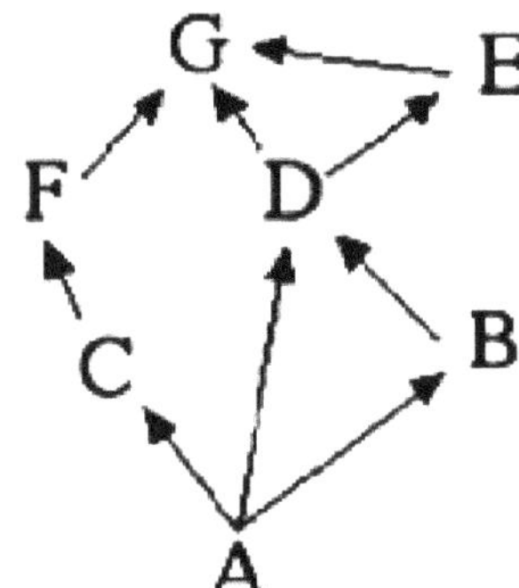

A. A और B
B. A और C
C. D और F
D. B और D

Q.90 एक खाद्य श्रृंखला जिसमें पक्षी, हरे पौधे, मछली और मनुष्य शामिल हैं। खाद्य श्रृंखला में प्रवेश करने वाले हानिकारक रसायन की सांद्रता अधिकतम होगी:

A. हरे पौधे **B.** मनुष्य **C.** पक्षी **D.** मछली

Q.91 किसी भी खाद्य श्रृंखला में पहली कड़ी आमतौर पर हरे पौधे होते हैं क्योंकि:

A. वे व्यापक रूप से वितरित किए जाते हैं
B. वे मिट्टी में एक ही स्थान पर स्थिर होते हैं
C. वे अकेले सूर्य के प्रकाश का उपयोग करके भोजन को संश्लेषित करने की क्षमता रखते हैं
D. मांसाहारी से ज्यादा शाकाहारी हैं

Q.92 पारिस्थितिक तंत्र के माध्यम से खाद्य श्रृंखला और ऊर्जा प्रवाह के बारे में निम्नलिखित में से कौन सा कथन गलत है?

A. खाद्य जाल में दो या दो से अधिक खाद्य श्रृंखलाएं शामिल हैं
B. सभी जीव जो उत्पादक नहीं हैं वे उपभोक्ता हैं
C. एक अकेला जीव कई पोषी स्तरों पर भोजन कर सकता है
D. उत्पादक स्तर को छोड़कर सभी पोषी स्तरों पर डेटरीटिवोर्स भोजन करते हैं

Q.93 आर्किमिडीज का सिद्धांत ________ पर लागू होता है।

A. गैस
B. द्रव
C. दोनों (A) और (B)
D. इनमें से कोई नहीं

Q.94 निम्नलिखित में से किस तरल पदार्थ में, एक पिंड पूरी तरह से डूबे रहने पर न्यूनतम उत्क्षेप का अनुभव करेगा?

A. पानी **B.** तारपीन **C.** मर्करी **D.** ग्लिसरीन

Q.95 एक ठोस का आपेक्षिक घनत्व 0.6 है। यह पानी में तैरता है:

A. इसके आयतन का 40% पानी के अंदर
B. इसके आयतन का 60% पानी के अंदर
C. पानी के अंदर इसका पूरा आयतन
D. पानी के अंदर इसके आयतन का कोई अंश

Q.96 उत्प्लावक बल किन कारकों पर निर्भर करता है?

A. विस्थापित द्रव का आयतन।
B. गुरुत्वाकर्षण के कारण त्वरण।
C. द्रव का घनत्व।
D. उपरोक्त सभी

Q.97 निम्नलिखित सूत्र द्वारा दर्शाए गए यौगिक का नाम बताइए।

Al_2O_3

A. सोडियम नाइट्रेट
B. एल्युमिनियम ऑक्साइड
C. हाइड्रोजन क्लोराइड
D. मैग्नीशियम हाइड्रॉक्साइड

Q.98 एक रासायनिक प्रतिक्रिया के बाद, अभिकारकों और उत्पादों का कुल द्रव्यमान ____________

A. हमेशा बढ़ाया जाता है
B. हमेशा कम होता है
C. नहीं परिवर्तित होता है
D. हमेशा कम या ज्यादा होता है

Q.99 निश्चित अनुपात का नियम नाइट्रोजन ऑक्साइड पर लागू नहीं होता क्योंकि:

A. नाइट्रोजन का परमाणु भार स्थिर नहीं है
B. नाइट्रोजन का आणविक भार परिवर्तनशील है
C. नाइट्रोजन का समतुल्य भार परिवर्तनशील है
D. ऑक्सीजन का परमाणु भार परिवर्तनशील है

Q.100 सुक्रोज ($C_{12}H_{22}O_{11}$) अणु के आणविक द्रव्यमान की गणना करें।

A. 342 amu **B.** 343 amu **C.** 341 amu **D.** 340 amu

// स्मार्ट उत्तर पुस्तिका //

सही उत्तर — उन छात्रों का प्रतिशत जिन्होंने प्रश्नों का सही उत्तर दिया था।

छोड़ दिया — उन छात्रों का प्रतिशत जिन्होंने प्रश्नों को छोड़ दिया था।

प्रश्न संख्या	उत्तर	सही उत्तर	छोड़ दिया	प्रश्न संख्या	उत्तर	सही उत्तर	छोड़ दिया	प्रश्न संख्या	उत्तर	सही उत्तर	छोड़ दिया	प्रश्न संख्या	उत्तर	सही उत्तर	छोड़ दिया	प्रश्न संख्या	उत्तर	सही उत्तर	छोड़ दिया	प्रश्न संख्या	उत्तर	सही उत्तर	छोड़ दिया
1	B	67.38 %	1.01 %	18	B	79.54 %	0.0 %	35	D	59.75 %	1.89 %	52	C	41.65 %	1.06 %	69	C	68.36 %	1.06 %	86	A	55.36 %	1.35 %
2	C	80.08 %	0.0 %	19	D	86.55 %	0.0 %	36	D	52.79 %	1.47 %	53	A	57.69 %	1.03 %	70	A	82.93 %	0.0 %	87	D	62.31 %	1.77 %
3	A	43.6 %	1.02 %	20	A	87.2 %	0.0 %	37	B	46.22 %	1.84 %	54	C	41.8 %	1.14 %	71	A	76.82 %	0.0 %	88	A	49.93 %	1.3 %
4	A	60.8 %	1.49 %	21	B	68.87 %	1.49 %	38	D	31.64 %	3.46 %	55	B	47.02 %	1.66 %	72	C	63.26 %	1.48 %	89	D	22.15 %	3.85 %
5	B	77.99 %	0.0 %	22	D	88.52 %	0.0 %	39	A	64.59 %	1.06 %	56	C	30.79 %	3.55 %	73	D	53.56 %	1.06 %	90	B	50.06 %	1.99 %
6	C	53.47 %	1.21 %	23	A	46.17 %	1.69 %	40	B	10.52 %	4.4 %	57	A	47.48 %	1.11 %	74	B	66.01 %	1.25 %	91	C	59.8 %	1.73 %
7	B	77.81 %	0.0 %	24	D	30.91 %	3.61 %	41	A	86.57 %	0.0 %	58	A	56.56 %	1.85 %	75	B	40.37 %	1.73 %	92	D	20.22 %	4.95 %
8	A	62.68 %	1.54 %	25	D	69.25 %	1.57 %	42	D	61.92 %	1.81 %	59	B	81.08 %	0.0 %	76	C	53.76 %	1.12 %	93	C	45.89 %	1.79 %
9	A	61.53 %	1.45 %	26	A	44.52 %	1.66 %	43	B	14.94 %	4.13 %	60	A	50.84 %	1.72 %	77	B	82.86 %	0.0 %	94	B	51.21 %	1.27 %
10	B	80.43 %	0.0 %	27	A	55.38 %	1.67 %	44	C	69.91 %	1.1 %	61	B	53.78 %	1.18 %	78	A	46.34 %	1.34 %	95	B	64.3 %	1.29 %
11	C	51.19 %	1.14 %	28	A	86.31 %	0.0 %	45	B	87.55 %	0.0 %	62	A	14.45 %	3.02 %	79	A	40.41 %	1.36 %	96	D	56.72 %	1.28 %
12	B	77.09 %	0.0 %	29	C	47.33 %	1.38 %	46	C	65.12 %	1.73 %	63	B	30.62 %	3.81 %	80	B	49.46 %	1.09 %	97	B	80.31 %	0.0 %
13	B	53.65 %	1.35 %	30	B	69.47 %	1.74 %	47	D	83.18 %	0.0 %	64	A	41.53 %	1.4 %	81	A	56.26 %	1.79 %	98	C	55.81 %	1.89 %
14	D	21.15 %	3.72 %	31	A	67.57 %	1.82 %	48	A	48.29 %	1.37 %	65	D	61.42 %	1.77 %	82	C	18.96 %	4.45 %	99	C	69.99 %	1.71 %
15	D	67.05 %	1.2 %	32	B	50.42 %	1.07 %	49	C	44.74 %	1.88 %	66	B	84.04 %	0.0 %	83	A	44.72 %	1.22 %	100	A	59.56 %	1.9 %
16	D	50.18 %	1.21 %	33	B	45.76 %	1.26 %	50	B	87.6 %	0.0 %	67	C	48.24 %	1.24 %	84	A	60.28 %	1.22 %				
17	A	76.65 %	0.0 %	34	B	89.33 %	0.0 %	51	C	57.51 %	1.86 %	68	D	57.37 %	1.22 %	85	A	86.89 %	0.0 %				

//संकेत और समाधान//

1. दो या दो से अधिक तत्वों को एक निश्चित अनुपात में संयोग करने से बना पदार्थ यौगिक कहलाता है। इस प्रकार दो तत्वों के संयोग जो पदार्थ बनता है अर्थात यौगिक बनता है वह पदार्थ या यौगिक स्थायी अवस्था में पाया जाता है, लेकिन इस यौगिक के गुण, इसके तत्वों के गुणों से भिन्न पाए जाते है।

उदाहरण : गंधक का अम्ल , साधारण नमक आदि।

अतः विकल्प (B) सही है।

2. वायुमंडल में ओजोन गैस की सर्वाधिक मात्रा समताप मंडल में पाई जाती है। ओजोन परत की मोटाई डॉबसन इकाइयों में मापी जाती है। ओजोन एक O_3 अणु है। ओजोन परत ज्यादातर समताप मंडल में और आंशिक रूप से क्षोभमंडल में मौजूद है।

अतः विकल्प (C) सही है।

3. अवधारणा:

- परमाणुओं के नाभिक में परमाणु के प्रोटॉन और न्यूट्रॉन होते हैं और इलेक्ट्रॉन कक्षाओं में नाभिक के चारों ओर घूमते हैं।
- प्रत्येक कक्षा के लिए इलेक्ट्रॉनों के लिए एक निश्चित मात्रा में ऊर्जा होती है।

किसी भी कक्षा में इलेक्ट्रॉनों की ऊर्जा निम्न द्वारा दी जाती है:

नवीं कक्षा (E_n) में ऊर्जा $= -13.6\frac{Z^2}{n^2}eV$

जहां n मुख्य क्वांटम संख्या है और Z परमाणु संख्या है:

हाइड्रोजन परमाणु के लिए:

परमाणु संख्या (Z) = 1

दिया हुआ है कि

पहली कक्षा में इलेक्ट्रॉन की ऊर्जा, E0 = -16.6

तीसरी कक्षा की मुख्य क्वांटम संख्या, n = 3

नवीं कक्षा (E_n) में ऊर्जा $= E_0\frac{Z^2}{n^2}$

तीसरी कक्षा (E_3) में एक इलेक्ट्रॉन की कुल ऊर्जा $= -13.6\frac{Z^2}{n^2} = -13.6\frac{1^2}{3^2} = -1.51eV$

अतः विकल्प (A) सही है।

4. फोटोन: एक फोटान विद्युत चुम्बकीय विकिरण की सबसे छोटी मात्रा है, इसे क्वांटम कहा जाता है।

एक इकाई क्वांटम फोटॉन है।

क्वांटा क्वांटम का बहुवचन रूप है।

आइए हम इलेक्ट्रॉन, प्रोटॉन और न्यूट्रॉन के लिए तालिका देखें।

क्रम संख्या	इलेक्ट्रॉन	प्रोटान	न्यूट्रॉन
1	ऋणात्मक आवेशित	धनात्मक आवेशित	कोई आवेश नहीं
2	द्रव्यमान नगण्य है [प्रोटॉन का 1/1800 गुना।]	द्रव्यमान 1 a.m.u. है।	द्रव्यमान 1 a.m.u. है
3	+ve आवेश के प्रति आकर्षित होना।	-ve आवेश के प्रति आकर्षित होना।	आकर्षित न होना, क्योंकि वे तटस्थ हैं।
4	नाभिक के बाहर मौजूद है।	एक परमाणु के नाभिक में मौजूद है।	परमाणु के नाभिक में मौजूद होता है।

ऊर्जा का प्रसार फोटॉन के रूप में किया जाता है; ऊर्जा के इकाई हस्तांतरण को क्वांटा कहा जाता है।

अतः विकल्प (A) सही है।

5. पदार्थ की वह अवस्था जिसमें आयनित गैसों के रूप में अति ऊर्जावान कण होते हैं, प्लाज्मा अवस्था कहलाती है।

प्लाज्मा अवस्था में अति ऊर्जावान और अति उत्तेजित कण होते हैं। ये कण आयनित गैसों के रूप में होते हैं। इन्हे कांच की नली में बहुत कम दबाव पर ली गयी गैसों के माध्यम से विद्युत् प्रवाहित करके कृत्रिम रूप से भी बनाया जा सकता है।

अतः विकल्प (B) सही है।

6. अंतर-आणविक बल ठोस में सबसे मजबूत और गैसों में सबसे कमजोर होता है।

पदार्थ की तीनों अवस्थाएँ निम्नलिखित कारकों के कारण एक दूसरे से भिन्न होती हैं:

(1) अंतर-परमाणु और अंतर-आणविक बलों के विभिन्न परिमाण।

(2) किसी पदार्थ के परमाणुओं और अणुओं की यादृच्छिक तापीय गति की सीमा (जो तापमान पर निर्भर करती है)।

अतः विकल्प (C) सही है।

7. ठोसों के मामले में अंतर-आणविक दूरी निश्चित होती है। लेकिन द्रव पदार्थ और गैसों के मामले में, यह निश्चित नहीं होती है।

अंतर-आणविक दूरी दो अणु या परमाणु के बीच का स्थान है। ठोसों में यह बहुत कम होती है, द्रवों में ठोस अधिक होती है लेकिन द्रवों से कम होता है और गैसों में यह अधिकतम होती है।

अतः विकल्प (B) सही है।

8. दोनों एक ही तापमान पर हैं, धातु की तापीय चालकता के कारण धातु लकड़ी की तुलना में अधिक ठंडी महसूस करेगी, लकड़ी की तुलना में अधिक है।

धातु लकड़ी की तुलना में तेजी से गर्मी का संचालन करेगी। लकड़ी की विशिष्ट ऊष्मा क्षमता लोहे की तुलना में बहुत अधिक होती है। इसलिए धातु की तुलना में ठंडा या गर्म होने में समय लगता है।

अतः विकल्प (A) सही है।

9. इस स्थिति में, ${}^{80}_{35}Br$,

$Z = 35$

$A = 80$

प्रोटॉन की संख्या $=$ इलेक्ट्रॉनों की संख्या $= Z = 35$

न्यूट्रॉनों की संख्या $= 80 - 35 = 45$

अतः विकल्प (A) सही है।

10. समस्थानिकों की परमाणु संख्याएँ समान होती हैं लेकिन द्रव्यमान संख्याएँ भिन्न होती हैं। इसका मतलब यह भी है कि समस्थानिकों में इलेक्ट्रॉनों की संख्या समान होती है।

रासायनिक गुण इलेक्ट्रॉनिक विन्यास द्वारा निर्धारित किए जाते हैं। तो, एक ही इलेक्ट्रॉनिक विन्यास के साथ, उनके समान रासायनिक गुण होते हैं।

अतः विकल्प (B) सही है।

11. आफबाऊ सिद्धान्त के अनुसार, इलेक्ट्रॉन उच्च ऊर्जा स्तर में प्रवेश करने से पहले निम्नतम ऊर्जा स्तर (कक्षीय) में प्रवेश करता है। इसलिए इस सिद्धांत के अनुसार, Ca^{20} का इलेक्ट्रॉनिक विन्यास $1\,s^2 2\,s^2 2p^6 3\,s^2 3p^6 4\,s^2$ है। चूंकि विभेदक इलेक्ट्रॉन s-ऑर्बिटल में प्रवेश करता है, इसलिए Ca^{20}, s-ब्लॉक से संबंधित है।

यदि हम आफबाऊ सिद्धान्त का पालन नहीं करते हैं, तो Ca^{20} का इलेक्ट्रॉनिक विन्यास $1\,s^2 2\,s^2 2p^6 3\,s^2 3p^6 3\,d^2$ होगा।

तो, विभेदक इलेक्ट्रॉन d कक्षीय में प्रवेश कर रहा है, इसलिए Ca^{20} d-ब्लॉक तत्व से संबंधित होगा।

अतः विकल्प (C) सही है।

12. थॉमसन का परमाणु मॉडल कहता है कि:

- एक परमाणु में एक धनात्मक आवेश वाला गोला होता है, जिसमें इलेक्ट्रॉन अन्तर्निहित होते हैं।
- परमाणु में कुल धनात्मक और ऋणात्मक आवेश परिमाण में बराबर होते हैं। इसलिए परमाणु विद्युत रूप से उदासीन होता है।

अतः विकल्प (B) सही है।

13. ईथेन के साथ ब्रोमीन की अभिक्रिया निम्नानुसार होती है:

$C_2H_6 + Br_2 \rightarrow C_2H_5Br + HBr$

$C_2H_5Br + Br_2 \rightarrow C_2H_4Br_2 + HBr$

$C_2H_4Br_2 + Br_2 \rightarrow C_2H_3Br_3 + HBr$

$C_2H_3Br_3 + Br_2 \rightarrow C_2H_2Br_4 + HBr$

$C_2H_2Br_4 + Br_2 \rightarrow C_2HBr_5 + HBr$

$C_2HBr_5 + Br_2 \rightarrow C_2Br_6 + HBr$

इस प्रकार बनने वाले उत्पादों की संख्या छह है।

अतः विकल्प (B) सही है।

14. विलियम्सन के संश्लेषण द्वारा ईथर को प्रयोगशाला में तैयार किया जा सकता है।

इस विधि में, जब एक एल्किल हैलाइड का अभिक्रियित सोडियम अल्कॉक्साइड के साथ किया जाता है, तो अल्कॉक्साइड समूह द्वारा हैलोजन परमाणु का नाभिकस्नेही प्रतिस्थापन होता है।

सामान्य उदाहरण नीचे दिया गया है।

विलियमसन ईथर संश्लेषण

$R_1-OH + Na/K \longrightarrow R_1-O^{\ominus}Na^{\oplus}$

मेथनॉल सोडियम/ सोडियम मेथॉक्साइड

$R_2-X \; \Big| \; -\frac{1}{2}H_2\uparrow$

$R_1-O-R_2 + NaX/KX$

ईथर सोडियम/ पोटैशियम हैलीड

विलियम्सन के संश्लेषण का उपयोग सममित और साथ ही असममित ईथर को तैयार करने के लिए किया जाता है।

अभिक्रिया के रूप में एक नाभिकस्नेही प्रतिस्थापन अभिक्रिया है, ऐल्किल हैलाइड को प्राथमिक अल्काइल हैलाइड होना चाहिए, द्वितीयक और तृतीयक ऐल्किल हैलाइड का उपयोग करने से विलोपन अभिक्रिया के कारण ऐल्केन मिलेंगे, न कि ईथर।

द्वितीयक या तृतीयक ऐल्कॉक्साइड आयन और प्राथमिक ऐल्किल हैलाइड लेना बेहतर होता है।

अत: विकल्प (D) सही है।

15. क्षारीय $KMnO_4$ के साथ प्रतिक्रिया पर एथिलीन एथेन-1,2-डायोल या एथिलीन ग्लाइकॉल के लिए ऑक्सीकरण होता है।

प्रक्रिया में बायर के अभिकर्मक का गुलाबी रंग निकलता है।

यह एथिलीन में असंतृप्ति की उपस्थिति का प्रमाण भी है।

प्रतिक्रिया इस प्रकार है:

$H_2C{=}CH_2 + H_2O + [O] \xrightarrow[\text{बैंगनी रंग}]{KMnO_4 \text{ का क्षारीय विलयन}} HO-CH_2-CH_2-OH$

ईथीलीन → इथेन-1,2-डायोल रंगहीन घोल

इसलिए, जब एथिलीन क्षारीय $KMnO_4$ के साथ प्रतिक्रिया करता है तो बनने वाला उत्पाद ग्लाइकोल होता है।

अत: विकल्प (D) सही है।

16. क्लोरोटॉलूईन को उत्प्रेरक के रूप में लोहे या फेरिक क्लोराइड का उपयोग करके टॉलूईन के माध्यम से सूखी क्लोरीन से गुजार कर प्राप्त किया जा सकता है।

मिथाइल के रूप में प्रतिस्थापन उत्पाद ऑर्थो और पैरा हैं जो एक इलेक्ट्रॉन विमोचन समूह है।

अभिक्रिया का तापमान लगभग 310 -320K है।

I_2 या $AlCl_3$ का उपयोग हैलोजन वाहक के रूप में भी किया जा सकता है।

$FeCl_3$ का कार्य $Cl+$ उत्पन्न करना है जो तब एक मध्यवर्ती कार्बोधनायन बनाने के लिए बेंजीन वलय पर आक्षेप करता है।

कार्बोधनायन तब क्लोरोटॉलूईन बनाने के लिए एक प्रोटॉन खो देता है।

मध्यवर्ती कार्बोधनायन का निर्माण धीमी गति से निर्धारित करने वाला कदम है और टॉलूईन का हलोजन इलेक्ट्रोफिलिक प्रतिस्थापन अभिक्रिया का एक उदाहरण है।

अतिरिक्त उत्पादों के निर्माण को रोकने के लिए प्रकाश की अनुपस्थिति में अभिक्रिया की जानी चाहिए।

वास्तविक अभिक्रिया है:

$C_6H_5CH_3 + Cl_2 \xrightarrow{FeCl_3}$ o-$ClC_6H_4CH_3$ + p-$ClC_6H_4CH_3$ (0 और पी-क्लोरोट्यूलीन)

$C_6H_5CH_3 + Cl_2 \xrightarrow{\text{प्रकाश}} C_6H_5CCl_3$ (ट्राइक्लोरोमेथिल बेंजीन)

निर्मित उत्पाद ऑर्थो और पैरा क्लोरोटॉलूईन हैं।

अत: विकल्प (D) सही है।

17. ब्रॉन्स्टेड-लॉरी एसिड एक ऐसा यौगिक है जो हाइड्रोजन आयन दान कर सकता है जबकि ब्रॉन्स्टेड-लॉरी बेस एक यौगिक है जो हाइड्रोजन आयन को स्वीकार कर सकता है। लुईस बेस एक यौगिक है जो इलेक्ट्रॉनों की एक जोड़ी

दान कर सकता है जबकि लुईस एसिड एक यौगिक है जो इलेक्ट्रॉनों की एक जोड़ी को स्वीकार कर सकता है।

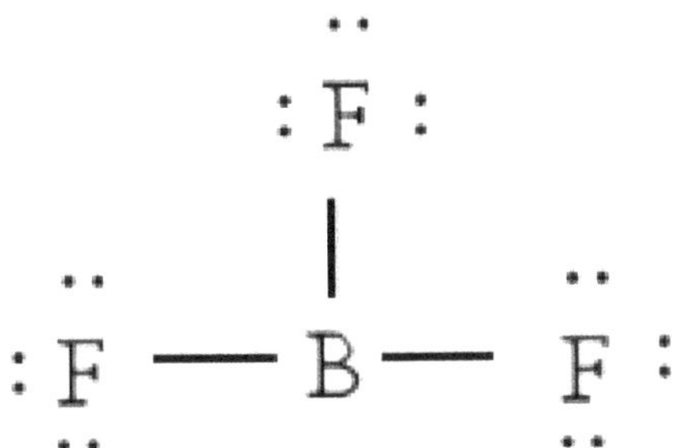

बोरॉन का इलेक्ट्रॉनिक विन्यास $1s^2 2s^2 2p^1$ है। इसके वैलेंस शेल में तीन इलेक्ट्रॉन होते हैं। अत:, यह केवल तीन सहसंयोजक बंध बना सकता है, जिससे बोरॉन परमाणु के चारों ओर केवल छह इलेक्ट्रॉन मौजूद होते हैं। बोरॉन तीन फ्लोरीन परमाणुओं के साथ तीन सहसंयोजक बंध बनाता है। अष्टक को पूरा करने के लिए बोरॉन फ्लोरीन परमाणुओं से दो एकल इलेक्ट्रॉन ग्रहण करता है। इसलिए, लुईस एसिड-बेस सिद्धांत के अनुसार, चूंकि बोरॉन इलेक्ट्रॉनों की अकेली जोड़ी को स्वीकार करता है, इसलिए यह लुईस एसिड के रूप में कार्य करता है।

अत: विकल्प (A) सही है।

18. जब लुईस एसिड लुईस बेस के साथ अभिक्रिया करता है, तो लुईस एसिड-बेस रिएक्शन होता है जिसमें लुईस बेस के रूप में कार्य करने वाले अणु अपने इलेक्ट्रॉन युग्म को एसिड के खाली कक्ष में दान करते हैं, लुईस एसिड-बेस एडक्ट बनाते हैं। बने हुए एडक्ट में लुईस एसिड और लुईस बेस के बीच एक सहसंयोजक समन्वय बंध होता है।

$$2\ H{-}\ddot{N}(H)_2 + Ag^+ \longrightarrow [H_3N{-}Ag{-}NH_3]^+$$

लुईस बेस (अमोनिया) लुईस एसिड (सिल्वर आयन) एसिड-बेस एडक्ट

इस अभिक्रिया में अमोनिया के दो अणु सिल्वर आयन से अभिक्रिया करते हैं। अमोनिया में एकाकी इलेक्ट्रॉन युग्म होता है, इसलिए इसमें एकाकी इलेक्ट्रान युग्म दान करने की क्षमता होती है और यह लुईस बेस के रूप में कार्य करता है। सिल्वर पर सकारात्मक चार्ज इसकी इलेक्ट्रोफिलिक प्रकृति को दर्शाता है जिसका अर्थ है कि इसमें इलेक्ट्रॉनों के जोड़े को स्वीकार करने और लुईस एसिड के रूप में कार्य करने की क्षमता है। जब लुईस एसिड, लुईस बेस से अभिक्रिया करता है, तो इनमें से किसी भी परमाणु की ऑक्सीकरण संख्या में कोई परिवर्तन नहीं होता है।

अत: विकल्प (B) सही है।

19. एम्फोटेरिक या एम्फ़िप्रोटिक पदार्थ या एम्फोलाइट्स वे पदार्थ हैं जो एक अम्ल के साथ-साथ एक आधार के रूप में कार्य करते हैं और इसका उदाहरण पानी है। यह अमोनिया के साथ अम्ल और एसिटिक अम्ल के साथ क्षार के रूप में कार्य करता है। प्रोटोफिलिक विलायक वे विलायक होते हैं जिनमें प्रोटॉन यानी पानी अल्कोहल द्रव अमोनिया आदि को स्वीकार करने की प्रवृत्ति अधिक होती है इसलिए वे केवल एक अम्ल के रूप में कार्य करते हैं। एक प्रबल प्रोटोफिलिक विलायक दुर्बल अम्ल को प्रबल अम्ल में बदल देता है। इसलिए प्रोटोफिलिक विलायक अम्ल और क्षार दोनों के रूप में कार्य नहीं कर सकते हैं। प्रोटोफिलिक विलायक के उदाहरण अमोनिया और पाइरीडीन हैं।

अत: विकल्प (D) सही है।

20. 7 से कम पीएच मान इंगित करता है कि विलयन अम्लीय है। एक अम्लीय विलयन में, हाइड्रोजन आयनों की सांद्रता हाइड्रॉक्साइड आयनों की सांद्रता से अधिक होती है। यदि pH लगभग 7 है तो विलयन उदासीन है और यदि pH 7 से अधिक है तो विलयन क्षारीय कहलाता है।

अत: विकल्प (A) सही है।

21. लोहा एक ऐसा धातु है जो सीधे ठंडे पानी या गर्म पानी के साथ प्रतिक्रिया नहीं करता है लेकिन भाप के ऊपर से गुजरने पर एक धातु ऑक्साइड बनाता है। जब लाल गर्म लोहा भाप के साथ प्रतिक्रिया करता है तो इससे लोहा (II, III) ऑक्साइड और हाइड्रोजन बनता है, और प्रतिक्रिया प्रतिवर्ती होती है।

$$3Fe(s) + 4H_2O(g) \rightarrow Fe_3O_4(s) + 4H_2(g)$$

अत: विकल्प (B) सही है।

22. पारा एक ऐसा धातु है, जिसमें लोहा भी तैर सकता है। यह आमतौर पर क्विकसिल्वर के रूप में जाना जाता है और पहले इसे हाइड्रार्यग्राम नाम से जाना जाता था। पारा एक मात्र ऐसा धात्विक तत्व है जो कमरे के तापमान पर तरल रूप में पाया जाता है। लोहा पारे पर तैरता है लेकिन पानी में डूब जाता है, क्योंकि लोहे की तुलना में पारे के घनत्व अधिक है लेकिन पानी का कम है।

अतः विकल्प (D) सही है।

23. अमलगम का अनिवार्य घटक पारा (Hg) है।

यह पारे के अनुपात के आधार पर तरल या ठोस हो सकता है।

चांदी-पारा अमलगम एक महत्वपूर्ण दंत भरने वाली सामग्री है जिसका उपयोग दांतों की गुहाओं को भरने के लिए किया जाता है।

इसके अयस्क से सोना निकालने में गोल्ड-पारा अमलगम का व्यापक रूप से उपयोग किया जाता है।

अतः विकल्प (A) सही है।

24. $_{29}Cu = 1s^2, 2s^2, 2p^6, 3s^2 3p^6 3d^{10} 4s^1$

या $[Ar]4\ s^1 3\ d^{10}$

अतः विकल्प (D) सही है।

25.

तत्व	प्रतिशतता	परमाणु भार	परमाणुओं की संख्या	सरलतम अनुपात
C	$38 \cdot 71$	12	$\frac{38 \cdot 71}{12} = 3 \cdot 22$	$\frac{3 \cdot 22}{3 \cdot 22} = 1$
H	$9 \cdot 67$	1	$\frac{9 \cdot 67}{1} = 9.67$	$\frac{9 \cdot 67}{3 \cdot 22} = 3$
O	$51 \cdot 62$	16	$\frac{51 \cdot 62}{16} = 3 \cdot 22$	$\frac{3 \cdot 22}{3 \cdot 22} = 1$

∴ यौगिक का मूलानुपाती सूत्र $= CH_3O$

अतः विकल्प (D) सही है।

26. वेल्डिंग में प्रयुक्त हाइड्रोकार्बन इथाइन (HC = CH) है।

यदि इथाइन को ऑक्सीजन के साथ जलाया जाता है, तो यह पूर्ण दहन के कारण 3000°C तापमान के साथ एक स्वच्छ ज्वाला देता है। वेल्डिंग के लिए इस ऑक्सी-एसिटिलीन लौ का उपयोग किया जाता है। बिना ऑक्सीजन मिलाए इतना उच्च तापमान प्राप्त करना संभव नहीं है। यही कारण है कि इथाइन और वायु के मिश्रण का उपयोग नहीं किया जाता है।

अतः विकल्प (A) सही है।

27. टेट्राफ्लुओरोऐथिलीन $(F_2C = CF_2)$ टेफ्लोन का एकलक (Monomer) है।

$$\underset{Tetrafluoroethylene}{nF_2C = CF_2} \xrightarrow[High\ pressure]{(NH_4)_2S_2O_8} -(-\underset{Teflon}{F_2C = CF_2}-(-_n$$

अतः विकल्प (A) सही है।

28.
$$\begin{array}{ccccccc} & & & & H_5 & & \\ 1 & & 2 & & 3| & & \\ HC & \equiv & C & - & C & - & CH_3 \\ & & & & | & & \\ & & & & H & & \end{array}$$

3-मिथाइल-4-पेन्टाइन

अतः विकल्प (A) सही है।

29. स्वाद कलियों स्वाद के रिसेप्टर अंग हैं। स्वाद छिद्र: उपकला की सतह पर स्वाद नहर का छिद्र। न्यूरोएपिथेलियल और सहायक कोशिकाएं: दो प्रकार की कोशिकाएं स्वाद कली की संक्षिप्तता के भीतर पैक की जाती हैं।
न्यूरोएपिथेलियल कोशिकाएं पतली, घनी और स्पिंडल के आकार की होती हैं।
अतः विकल्प (C) सही है।

30. साधारण स्तंभकार उपकला पेट, छोटी आंत, बड़ी आंत, मलाशय, फैलोपियन ट्यूब, एंडोमेट्रियम, श्वसन ब्रोन्किओल्स और गर्भाशय की परत में पाए जाते हैं। संक्षेप में, वे श्वसन, पाचन और प्रजनन पथ के कुछ हिस्सों में पाए जाते हैं जहां यांत्रिक घर्षण कम होता है, लेकिन स्राव और अवशोषण महत्वपूर्ण होते हैं।
अतः विकल्प (B) सही है।

31. एरीथ्रोपोइटिन, एक ग्लाइकोप्रोटीन हार्मोन, गुर्दे में मुख्य रूप से संश्लेषित किया जाता है और ऊतक हाइपोक्सिया के जवाब में वृक्क कॉर्टिकल इंटरस्टीशियल कोशिकाओं द्वारा स्रावित होता है। एरिथ्रोपोइटिन लाल रक्त कोशिकाओं के उत्पादन का मुख्य नियामक है। एरिथ्रोपोइटिन हीमोग्लोबिन के संश्लेषण को भी उत्तेजित करता है।
अतः विकल्प (A) सही है।

32. इंटरकैलेटेड कोशिकाएं उपकला कोशिकाएं हैं जो पारंपरिक रूप से गुर्दे के ट्यूबल के बाहर के खंडों में अम्ल-क्षार होमियोस्टैसिस के नियमन से जुड़ी हैं। ये कोशिकाएं पोटेशियम और अमोनिया परिवहन में भी भाग लेती हैं और जन्मजात प्रतिरक्षा प्रणाली में एक भूमिका होती है।
अतः विकल्प (B) सही है।

33. एक सिकुड़ा हुआ रिक्तिका (CV) एक ऑर्गेनेल या उपकोशीय संरचना है, जो परासरणनियमन और अपशिष्ट हटाने के लिए होता है। CV को वे रिक्त स्थान से भ्रमित नहीं किया जाना चाहिए जो भोजन या पानी को स्टोर करते हैं। संकुचनशील रिक्तिकाएं सूक्ष्मजीवों के सेल से अतिरिक्त पानी और अपशिष्टों को अवशोषित करती हैं और उन्हें अनुबंधित करके पर्यावरण में उत्सर्जित करती हैं।

सिकुड़ा हुआ रिक्तिका कोशिका बहुत अधिक पानी को अवशोषित करने और अतिरिक्त पानी को उत्सर्जित करके संभावित विस्फोट से बचाता है। अमोनिया जैसे अपशिष्ट, पानी में घुलनशील होते हैं; वे सिकुड़े हुआ रिक्तिका द्वारा अतिरिक्त पानी के साथ कोशिका से उत्सर्जित होते हैं। पानी को इकट्ठा करते हुए और पानी छोड़ने के लिए अनुबंध करते हुए एक आवधिक चक्र में सिकुड़ा हुआ रिक्तिका कार्य करता है।

अतः विकल्प (B) सही है।

34. प्रोकैरियोटिक जीवों में, परमाणु क्षेत्र एक झिल्ली से घिरा नहीं है। इस अपरिभाषित परमाणु क्षेत्र को न्यूक्लियॉइड के रूप में जाना जाता है।

प्रोकैरियोटिक कोशिकाएँ आदिम जीव हैं। प्रोकैरियोट में न्यूक्लियॉइड में सभी या अधिकांश आनुवंशिक पदार्थ होते है। प्रोकैरियोटिक कोशिकाओं में, नाभिक को ठीक से परिभाषित नहीं किया जाता है क्योंकि यह एक परमाणु झिल्ली से घिरा नहीं है।

अतः विकल्प (B) सही है।

35. रक्त संयोजी ऊतक का एक प्रकार है।

इसे इसलिए कहा जाता है क्योंकि अन्य संयोजी ऊतकों की तरह, रक्त में एक मध्यजनस्तर उत्पत्ति होती है। इसमें प्लाज़्मा नामक एक एक्स्ट्रासेल्युलर मैट्रिक्स भी पाया जाता है, जिसमें लाल और सफेद रक्त कोशिकाएँ होती हैं, साथ ही इसमें प्लेटलेट्स भी तैरते हैं। इस प्रकार, यह शरीर के सिस्टम को जोड़ने में मदद करता है, साथ ही शरीर के विभिन्न हिस्सों में पोषक तत्वों और ऊर्जा का परिवहन करता है।

अतः विकल्प (D) सही है।

36. कोशिका द्रव्य और केन्द्रक के विभिन्न भागों में पदार्थों का संचलन सामान्यतः एंडोप्लाज्मिक रेटिकुलम के द्वारा किया जाता है।

एंडोप्लाज्मिक रेटिकुलम:

यह कोशिका द्रव्य में बिखरी हुई छोटी ट्यूबलर संरचनाओं का एक नेटवर्क या जालिका है। इसका महत्वपूर्ण कार्य साइटोप्लाज्म के विभिन्न क्षेत्रों के बीच या साइटोप्लाज्म और न्यूक्लियस के बीच सामग्री (विशेष रूप से प्रोटीन) के परिवहन के लिए चैनलों के रूप में कार्य करना है। यह कोशिका की कुछ जैव रासायनिक गतिविधियों के लिए एक सतह प्रदान करने वाले साइटोप्लाज्मिक ढांचे के रूप में भी कार्य करता है।

कोशिका के तीन मुख्य भाग होते हैं:

1. कोशिका झिल्ली
2. कोशिका द्रव्य, जिसमें छोटे घटक होते हैं जिन्हें ऑर्गेनेल कहा जाता है
3. नाभिक

नाभिक को कोशिका द्रव्य से एक झिल्ली से अलग किया जाता है जिसे परमाणु झिल्ली कहा जाता है।

अतः विकल्प (D) सही है।

37. क्लिस्टोगैमी का एक लाभ यह है कि बीज सेट परागणकों पर निर्भर नहीं होता है।

क्लिस्टोगैमी का अर्थ है स्व-परागण। यह मूंगफली, और सेम जैसे पौधों में देखा जाता है। क्लिस्टोगैमी का लाभ यह है कि किसी परागणक की आवश्यकता नहीं होती है क्योंकि यह न खुलने वाले, स्व-परागण वाले फूलों का उपयोग करके प्रचार कर सकता है।

अतः विकल्प (B) सही है।

38. सुक्रोज इन्वर्टेज एंजाइम द्वारा ग्लूकोज और फ्रुक्टोज में परिवर्तित हो जाता है।

ग्लूकोज और फ्रुक्टोज एंजाइम हेक्सोकाइनेज की गतिविधि द्वारा ग्लूकोज-6-फॉस्फेट को वृद्धि देने के लिए फॉस्फोराइलेट किया जाता है।

ग्लूकोज का यह फॉस्फोराइलेटेड रूप फिर फ्रुक्टोज-6-फॉस्फेट का उत्पादन करने के लिए आइसोमेराइज करता है। ग्लूकोज और फ्रुक्टोज के चयापचय के बाद के चरण समान हैं।

ग्लाइकोलाइसिस में, ग्लूकोज से पाइरूवेट का उत्पादन करने के लिए विभिन्न एंजाइमों के नियंत्रण में दस प्रतिक्रियाओं की एक श्रृंखला होती है।

अतः विकल्प (D) सही है।

39. एक विधि जिसमें जड़ें तने पर प्रेरित होती हैं जबकि यह अभी भी मूल पौधे से जुड़ी होती है, वह लेयरिंग कहलाती है।

एक ही उपस्थित पौधे के भागों का उपयोग करके नए पौधों के प्रसार के लिए विभिन्न विधियों का उपयोग किया जाता है। लेयरिंग पौधे के प्रसार के विधियों में से एक है। मूल पौधे के तने की शाखाओं में से एक मिट्टी के नीचे स्तरित होती है। इस शाखा का सिरा जमीन से ऊपर होता है और सहारे के लिए रॉड या स्टिक से जुड़ा होता है। हवाई शाखा जो स्तरित होती है, हार्मोन से प्रेरित होती है और जड़ें पैदा करना शुरू कर देती है और अपने आप बढ़ती है। उसके बाद इस नए पौधे को मदर प्लांट से अलग कर दिया जाता है। इस विधि द्वारा भूमिगत रूप से उगाई जाने वाली शाखा लेयर कहलाती है।

अतः विकल्प (A) सही है।

40. एल्म (अल्मस), डंडेलियन (तारैक्सकम) जैसे पौधे और रोज फैमिली के सदस्य सकर द्वारा वानस्पतिक रूप से प्रजनन करते हैं।

सकर ऐसे विकास हैं जो कई पेड़ों और झाड़ियों की जड़ प्रणाली से दिखाई देते हैं। वे सीमाओं, लॉन में, फ़र्श के पत्थरों के बीच या रास्तों में दिखाई दे सकते हैं, और

एक उपद्रव बन सकते हैं। चिनार, चेरी, प्लम, हरिण-सींग सुमेक, बकाइन और नक़ली बबूल सभी स्वतंत्र रूप से सकर है।

अतः विकल्प (B) सही है।

41. अंतर्ग्रथन दो न्यूरॉन्स, एक न्यूरॉन और एक पेशी कोशिका या एक न्यूरॉन और एक ग्रंथि कोशिका के बीच का जंक्शन है। अंतर्ग्रथन तंत्रिका आवेगों की गति और दिशा को नियंत्रित करने में मदद करते हैं।

अतः विकल्प (A) सही है।

42. साइटोकाइनिन पादप हार्मोन है जिसकी पौधों की वृद्धि और विकास में प्रमुख भूमिका होती है। यह भ्रूणजनन, कोशिका विभाजन, क्लोरोप्लास्ट विभेदन और पौधों में कई अन्य महत्वपूर्ण भूमिकाओं में मदद करता है। इसलिए उपरोक्त विकल्पों से स्पष्ट है कि साइटोकाइनिन पादप हॉर्मोन है।

अतः विकल्प (D) सही है।

43. कफ के साथ नाक बंद होना जुकाम से जुड़ी एक आम समस्या है। यह गंध के अनुभव में रुकावट का परिणाम है। घ्राण तंत्रिकाएं घ्राण संकेतों को भेजने में विफल जाती है और इस प्रकार व्यक्ति अगरबत्ती और इत्र की गंध के बीच अंतर नहीं कर पाता है।

इसलिए, जब कोई व्यक्ति गंभीर सर्दी से पीड़ित होता है, तो वह एक अगरबत्ती की गंध और एक इत्र की गंध के बीच अंतर नहीं कर सकता है।

अतः विकल्प (B) सही है।

44. मस्तिष्क कपाल के रूप में जानी जाने वाली खोपड़ी की गुहा के अंदर स्थित है। कपाल गुहा, जिसे इंटाक्रेनियल स्पेस के रूप में भी जाना जाता है, खोपड़ी के भीतर का स्थान है जो मस्तिष्क को समायोजित करता है। मेम्बिबल को घटाकर खोपड़ी को कपाल कहा जाता है।

अतः विकल्प (C) सही है।

45. नर जनन अंगों में एक जोड़ी वृषण (एकल, वृषण), दो शुक्राणु वाहिनी और एक शिश्न होते हैं।

वृषण नर युग्मक उत्पन्न करते हैं जिन्हें शुक्राणु कहा जाता हैं। वृषण लाखों शुक्राणु उत्पन्न करते हैं।

यद्यपि शुक्राणु आकार में बहुत छोटे होते हैं, प्रत्येक का एक शीर्ष, एक मध्यखंड और एक पूंछ होती है।

नर जनन तंत्र में ग्रीवा शामिल नहीं है। ग्रीवा मादा जनन तंत्र का एक भाग है।

गर्भाशय के सबसे निचले हिस्से में ग्रीवा स्थित होता है और योनि तथा गर्भाशय को जोड़ता है।

योनि के साथ मिलकर ग्रीवा जन्म नाल की रचना करती है।

मादा जनन अंग अंडाशय, अंडवाहिनी (डिंबवाहिनी), ग्रीवा, योनि और गर्भाशय की एक जोड़ी हैं।

अंडाशय मादा युग्मक उत्पन्न करते हैं जिन्हें अंडाणु (अंडे) कहा जाता है।

मानव में, हर महीने एक अंडाशय द्वारा एक विकसित अंडाणु अंडवाहिनी में मुक्त होता है।

गर्भाशय वह हिस्सा है जहां बच्चे का विकास होता है। शुक्राणु की तरह, एक अंडाणु भी एकल कोशिका है।

अत: विकल्प (B) सही है।

46. निषेचन फैलोपियन ट्यूब में होता है। यह शुक्राणु के साथ अंडे से मिलने की एक प्रक्रिया है। इसके बाद, एक सेल का गठन होता है जिसे ज़ीगोट सेल के रूप में जाना जाता है जो एक निषेनित अंडा होता है। फैलोपियन ट्यूब महिला शरीर का हिस्सा है जहां अंडे निषेचित होते हैं। यह एक पुल के रूप में काम करता है जिसके माध्यम से नर शुक्राणु गुज़रते हैं।

अत: विकल्प (C) सही है।

47. वीर्यकोष से शुक्राणु को लिंग में स्थानांतरित करने वाली मांसपेशियों की ट्यूब का नाम शुक्रवाहिका है।

दो नलिकाएं होती हैं, जो चिकनी मांसपेशियों से घिरी ट्यूब होती हैं। वे शुक्राणु को स्थानांतरित करने के लिए बाएं और दाएं अधिवृषण को झुकाव नलिकाओं से जोड़ती हैं।

अत: विकल्प (D) सही है।

48. योनि:

- योनि को 'बर्थ कैनाल' के रूप में भी जाना जाता है, एक नहर है जो गर्भाशय के निचले हिस्से को गर्भाशय ग्रीवा से बाहर की ओर जोड़ती है।

गर्भाशय ग्रीवा:

- गर्भाशय एक संकीर्ण गर्भाशय ग्रीवा के माध्यम से योनि में खुलता है।

गर्भाशय:

- गर्भाशय एकल होता है और इसे गर्भ भी कहते हैं।
- गर्भाशय का आकार उल्टे नाशपाती जैसा होता है।
- यह श्रोणि की दीवार से जुड़े स्नायुबंधन द्वारा समर्थित है।

फलोपियन ट्यूब:

- फैलोपियन ट्यूब लगभग 10-12 सेमी लंबी होती है और प्रत्येक अंडाशय की परिधि से गर्भाशय तक फैली होती है।

अत: विकल्प (A) सही है।

49. पक्षी के पंख और कीट के पंख दोनों समान होते हैं क्योंकि ये दोनों उड़ान का एक ही कार्य करते हैं जबकि संरचना और उत्पत्ति अलग-अलग होती है। पक्षियों के पंख उनके अग्रपादों से निकलते हैं, कीटों के पंख कीट के शरीर की भीतरी या बाहरी सतह से निकलते हैं।

अतः विकल्प (C) सही है।

50. कारक के वाहक गुणसूत्र होते हैं और वंशानुगत जानकारी को एक पीढ़ी से दूसरी पीढ़ी में स्थानांतरित करते हैं। आनुवंशिक जानकारी पीढ़ी से पीढ़ी तक रासायनिक जानकारी की विरासत में मिली इकाइयों (ज्यादातर मामलों में, जीन) के माध्यम से पारित की जाती है। जीव यौन प्रजनन के माध्यम से अन्य समान जीवों का उत्पादन करते हैं, जो आनुवंशिक सामग्री की रेखा को बनाए रखने और पीढ़ियों को जोड़ने की अनुमति देता है।

अतः विकल्प (B) सही है।

51. मेंडल ने अपने स्थल के पिसम सैटिवम (एक मटर का पौधा) का चयन किया ताकि उत्पादित संतति की विशेषताओं का निरीक्षण किया जा सके। इस मटर के पौधे के फूल उभयलिंगी होते हैं। यें स्व-परागण करने वाले पौधे हैं और इस प्रकार इस पर स्व और पर-परागण आसानी से किए जा सकते हैं। इनकी विभिन्न भौतिक विशेषताओं को पहचानना और उस पर अध्ययन करना भी आसान था। इन पौधों का जीवन काल कम होता है और पौधों की देखभाल करना आसान होता है।

अतः विकल्प (C) सही है।

52. आर्कियोप्टेरिक्स के पंखों पर दांतों का एक पूरा सेट और तीन पंजे थे जिनका इस्तेमाल शिकार को पकड़ने के लिए किया गया था। आर्कियोप्टेरिक्स के दांतेदार जबड़े, उसके पंखों पर पंजे और एक लंबी, बोनी पूंछ थी। अन्य पंख वाले डायनासोर पाए गए हैं, लेकिन आर्कियोप्टेरिक्स में सामने के अंग उचित पंखों के रूप में थे और इसके पंख उड़ने वाले पक्षियों के समान आकार के थे।

अतः विकल्प (C) सही है।

53. चलती ट्रेन में एक यात्री पांच रुपये का सिक्का उछालता है। यदि सिक्का उसके पीछे गिरता है, तो ट्रेन एक समान त्वरण के साथ आगे बढ़ रही होगी।

चूंकि सिक्का यात्री के पीछे पड़ता है, इसलिए ट्रेन को एकसमान त्वरण के साथ चलना चाहिए।

जैसे ही यात्री सिक्का उछालता है, सिक्का ऊपर जाता है और ट्रेन की गति (प्रारंभिक) के साथ गति में हो जाता है। जब ट्रेन तेज हो जाती है तो उसकी गति बढ़ जाती है, लेकिन सिक्का हवा में (प्रारंभिक) गति में है इसलिए ट्रेन व्यक्ति के साथ थोड़ा आगे बढ़ती है और सिक्का उसके पीछे की ओर गिर जाता है।

अतः विकल्प (A) सही है।

54. तापमान कणों की गति के अनुक्रमानुपाती है।

पदार्थ का तापमान हमें कणों की औसत गतिज ऊर्जा बताता है। जब पदार्थ में ऊष्मा संचरित होती है, तो यह अवशोषित हो जाती है और इसके परिणामस्वरूप कणों में गतिज ऊर्जा बढ़ जाती है। इसका मतलब है कि कण पहले से ही गति में थे, और इस गतिज ऊर्जा के परिणामस्वरूप गति अधिक हो जाती है।

अत: विकल्प (C) सही है।

55. स्थिर वेग से गतिमान रेलगाड़ी में प्रेक्षक के लिए न्यूटन का प्रथम नियम मान्य होता है।

हम जानते हैं,

न्यूटन का पहला नियम गैर जड़त्वीय संदर्भ में अमान्य है, क्योंकि पहले मामले में त्वरण मौजूद है।

अतः विकल्प (B) सही है।

56. गतिमान कण के वेग और त्वरण सदिशों के बीच 0 और 180 के बीच कोई कोण हो सकता है।

वृत्तीय गति में त्वरण सदिश वेग के लंबवत होता है और वेग भी बदल रहा होता है।

इसलिए त्वरण और वेग के बीच कोई भी कोण हो सकता है।

अतः विकल्प (C) सही है।

57. न्यूटन के गति के प्रथम नियम को जड़त्व का नियम भी कहा जाता है। जड़ता एक पिंड की क्षमता है जिसके कारण वह परिवर्तन का विरोध करता है।

न्यूटन के गति के प्रथम नियम के अनुसार, कोई वस्तु स्थिर या सीधी रेखा में एकसमान गति में तब तक रहेगी जब तक उस पर कोई बाहरी बल कार्य न करे।

जब कोई पिंड स्थिर अवस्था में होता है, तब तक वह विराम में रहता है जब तक कि हम उसे स्थानांतरित करने के लिए कोई बाहरी बल नहीं लगाते। इस गुण को विराम का जड़त्व कहते हैं।

जब कोई पिंड एक समान गति में होता है, तब तक गति में रहेगा जब तक हम इसे रोकने के लिए बाहरी बल नहीं लगाते। इस गुण को गति का जड़त्व कहते हैं।

जब रणवीर ने टेबल से मेजपोश खींचा तो उस समय बर्तन विरामावस्था में थे। विराम के जड़त्व के कारण व्यंजन विरामावस्था में रहते हैं क्योंकि मेजपोश शीघ्र ही हटा दिया जाता है।

अतः विकल्प (A) सही है।

58. जैसा कि हम जानते हैं कि किसी पिंड का संवेग इस प्रकार दिया जाता है,

$P = m \times v$...(1)

जहाँ m = द्रव्यमान, और v = पिंड का वेग

समीकरण (1) से यह स्पष्ट है कि यदि किसी पिंड का संवेग स्थिर है, तो उसका वेग भी नियत रहेगा और त्वरण शून्य होगा।

एक वस्तु स्थानांतरीय संतुलन में होती है यदि उसकी स्थानांतरीय गति का वेग स्थिर हो। ट्रांसलेशनल संतुलन में होने के लिए, वस्तु पर कार्य करने वाला शुद्ध बल शून्य होना चाहिए।

इसलिए हम कह सकते हैं कि यदि किसी पिंड का संवेग स्थिर है, तो वह स्थानांतरणीय संतुलन में होगा।

अतः विकल्प (A) सही है।

59. गति के तीसरे नियम के अनुसार क्रिया और प्रतिक्रिया हमेशा अलग-अलग पिंडों पर विपरीत दिशाओं में कार्य करती है। न्यूटन के गति के तीसरे नियम के अनुसार प्रत्येक क्रिया के बराबर और विपरीत प्रतिक्रिया होती है। क्रिया और प्रतिक्रिया बल हमेशा अलग-अलग पिंडों पर विपरीत दिशाओं में कार्य करते हैं।

अत: विकल्प (B) सही है।

60. जब हम दोनों हाथों से गुब्बारे को दबाते हैं, तो हम संतुलित बल लगा रहे होते हैं क्योंकि हम दोनों हाथों से समान बल लगा रहे होते हैं। गुब्बारे का आकार बदल जाता है और वह इस संतुलित बल के कारण होता है।

अतः विकल्प (A) सही है।

61. एक उपग्रह एक निकाय है जिसे कक्षा में रखा गया है। इसे कृत्रिम उपग्रह के रूप में भी जाना जाता है।

- एक प्राकृतिक उपग्रह भी है। जैसे- चंद्रमा

उपग्रह ग्रह के चारों ओर परिक्रमा करते हैं क्योंकि उनके पास पर्याप्त गति होती है जो अधोमुखी गुरुत्वाकर्षण बल का प्रभाव कम कर सके।

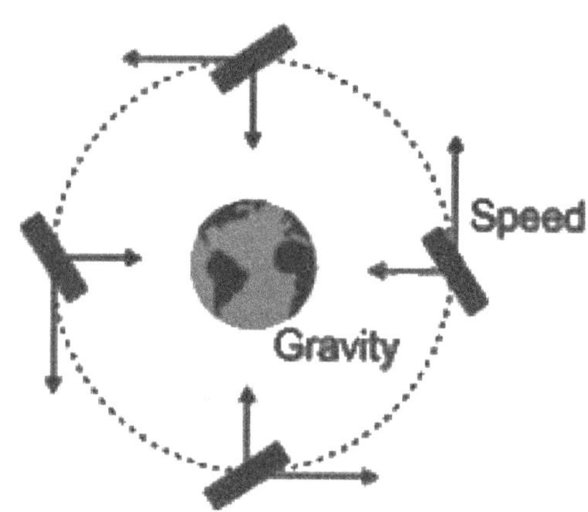

गतिमान उपग्रह के लिए गुरुत्वाकर्षण बल उपग्रह को वृतीय कक्षा पर ले जाने के लिए जरूरी अभिकेंद्रीय बल उपलब्ध कराता है।

यदि गुरुत्वाकर्षण बल अचानक गायब हो जाता है तो उपग्रह पर कोई अभिकेंद्री बल कार्यरत नहीं होगा । इसलिए उपग्रह वृतीय कक्षा में नहीं होगा।

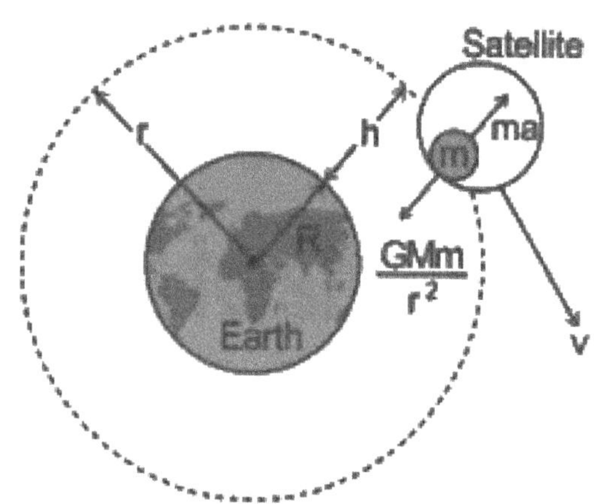

उपग्रह समान गति के साथ आगे बढ़ेगा और उस बिंदु पर वृतीय कक्षा में पथ पर स्पर्शरेखा होगा, जहां गुरुत्वाकर्षण बल गायब हो जाता है ।

अतः विकल्प (B) सही है।

62. जब कोई पिंड नियत त्वरण के अधीन एक सरल रेखा में चलता है, तो यह गति के तीन समीकरणों का अनुसरण करता है।

इन समीकरणों द्वारा सभी अज्ञात राशियों को ज्ञात किया जा सकता है।

$\Rightarrow v = u + at$

$\Rightarrow s = ut + \left(\frac{1}{2}\right) at^2$

$\Rightarrow v^2 = u^2 + 2as$

जहाँ u = प्रारंभिक वेग, v = अंतिम वेग, a = स्थिर त्वरण, t = समय और s = विस्थापन

दिया गया है कि, व्यक्ति 'u' गति के साथ गेंदों को लंबवत ऊपर की ओर हवा में फेंकता है।

इस प्रारंभिक गति से गेंद जिस ऊँचाई तक उठेगी (उच्चतम बिंदु पर v शून्य होगी)

गति के तीसरे समीकरण का उपयोग करने पर:

$v = 0; u = u; a = -g; s = h$ (नीचे की दिशा)

$\Rightarrow v^2 = u^2 + 2as$

$\Rightarrow 0^2 = u^2 - 2gh$

$\Rightarrow u^2 = 2gh$

$\Rightarrow h = \frac{u^2}{2g}$

अत: विकल्प (A) सही है।

63. जैसा कि हम जानते हैं,

$U_i = \frac{GMm}{R}$ = निकाय की आरंभिक स्थितिज ऊर्जा

$U_f = \frac{GMm}{2R}$ = निकाय की अंतिम स्थितिज ऊर्जा

स्थितिज ऊर्जा में परिवर्तन, $\Delta U = U_f - U_i$

$= -GMm\left[\frac{1}{2R} - \frac{1}{R}\right] = \frac{GMm}{2R}$ ....(i)

लेकिन $g = \frac{GM}{R^2}$

$\therefore GM = gR^2$ ....(ii)

समीकरण (i) और (ii) से, हम पाते हैं

$\Delta U = \frac{gR^2 m}{2R} = \frac{mgR}{2}$

अतः विकल्प (B) सही है।

64. एक उपग्रह की एक समय अवधि उपग्रह द्वारा पृथ्वी के चारों ओर एक बार जाने के लिए लिया गया समय है,

$T = 2\pi\sqrt{\frac{r^3}{MG}}$

जहाँ r पृथ्वी के चारों ओर परिक्रमा कर रहे उपग्रह से ग्रह के केंद्र के बीच की दूरी है, M पृथ्वी का द्रव्यमान है और G गुरुत्वाकर्षण स्थिरांक है।

जैसा कि एक गोले का घनत्व दिया गया है,

$\sigma = \frac{M}{V}$

$\sigma = \frac{M}{\left(\frac{4}{3}\pi r^3\right)}$

द्रव्यमान के संदर्भ में घनत्व,

$\sigma = \frac{M}{\left(\frac{4}{3}\pi r^3\right)}$

$M = \sigma \cdot \left(\frac{4}{3}\pi r^3\right)$

द्रव्यमान के इस मान को उपग्रह की आवर्तकाल के सूत्र में प्रतिस्थापित करने पर हमें प्राप्त होता है

$T = 2\pi \cdot \sqrt{\frac{r^3}{GM}}$

$T = 2\pi \cdot \sqrt{\frac{r^3}{G\left[\sigma \cdot \frac{4}{3}(\pi r^3)\right]}}$

$T = 2\pi \cdot \sqrt{\frac{3}{G \cdot \sigma \cdot (4\pi)}}$

$T = \sqrt{\frac{3 \cdot \pi}{G \cdot \sigma}}$

इसलिए, एक उपग्रह ग्रह के बहुत करीब परिक्रमा कर रहा है। इसका आवर्तकाल ग्रह के घनत्व पर ही निर्भर करता है।

अतः विकल्प (A) सही है।

65. कार्य ऊर्जा प्रमेय से:

ऊपर की ओर गति के लिए,

$\frac{1}{2} m(16)^2 = mgh + W$ ...(i)

नीचे की ओर गति के लिए,

$\frac{1}{2} m(8)^2 = mgh - W$ ...(ii)

समीकरण (i) और (ii) से, हम प्राप्त करते हैं

$\frac{1}{2} m[16^2 - 8^2] = 2\, mgh$

$\Rightarrow \frac{1}{2}[256 - 64] = 2 \times 10 \times h$

$\Rightarrow h = 4.8\, m$

अत: विकल्प (D) सही है।

66. केन्द्राभिमुख बल $= \frac{mv^2}{r} = \frac{k}{r^2}$ ... (दिया गया)

गतिज ऊर्जा $= \frac{1}{2}mv^2 = \frac{1}{2}\frac{k}{r}$

स्थितिज ऊर्जा $= -\int_{\infty}^{r} F\, dr$

निचली सीमा को ∞ लिया गया है क्योंकि स्थितिज ऊर्जा अनंत पर शून्य है

$= -\int_{\infty}^{r} \frac{k}{r^2} dr$

$= -k \int_{\infty}^{r} r^{-2}\, dr$

$= -k \left|\frac{r^{-1}}{-1}\right|_{\infty}^{r}$

$= \frac{-k}{r}$

कुल ऊर्जा $= \frac{k}{2r} - \frac{k}{r} = -\frac{k}{2r}$

अत: विकल्प (B) सही है।

67. दिया हुआ,

पिंड का संवेग $= 850.00$ kg m/sec

$m = 40.00$ kg

पिंड का संवेग $= mv$

$mv = 850.00$

$\Rightarrow 40.00 \times v = 850.00$

$\Rightarrow v = 21.25$ m/sec

गतिज ऊर्जा $= \frac{1}{2}mv^2$

$= \frac{1}{2} \times 40 \times (21.25)^2$

$= 9031.25$ J

अत: विकल्प (C) सही है।

68. दिया गया,

भार का द्रव्यमान $= 20$ kg

आदमी का द्रव्यमान $= 50$ kg

कुल द्रव्यमान $= (50 + 20)$

$= 70$ kg

कुल ऊंचाई $= 20 \times 0.25$

$= 5$ m

∴ किया गया कार्य $=$ mgh

$\Rightarrow$ W $= 70 \times 9.8 \times 5$

$\Rightarrow$ W $= 3430$ J

अत: विकल्प (D) सही है।

69. तरंग की गति समय के दिए गए अंतराल में एक दूरी है जो तरंग में एक बिंदु (शीर्ष या किसी अन्य बिंदु) द्वारा तय की जाती है। एक तरंग की आवृत्ति तरंगों की संख्या है जो 1 सेकंड में माध्यम के एक निश्चित बिंदु पर से गुजरती है।

एक तरंग की आवृत्ति f, वेग v और तरंगदैर्ध्य λ के बीच संबंध इस प्रकार है-

$v = f \times \lambda$

$\lambda = \frac{v}{f}$

दिया है: $v = 340$ मी./से. आवृत्ति $= 100$ किलोहर्ट्ज $= 100000$ हर्ट्ज

तरंगदैर्ध्य $(\lambda) =$ वेग $(v)/$ आवृत्ति $(f) = \frac{340}{100000}$

$\lambda = 0.0034$ मीटर $= 3.4$ मिमी

अतः विकल्प (C) सही है।

70. ध्वनि एक अनुदैर्ध्य तरंग है जिसमें एक माध्यम से यात्रा करने वाले संपीडन और विरलन होते हैं।

ध्वनि निर्वात में संचरित नहीं हो सकती।

चूँकि ध्वनि तरंगें अनुदैर्ध्य तरंगें होती हैं, वायु के कण ध्वनि के संचरण की दिशा में इधर-उधर कंपन करते हैं।

ध्वनि के अध्ययन को ध्वनि विज्ञान कहते हैं।

वायु में ध्वनि की चाल $= 343$ मी./से.

ध्वनि की आवृत्ति की इकाई: हर्ट्ज़।

ध्वनि की तीव्रता की इकाई: डेसीबेल।

ध्वनि आवृत्ति जिस पर मनुष्य 20 हर्ट्ज़ से 20 किलोहर्ट्ज़ के बीच सुन सकता है।

अतः विकल्प (A) सही है।

71. ध्वनि कंपन का बड़ा आयाम तेज़ ध्वनि उत्पन्न करेगा। भौतिकी में, ध्वनि एक कंपन है जो एक ध्वनिक तरंग के रूप में गैस, तरल या ठोस जैसे संचरण माध्यम से यात्रा करती है। ध्वनि ऐसी तरंगों का प्रतिग्रह है और मानव शरीर विज्ञान और मनोविज्ञान में उनका प्रयोग होता है। ऑडियो फ्रीक्वेंसी रेंज (लगभग 20 हर्ट्ज से 20 किलोहर्ट्ज़) में आवृत्तियों वाली केवल ध्वनिक तरंगें ही मनुष्यों में श्रवण धारणा उत्पन्न करती हैं।

अतः विकल्प (A) सही है।

72. भूकंप मुख्य झटके की लहर शुरू होने से पहले यह इंफ्रासोनिक ध्वनि तरंगे उत्पन्न करते हैं। इंफ्रासोनिक ध्वनि तरंगों को 20 हर्ट्ज के नीचे ध्वनि की आवृत्तियों के रूप में परिभाषित किया जाता है, इसे इन्फ्रा ध्वनि के रूप में जाना जाता है। (ध्वनि की आवृत्ति जितनी गहरी होगी, ध्वनि जितनी अधिक होगी) जिसे हम सुन सकते हैं।

अतः विकल्प (C) सही है।

73. एक विद्युत प्रवाह एक चुंबकीय क्षेत्र उत्पन्न करेगा, जिसे एक तार खंड के चारों ओर गोलाकार क्षेत्र रेखाओं की एक श्रृंखला के रूप में देखा जा सकता है। इसलिए दिया गया कथन सत्य है।

एक विद्युत प्रवाह एक चुंबकीय क्षेत्र उत्पन्न करता है। यह तभी संभव है जब कोई विद्युत आवेश गति में हो। जब विद्युत आवेश विराम अवस्था में होता है तो चुंबकीय क्षेत्र का कोई उत्पादन नहीं होता है। जब परमाणु घूमता है और नाभिक की परिक्रमा करता है तो चुंबकीय क्षेत्र का उत्पादन होता है। साथ ही चुंबकीय क्षेत्र की दिशा स्पिन की दिशा और विद्युत आवेश की परिक्रमा से निर्धारित होती है।

अतः विकल्प (D) सही है।

74. घरेलू परिपथ में लैंप समानांतर में जुड़े होते हैं क्योंकि यदि एक लैंप बुझ जाता है तो दूसरा जलता रहता है।

- यदि लैंप समानांतर में जुड़े हुए हैं, तो हमारे पास अलग-अलग लैंप के लिए अलग-अलग स्विच हो सकते हैं।
- इसके अलावा, यदि एक लैंप बुझ जाता है, तब भी दूसरे लैंप में धारा प्रवाहित होगी।
- यह श्रृंखला में संभव नहीं है, क्योंकि उस स्थिति में सभी लैंप एकल पथ से जुड़े होंगे।

अतः विकल्प (B) सही है।

75. हरा तार विद्युत परिपथ में ग्राउंडिंग/अर्थिंग के लिए होता है।

अर्थिंग का उपयोग परिपथ या उपकरणों को बिजली के झटके से बचाने के लिए किया जाता है। यह अर्थ पर विद्युत प्रवाह हेतु एक गलत प्रवाह के लिए एक मार्ग (एक सुरक्षात्मक चालक) प्रदान करके करता है।

सॉकेट उद्देश्यों के लिए मुख्य रूप से हरे तारों का उपयोग किया जाता है। उदाहरण एसी, गीजर, टीवी, माइक्रोवेव, आदि।

आम तौर पर, स्विच में केवल 2 तार होते हैं अर्थात तटस्थ और फेस।

अत: विकल्प (B) सही है।

76. किरचॉफ का विद्युत नियम के आवेश के संरक्षण पर आधारित है तथा इसे धारा नियम भी कहते हैं। इस नियम के अनुसार किसी विद्युत परिपथ में, संधि पर मिलने वाली समस्त धाराओं का बीजगणितीय योग शून्य होता है। अर्थात्,

$\Sigma i = 0$

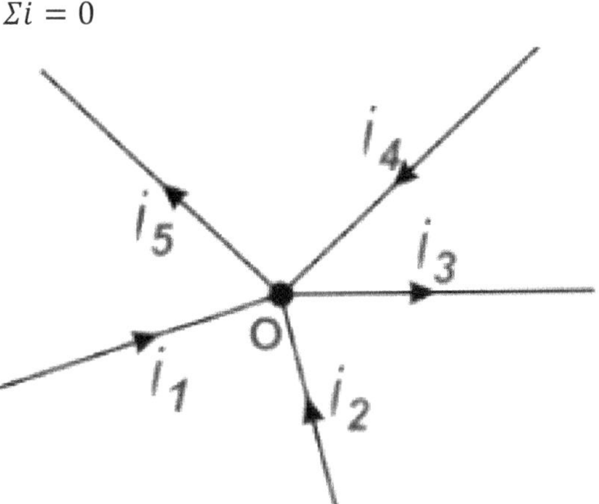

इस नियम की चिन्ह परिपाटी यह है, कि संधि की ओर आने वाली धाराएं धनात्मक तथा संधि से दूर जाने वाली धाराएं ऋणात्मक ली जाती है।

तो चित्रानुसार,

$$i_1 + i_2 - i_3 + i_4 - i_5 = 0$$

$$i_1 + i_2 + i_4 = i_3 + i_5$$

अतः विकल्प (C) सही है।

77. वेग, बल और चुंबकीय क्षेत्र सदिश राशियाँ हैं।

सदिश वह राशि है जिसमें परिमाण और दिशा दोनों होते हैं। वेग एक सदिश राशि है क्योंकि यह किसी विशेष दिशा में किसी वस्तु की गति है। बल एक सदिश राशि है क्योंकि यह वास्तव में निर्भर करता है कि आप किस दिशा में बल लगाते हैं। चुंबकीय क्षेत्र एक सदिश राशि है क्योंकि यह परिमाण और दिशा दोनों द्वारा निर्दिष्ट होती है।

अतः विकल्प (B) सही है।

78. मानव शरीर में हृदय और मस्तिष्क दो मुख्य अंग हैं जहां चुंबकीय क्षेत्र काफी महत्वपूर्ण है।

मानव शरीर एक विद्युत चुम्बकीय जीव है। मानव शरीर में, छोटी विद्युत धारा आयनों के कारण तंत्रिका कोशिकाओं के साथ यात्रा करती हैं, ठीक उसी तरह जैसे बिजली एक बिजली के तार से बहती है। यह करंट मानव शरीर में बहुत कमजोर चुंबकीय क्षेत्र पैदा करता है।

अतः विकल्प (A) सही है।

79. जब कोई सीधा चालक धारा प्रवाहित कर रहा होता है तो उसके चारों ओर वृत्ताकार चुंबकीय क्षेत्र रेखाएँ होती हैं। धारा प्रवाहित करने वाले सीधे चालक के चारों ओर चुंबकीय क्षेत्र रेखाएँ संकेंद्रित वृत्त होते हैं जिनके केंद्र तार पर स्थित होते हैं। दाएँ हाथ के अंगूठे के नियम का उपयोग करके चुंबकीय क्षेत्र रेखाओं की दिशा निर्धारित की जा सकती है।

अतः विकल्प (A) सही है।

80. एक ही सॉकेट में बहुत से उपकरणों को जोड़ने के कारण ओवरलोडिंग होती है।

ओवरलोडिंग तब होती है जब लाइव वायर न्यूट्रल वायर के सीधे संपर्क में आता है (ऐसा तब होता है जब तारों का इंसुलेशन खराब हो जाता है या उपकरण में कोई खराबी होती है।) ऐसी स्थिति में सर्किट में करंट अचानक बढ़ जाता है। इसे शॉर्ट-सर्किटिंग कहते हैं।

सर्किट में एक साथ कई उपकरणों को जोड़कर ओवरलोडिंग से बचा जा सकता है। एक व्यक्ति अपने घर में एक ही सॉकेट में बहुत से बिजली के उपकरणों को जोड़ता है। जब एक ही सॉकेट से जुड़े इन सभी विद्युत उपकरणों को एक ही समय में चालू किया जाता है तो सर्किट का विद्युत फ्यूज बंद हो जाता है।

अतः विकल्प (B) सही है।

81. एक ही आनुवंशिक मूल और किस्म के पौधों के बीच के क्रॉस को इंट्रा वेराइटल प्लांट कहा जाता है।

संकरण दो आनुवंशिक रूप से भिन्न प्रजातियों को पार करके नई पौधों की प्रजातियों का प्रजनन है। संकरण एक वांछित प्रक्रिया है क्योंकि अक्सर यह मूल प्रजातियों की तुलना में बेहतर प्रजातियों में परिणत होता है।

अतः विकल्प (A) सही है।

82. गन्ना प्रजनन अनुसंधान संस्थान (SBRI) कोयंबटूर में स्थित है।

गन्ना प्रजनन संस्थान 1912 में ब्रिटिश औपनिवेशिक शासन के तहत कोयंबटूर में अस्तित्व में आया। डॉ. सी.ए. नाई इस संस्थान के संस्थापक थे। आज यह भारतीय कृषि अनुसंधान परिषद के अंतर्गत आता है। संस्थान ने तीन नए अनुसंधान केंद्र बनाए हैं, एक हरियाणा में और दो केरल में।

गन्ना प्रजनन कार्यक्रम पौधे की बेहतर और अधिक व्यवहार्य किस्मों का उत्पादन करने का प्रयास करता है। भारत में पाए जाने वाले गन्ने के पौधों की अधिकांश किस्में इसी संस्थान द्वारा की गई पहल के कारण हैं। संस्थान संकर बनाने के लिए पारंपरिक प्रजनन के तरीकों के साथ-साथ आधुनिक तकनीक जैसे आनुवंशिक विश्लेषक और मिट्टी की नमी संकेतक आदि के हस्तक्षेप का पालन करता है।

अतः विकल्प (C) सही है।

83. सिरसा जिला हरियाणा में गेहूं का सबसे बड़ा उत्पादक है।

अध्ययन से यह भी पता चला है कि खाद्यान्न उत्पादन में सबसे अधिक वृद्धि सिरसा (5.25) में दर्ज की गई है जबकि कुरुक्षेत्र, करनाल, पानीपत और नूंह जिलों में नकारात्मक वृद्धि दर दर्ज की गई है। किसी देश के आर्थिक विकास में कृषि एक महत्वपूर्ण भूमिका निभाती है।

अत: विकल्प (A) सही है।

84. हरियाणा में चावल के खरीफ फसल में अधिकतम कृषि क्षेत्र शामिल है।

प्रमुख खरीफ फसलें चावल, ज्वार, मक्का, कपास, जूट, गन्ना, तिल और मूंगफली हैं। इन फसलों को जून में बारिश शुरू होने पर बोया जाता है और नवंबर की शुरुआत तक काटा जाता है। हरियाणा में खरीफ फसलों के तहत चावल सबसे अधिक क्षेत्र शामिल है, इसके बाद बाजरा आता है।

अत: विकल्प (A) सही है।

85. किसी आवेशित वस्तु से पृथ्वी पर आवेशों के स्थानान्तरण की प्रक्रिया अर्थिंग कहलाती है।

- विद्युतीय निर्वहन एक माध्यम के द्वारा बिजली का संचरण और निर्गमन है जैसे कि लागू विद्युत क्षेत्र में गैस।
- बादलों में विद्युत्स्थैतिक आवेशों के निर्माण के कारण बिजली उत्पन्न होती है।

अत: विकल्प (A) सही है।

86. इमारत से टकराने से पहले किसी भी बिजली को रोकने के लिए इमारत की छत पर बिजली संरक्षण कंडक्टर और बिजली की छड़ की एक प्रणाली स्थापित की जाती है।

तड़ित चालक एक नुकीली धातु की छड़ होती है जो एक इमारत की छत/शीर्ष से जुड़ी होती है क्योंकि बिजली आसपास की सबसे ऊंची वस्तु पर प्रहार करती है, छड़ को आमतौर पर एक संरचना के शीर्ष पर और उसकी लकीरों के साथ रखा जाता है; वे कम प्रतिबाधा केबल्स द्वारा जमीन से जुड़े हुए हैं। छड़ का व्यास एक इंच (2 सेमी) हो सकता है। यह तांबे या एल्यूमीनियम तार के एक विशाल टुकड़े से जुड़ता है जो कि एक इंच या उससे भी अधिक व्यास का होता है।

अतः विकल्प (A) सही है।

87. सुनामी समुद्र की गहराई में होने वाले विक्षोभ के कारण उत्पन्न होती है। बिजली गिरने से समुद्र में कोई गड़बड़ी नहीं होगी जबकि भूकंप, समुद्र के नीचे एक बड़ा परमाणु विस्फोट और ज्वालामुखी विस्फोट समुद्र में अशांति पैदा कर सकता है।

अतः विकल्प (D) सही है।

88. एक ऑरोरा पृथ्वी के चुंबकीय क्षेत्र और सूर्य द्वारा उत्सर्जित आवेशित कणों के बीच परस्पर क्रिया है। यह प्रायः अक्षांशों में 3° से 6° तक तथा ध्रुवों पर 10° तथा 20° के मध्य चौड़ी होती है। जब सूर्य की विद्युत आवेश की किरणें पृथ्वी के चुंबकीय क्षेत्र से टकराती है तो ऊर्जा उत्पन्न होती है जो आसमान में विभिन्न रंगों में लहरदार आकृति के रूप में हमें दिखाई देती है इसे ही ऑरोरा या ध्रुवी ज्योति के नाम से जाना जाता है।

अतः विकल्प (A) सही है।

89.

तृतीय पौष्टिकता स्तर G
E तृतीय पौष्टिकता स्तर
तृतीय पौष्टिकता स्तर F
D द्वितीय पौष्टिकता स्तर
द्वितीय पौष्टिकता स्तर C
B द्वितीय पौष्टिकता स्तर
A प्रथम पौष्टिकता स्तर

B और D एक ही पोषी स्तर पर मौजूद हैं। वे समान जीवों का उपभोग करते हैं और इस प्रकार भोजन के लिए प्रतिस्पर्धा करते हैं।

अतः विकल्प (D) सही है।

90. एक खाद्य श्रृंखला जिसमें पक्षी, हरे पौधे, मछली और मनुष्य शामिल हैं। खाद्य श्रृंखला में प्रवेश करने वाले हानिकारक रसायनों की सांद्रता मनुष्य में अधिकतम होगी।

चूंकि ये रसायन सड़ने योग्य नहीं होते हैं इसलिए ये प्रत्येक पोषी स्तर पर उत्तरोत्तर जमा होते जाते हैं। चूंकि मनुष्य किसी भी खाद्य श्रृंखला में शीर्ष स्तर पर कब्जा कर लेता है, इसलिए इन रसायनों की अधिकतम सांद्रता मानव शरीर में जमा हो जाती है। इस घटना को जैविक आवर्धन के रूप में जाना जाता है।

अतः दी गई खाद्य श्रृंखला में हानिकारक रासायनिक क्रम का सांद्रता बढ़ते क्रम में नीचे दिया गया है:

हरे पौधे → मछली → मनुष्य

अतः विकल्प (B) सही है।

91. किसी भी खाद्य श्रृंखला में पहली कड़ी आमतौर पर हरे पौधे होते हैं क्योंकि वे अकेले सूर्य के प्रकाश का उपयोग करके भोजन को संश्लेषित करने की क्षमता रखते हैं।

सभी पारिस्थितिक तंत्रों में सूर्य ऊर्जा का परम स्रोत है। हरे पौधे सौर ऊर्जा को फँसाते हैं और इसे एक उपयोगी रूप में परिवर्तित करते हैं जिसका उपयोग अन्य जीवों द्वारा क्रमिक पौष्टिकता स्तरों पर किया जा सकता है। लगभग सभी स्वपोषी सूर्य के प्रकाश, CO_2 और पानी से भोजन (ग्लूकोज) बनाने के लिए प्रकाश संश्लेषण का उपयोग करते हैं।

अतः विकल्प (C) सही है।

92. कई खाद्य श्रृंखलाएं हैं जो खाद्य जाल बनाने के लिए परस्पर जुड़ी हुई हैं और इसलिए एक जीव विभिन्न खाद्य श्रृंखला में विभिन्न ट्राफिक स्तरों पर भोजन कर सकता है। प्रत्येक स्थानान्तरण के साथ ऊर्जा की हानि के कारण बढ़ते हुए पौष्टिकता स्तरों की ऊर्जा में क्रमिक कमी होती है। इसे लिंडमैन द्वारा दिए गए 10% ऊर्जा नियम द्वारा समझाया गया है।

उत्पादक वे जीव हैं जो भोजन को संश्लेषित कर सकते हैं और जो जीव अन्य स्रोतों पर भोजन करते हैं उन्हें उपभोक्ता के रूप में जाना जाता है। हानिकारक जीव वे जीव हैं जो जीवों के मृत पदार्थ पर भोजन करते हैं जो सभी पौष्टिकता स्तरों से संबंधित होते हैं।

अतः विकल्प (D) सही है।

93. आर्किमिडीज का सिद्धांत गैसों और द्रव दोनों पर लागू होता है।

आर्किमिडीज का सिद्धांत सभी द्रव पदार्थों पर लागू होता है। द्रव वे पदार्थ हैं जो प्रवाहित हो सकते हैं, इसलिए गैसें भी द्रव हैं। इस प्रकार, आर्किमिडीज का सिद्धांत गैसों पर भी लागू किया जा सकता है।

अतः विकल्प (C) सही है।

94. तरल का घनत्व जितना कम होगा, पिंड द्वारा अनुभव किया गया उत्क्षेप उतना ही कम होगा। इनमें तारपीन का घनत्व सबसे कम होता है।

तरल अपभ्रस्ट क्रिया के लिए घनत्व मुख्य कारक है।

इसलिए, तारपीन को न्यूनतम उत्क्षेप का सामना करना पड़ेगा।

अतः विकल्प (B) सही है।

95. किसी पदार्थ का आपेक्षिक घनत्व (RD) $4°C$ पर पानी के घनत्व के पदार्थ के घनत्व के अनुपात के रूप में परिभाषित किया जाता है।

RD= पदार्थ का घनत्व / 4°C पर पानी का घनत्व

ठोस का आपेक्षिक घनत्व 0.6 है, जिसका अर्थ है कि पानी के समान आयतन के लिए ठोस 60% अधिक घना है।

इसलिए, ठोस के आयतन का 60% पानी के अंदर है।

अतः विकल्प (B) सही है।

96. उत्प्लावक बल किसी तरल पदार्थ में पूरी तरह या आंशिक रूप से डूबी हुई वस्तु पर ऊपर की ओर लगाया जाने वाला बल है। इस ऊर्ध्वगामी बल को उत्क्षेप भी कहते हैं। उत्प्लावक बल के कारण, किसी तरल पदार्थ में आंशिक या पूर्ण रूप से डूबी हुई वस्तु अपना भार कम करते हुए प्रतीत होती है, अर्थात हल्की प्रतीत होती है। किसी पिंड पर उत्प्लावक बल निम्नलिखित कारकों पर निर्भर करता है:

- विस्थापित द्रव का आयतन।
- तरल में डूबे हुए वस्तु का आयतन।
- द्रव का घनत्व।
- गुरुत्वाकर्षण के कारण त्वरण।

अतः विकल्प (D) सही है।

97. Al_2O_3 का यौगिक नाम एल्युमिनियम ऑक्साइड है।

सोडियम नाइट्रेट : $NaNO_3$

हाइड्रोजन क्लोराइड : HCl

मैग्नीशियम हाइड्रॉक्साइड : $Mg(OH)_2$

अतः विकल्प (B) सही है।

98. रासायनिक प्रतिक्रिया के बाद, अभिकारकों और उत्पादों के कुल द्रव्यमान में परिवर्तन नहीं होता है क्योंकि द्रव्यमान अवस्थाओं के संरक्षण का नियम रासायनिक प्रतिक्रियाओं में द्रव्यमान कभी भी नष्ट या प्राप्त नहीं होता है। यह कहा जा सकता है कि द्रव्यमान सदैव संरक्षित रहता है।

अतः विकल्प (C) सही है।

99. निश्चित अनुपात का नियम नाइट्रोजन ऑक्साइड पर लागू नहीं होता है क्योंकि नाइट्रोजन के समतुल्य भार परिवर्तनशील होता है। नाइट्रोजन ऑक्सीजन के साथ कई यौगिक बनाती है। निश्चित अनुपात का नियम कहता है कि किसी दिए गए रासायनिक यौगिक में हमेशा समान तत्व द्रव्यमान के समान अनुपात में होते हैं।

अतः विकल्प (C) सही है।

100. जैसा कि हम जानते हैं,

कार्बन का व्यक्तिगत द्रव्यमान = 12 amu

हाइड्रोजन का व्यक्तिगत द्रव्यमान = 1 amu

ऑक्सीजन का व्यक्तिगत द्रव्यमान = 16 amu

लेकिन सुक्रोज में 12 कार्बन, 22 हाइड्रोजन और 11 ऑक्सीजन होते हैं।

सुक्रोज के लिए, आणविक द्रव्यमान = $12 \times 12 + 22 \times 1 + 11 \times 16$

$= 144 + 22 + 176$

$= 342$ amu

अतः विकल्प (A) सही है।

मॉक टेस्ट 02

Q.1 कथन "किसी दिए गए यौगिक का उसके घटकों के द्रव्यमान के अनुसार एक निश्चित अनुपात होता है" किससे संबंधित है?

A. डाल्टन के परमाणु सिद्धांत का प्रथम नियम
B. डाल्टन के परमाणु सिद्धांत का द्वितीय नियम
C. अवोगाद्रो का नियम
D. इनमें से कोई नहीं

Q.2 इत्र की महक एक प्रक्रिया द्वारा फैलती है जिसे कहा जाता है:

A. वाष्पीकरण **B.** प्रसार **C.** संक्षेपण **D.** संलयन

Q.3 डाल्टन के परमाणु सिद्धांत के अनुसार किसी तत्व के सबसे छोटे घटक ________ हैं।

A. अणु
B. परमाणु
C. इलेक्ट्रॉन, प्रोटॉन और न्यूट्रॉन
D. इनमें से कोई नहीं

Q.4 बर्फ का गलनांक क्या है?

A. -273 C **B.** 273 K **C.** 273 C **D.** -273 K

Q.5 पदार्थ की इनमें से किस अवस्था का घनत्व अधिकतम होता है?

A. द्रव **B.** ठोस
C. गैस **D.** इनमें से कोई नहीं

Q.6 गर्म करने पर ठोस सीधे गैसीय अवस्था में परिवर्तित हो जाता है। इस प्रक्रिया को _______ कहा जाता है।

A. ऊर्ध्वपातन **B.** वाष्पीकरण
C. विसरण **D.** संघनन

Q.7 जब एक गिलास तरल पानी में एक चम्मच ठोस चीनी घुल जाती है, तो मिश्रण की कौन सी अवस्था होती है?

A. केवल ठोस अवस्था **B.** ठोस और तरल अवस्था
C. केवल तरल अवस्था **D.** इनमें से कोई नहीं

Q.8 जब 1 लीटर पानी को $4°C$ से $0°C$ तक ठंडा किया जाता है, तो इसका आयतन _______ होता है।

A. पहले घटता है फिर बढ़ता है
B. वैसा ही रहता है
C. बढ़ता है
D. घटता है

Q.9 एक स्पीशीज में इलेक्ट्रॉन प्रोटॉन और न्यूट्रॉन की संख्या क्रमशः 18, 16 और 16 के बराबर होती है। स्पीशीज के लिए उचित प्रतीक लिखिए।

A. ${}^{32}_{18}S^{2-}$ **B.** ${}^{32}_{16}Ca^{2-}$ **C.** ${}^{32}_{16}P^{2-}$ **D.** ${}^{32}_{16}S^{2-}$

Q.10 ऑल इंडिया रेडियो (दिल्ली) का विविध भारती स्टेशन $1{,}368 KHz$ की आवृत्ति पर प्रसारण करता है। संचारक (transmitter) द्वारा उत्सर्जित विद्युत्-चुंबकीय विकिरण की तरंग-दैर्घ्य ज्ञात कीजिए। यह विद्युत्-चुंबकीय स्पेक्ट्रम के किस क्षेत्र से संबंधत है?

A. $319.3\ m$ **B.** $219.3\ m$ **C.** $200\ m$ **D.** $220.3\ m$

Q.11 दृश्य स्पेक्ट्रम के तरंग-दैर्घ्य का परास बैगनी $(400\ nm)$ से लाल $(750\ nm)$ तक है। इन तरंग-दैर्घ्यों को आवृत्तियों (Hz) में प्रकट कीजिए। $(1\ nm = 10^{-9}\ m)$

A. 7.50×10^{14} Hz, 4×10^{14} Hz
B. 5.50×10^{14} Hz, 4×10^{14} Hz
C. 6.50×10^{14} Hz, 5.00×10^{14} Hz
D. 8.50×10^{14} Hz, 3×10^{14} Hz

Q.12 $5 \times 10^{14}\ Hz$ आवृत्ति वाले विकिरण के एक मोल फोटॉनों की ऊर्जा की गणना कीजिए।

A. $199.51\ kJ\ mol^{-1}$ **B.** $201.51\ kJ\ mol^{-1}$
C. $193.51\ kJ\ mol^{-1}$ **D.** $199.51\ J\ mol$

Q.13 बेंजीन की प्रतिस्थापन अभिक्रियाओं के संबंध में निम्नलिखित में से कौन-सा असत्य हैं?

A. बेंजीन नाइट्रोबेंजीन के उत्पादन के लिए नाइट्रिक अम्ल के साथ प्रतिक्रिया करता है
B. बेंज़ीन सल्फ्यूरिक अम्ल के साथ अभिक्रिया करके बेंजीनसल्फोनिक अम्ल का उत्पादन करता है
C. फिनाइल ब्रोमाइड के उत्पादन के लिए बेंजीन ब्रोमीन जल के साथ कार्य करता है
D. इनमें से कोई भी नहीं

Q.14 निम्नलिखित अभिक्रिया का प्रमुख उत्पाद है:

$$CH_3CH = CHCO_2CH_3 \xrightarrow{LiAlH_4}$$

A. $CH_3CH_2CH_2CO_2CH_3$
B. $CH_3CH = CHCH_2OH$
C. $CH_3CH_2CH_2CH_2OH$
D. $CH_3CH_2CH_2CHO$

Q.15 इनमें से कौन विस्थापन प्रतिक्रिया का एक उदाहरण है?

A. $Fe(s) + CuSO_4(aq) = FeSO_4(aq) + Cu(s)$
B. $2FeSO_4(s) = Fe_2O_3(s) + SO_2(g) + SO_3(g)$
C. $CaO(s) + H_2O(L) = Ca(OH)_2(aq)$
D. $C(s) + O_2(g) = CO_2(g)$

Q.16 फिनोल और फार्मल्डिहाइड के बहुलीकरण का उत्पाद क्या है?

A. पीवीसी (PVC) **B.** बैकेलाइट
C. पॉलिएस्टर **D.** टेफ्लान

Q.17 जब आर्द्र दिन पर हाइड्रोजन क्लोराइड गैस तैयार की जाती है, तो गैस को आमतौर पर कैल्शियम क्लोराइड युक्त गार्ड ट्यूब के माध्यम से पारित किया जाता है। गार्ड ट्यूब में ली जाने वाली कैल्शियम क्लोराइड की भूमिका है:

A. विकसित गैस को अवशोषित करना
B. गैस को नम करना
C. गैस से नमी को अवशोषित करना
D. उपरोक्त में से कोई नहीं

Q.18 निम्नलिखित में से किस अभिक्रिया में सांद्र H_2SO_4 ऑक्सीकरण एजेंट के रूप में कार्य करता है?

A. $ZnO + H_2SO_4$ **B.** $KBr + H_2SO_4$
C. $NaCl + H_2SO_4$ **D.** उपरोक्त में से कोई नहीं

Q.19 दांतों के इनेमल में कैल्शियम फॉस्फेट मौजूद होता है। कैल्शियम फॉस्फेट की प्रकृति _______ होती है।

A. अम्लीय **B.** क्षारीय **C.** उदासीन **D.** उभयधर्मी

Q.20 मिट्टी का एक नमूना पानी के साथ मिलाया जाता है और तल में बैठने दिया जाता है। स्पष्ट सतह पर तैरने वाला विलयन pH पेपर को पीला-नारंगी

कर देता है। निम्नलिखित में से कौन इस pH पेपर का रंग हरा-नीला कर देगा?

A. नींबू का रस **B.** सिरका
C. साधारण नमक **D.** अम्लत्वनाशक

Q.21 हवा के संपर्क में आने पर कुछ समय बाद चांदी की वस्तुएं _______ हो जाती हैं।

A. काली **B.** पीली **C.** भूरी **D.** लाल

Q.22 निम्नलिखित में से कौन एक निर्जलीकरण एजेंट है?

A. निर्जल कैल्शियम क्लोराइड
B. जलीय कैल्शियम क्लोराइड
C. कैल्शियम हाइड्रॉक्साइड
D. जलीय कैल्शियम हाइड्रॉक्साइड

Q.23 _________ के बीच की प्रतिक्रिया को थर्माइट प्रतिक्रिया कहा जाता है।

A. एल्यूमीनियम ऑक्साइड और लोहा
B. लोहा आक्साइड और एल्यूमीनियम
C. मैंगनीज ऑक्साइड और एल्यूमीनियम
D. जिंक ऑक्साइड और कार्बन

Q.24 कॉपर हवा में नम कार्बन डाइऑक्साइड के साथ अभिक्रिया करके _______ बनाता है।

A. कॉपर ऑक्साइड **B.** मूल कॉपर कार्बोनेट
C. कॉपर कार्बाइड **D.** कॉपर हाइड्राइड

Q.25 किस गैस का उपयोग फलों को कृत्रिम रूप से पकाने के लिए किया जाता है?

A. एसिटिलीन **B.** प्रोपेन
C. मीथेन **D.** इथेन

Q.26 बायोगैस और सीएनजी का मुख्य घटक क्या है?

A. प्रोपेन **B.** हाइड्रोजन सल्फ़ाइड
C. मीथेन **D.** एथेन

Q.27 ग्लूकोज का रासायनिक सूत्र क्या है?

A. $C_{12}H_{22}O_{11}$ **B.** $C_6H_{10}O_5$
C. $C_6H_{12}O_6$ **D.** $C_6H_6O_6$

Q.28 रेफ्रीजिरेटर के निर्माण में निम्नलिखित में से किस रसायन का उपयोग किया जाता है?

A. हेक्साक्लोरो कार्बन्स **B.** H_2SO_4
C. क्लोरोफ्लोरो कार्बन **D.** सल्फर हेक्साफ्लोराइड

Q.29 पैनेथ कोशिकाएँ इसमें पाई जाती हैं:

A. क्रिप्ट्स ऑफ़ लीबरकुहन
B. पीयर के धब्बे
C. लैंगरहंस का आइलेट
D. गैस्ट्रिक ग्रंथियां

Q.30 निम्नलिखित में से क्या लसीका का गुण नहीं है ?

A. यह हार्मोन का एक वाहक है।
B. रोगाणुओं के कारण संक्रमण की रोकथाम के लिए।
C. इसमें लिम्फोसाइट्स होते हैं जो शरीर की प्रतिरक्षा प्रतिक्रिया के लिए जिम्मेदार होते हैं।
D. यह पोषक तत्वों का एक महत्वपूर्ण वाहक है।

Q.31 एक एंटीजन एक पदार्थ है जो प्रतिरक्षा प्रणाली को अपने खिलाफ एंटीबॉडी का उत्पादन करने का कारण बनता है। किस प्रकार की कोशिकाओं को एंटीजन की प्रारंभिक प्रस्तुति में टी लिम्फोसाइट्स में शामिल करने के लिए जाना जाता है?

A. द्रुमाकृतिक कोशिकाएं
B. जीवद्रव्य कोशिकाएँ
C. न्यूट्रोफिल पॉलीमोर्फोन्यूक्लियर ल्यूकोसाइट्स
D. लालरक्तकण

Q.32 शब्द 'सारकोड' किसके द्वारा दिया गया था?

A. रॉबर्ट हूक **B.** रॉबर्ट ब्राउन
C. दुर्जार्डेन **D.** पुर्किन्जे

Q.33 सूत्रकणिका में, एटीपी संश्लेषण रासायनिक प्रतिक्रिया होती है:

A. बाहरी झिल्ली **B.** आव्यूह
C. आंतरिक झिल्ली **D.** सूत्रकणिका का डीएनए

Q.34 निम्नलिखित में से कौन से कोशिकांग के पास अपने स्वयं के आनुवांशिक पदार्थ संकेतीकरण प्रोटीन नहीं हैं?

A. राइबोसोम **B.** न्यूक्लियस
C. माइटोकॉन्ड्रिया **D.** हरितलवक

Q.35 स्तनधारी कोशिकाओं के निम्नलिखित अंगों में से कौन सा जल अपघटकीय एंजाइमों में समृद्ध है?

[UPSC NDA, 2019]

A. माइटोकॉन्ड्रिया **B.** राइबोसोम
C. लाइसोसोम **D.** केंद्रक

Q.36 निम्न में से कोशिकीय अंगक के किस समूह में डीएनए होता है?

A. माइटोकॉन्ड्रिया , केन्द्रक, क्लोरोप्लास्ट
B. माइटोकॉन्ड्रिया , गॉल्जी बॉडी, केन्द्रक
C. माइटोकॉन्ड्रिया , प्लाज्मा झिल्ली, केन्द्रक
D. क्लोरोप्लास्ट, केन्द्रक, राइबोसोम

Q.37 भ्रूण संवर्धन का एक प्रमुख अनुप्रयोग _____ में है।

A. क्लोनल प्रसार
B. एल्कलॉइड का उत्पादन
C. संकरण बाधाओं पर काबू पाना
D. घातक उत्परिवर्तन का प्रेरण

Q.38 जड़ दबाव होता है:

A. जब दिन में वाष्पोत्सर्जन की दर कम होती है
B. जब रात में मिट्टी की नमी अधिक होती है
C. जब दिन में वाष्पोत्सर्जन की दर अधिक होती है
D. (A) और (B) दोनों

Q.39 रस के आरोहण के दौरान वाहिकाओं/ट्रेकिड्स में पानी के स्तंभ में आमतौर पर _______ के कारण टूटते या विभाजन नहीं होता है।

A. लिग्निफाइड मोटी दीवारें
B. सामंजस्य और आसंजन
C. कमजोर गुरुत्वाकर्षण खिंचाव
D. वाष्पोत्सर्जन खिंचाव

Q.40 ग्लाइकोलाइसिस, क्रेब्स चक्र और इलेक्ट्रॉन परिवहन प्रणाली का समग्र लक्ष्य ______ का निर्माण है।

A. छोटी स्टेपवाइज इकाइयों में ATP
B. एक बड़ी ऑक्सीकरण प्रतिक्रिया में ATP
C. शर्करा
D. न्यूक्लिक एसिड

Q.41 विद्युत आवेग _________ से न्यूरॉन में यात्रा करता है।

A. डेंड्राइट → एक्सॉन → एक्सोनल एंड → सेल बॉडी
B. सेल बॉडी → डेंड्राइट → एक्सॉन → एक्सोनल एंड
C. डेंड्राइट → सेल बॉडी → एक्सॉन → एक्सोनल एंड
D. एक्सोनल एंड → एक्सॉन → सेल बॉडी → डेंड्राइट

Q.42 स्तन ग्रंथि का विकास किस हार्मोन से होता है?

A. एस्ट्रोजेन **B.** प्रोजेस्टेरोन
C. रिलैक्सिन **D.** ऑक्सीटोसिन

Q.43 अंतःस्रावी ग्रंथियों में से किस एक को मास्टर ग्रंथि के रूप में जाना जाता है?

A. पीयूष ग्रंथि **B.** अधिवृक्क
C. थायराइड **D.** पैराथाइरॉइड

Q.44 मटर के पौधे में टैंड्रिल वृद्धि ________ के कारण होती है।

A. प्रकाश का प्रभाव
B. गुरुत्वाकर्षण का प्रभाव
C. सपोर्ट के संपर्क में प्रवृत्त कोशिकाओं में तेजी से कोशिका विभाजन
D. सपोर्ट के संपर्क में टैंड्रिल कोशिकाओं में तेजी से कोशिका विभाजन

Q.45 किस हार्मोन की निकासी मासिक धर्म का तत्काल कारण है?

A. एस्ट्रोजन
B. फॉलिकल स्टिम्युलेटिंग हॉर्मोन (FSH)
C. फॉलिकल स्टिम्युलेटिंग हॉर्मोन-रेसूस (FSH-RH)
D. प्रोजेस्टेरोन

Q.46 प्रसव संकेत की उत्पत्ति होती है :

A. केवल पूर्ण विकसित भ्रूण
B. केवल प्लेसेंटा
C. मातृ पिट्यूटरी द्वारा निर्मुक्त ऑक्सीटोसिन
D. A और B दोनों

Q.47 स्तनधारियों में वृषण के बाहर अंडकोश की थैली में वृषण होता है:

A. मूत्राशय की उपस्थिति
B. मलाशय की उपस्थिति
C. लॉन्ग वास डेफेरेंस
D. शुक्राणुजनन के लिए कम तापमान की आवश्यकता

Q.48 गर्भावस्था को बनाए रखने के लिए नाल द्वारा स्रावित हार्मोन हैं: *[NEET UG, 2018]*

A. hCG, प्रोजेस्टोजेन, एस्ट्रोजेन, ग्लूकोकार्टिकोआड्स
B. hCG. hPL, प्रोजेस्टोजेन, प्रोलैक्टिन
C. hCG, hPL, प्रोजेस्टोजेन, एस्ट्रोजेन
D. hCG, hPL, एस्ट्रोजेन, रिलैक्सिन, ऑक्सीटोसिन

Q.49 'किसी जीव द्वारा किसी अंग के उपयोग और अनुपयोग से उस अंग की विशेषताओं में 'भिन्नता' प्राप्त हो जाती है' _______ द्वारा प्रस्तावित किया गया था।

A. डार्विन **B.** ग्रेगर मेंडल
C. जीन बैप्टिस्ट लैमार्क **D.** वीजमैन

Q.50 दो समान अंगों के उदाहरणों में से एक तोते का पंख और ______ हो सकता है।

A. मेंढक का अगला पैर **B.** घोड़े का अग्र पैर
C. घरेलू मक्खी का पंख **D.** व्हेल का फ्लिपर

Q.51 सही कथन ज्ञात कीजिए।

A. गुणसूत्र आनुवंशिक कारकों के वाहक होते हैं।
B. जे. बी. एस. हाल्डेन ने सुझाव दिया कि जीवन सरल कार्बनिक अणुओं से विकसित हुआ है।
C. पक्षी और चमगादड़ के पंख समजात अंग हैं।
D. जिस बच्चे को अपने पिता से X-गुणसूत्र विरासत में मिलता है, वह लड़का होगा

Q.52 समजात अंगों का उदाहरण है-

A. हमारा हाथ तथा कुत्ते के अग्रपाद
B. हमारे दाँत तथा हाथी के दाँत
C. आलू एवं घास के उपरिभूस्तारी
D. उपरोक्त सभी

Q.53 किसी पिंड पर लगाया गया बल उसकी ______ बदल देता है:

A. गति की दिशा **B.** संवेग
C. गतिज ऊर्जा **D.** उपरोक्त सभी

Q.54 दो कथन हैं:
कथन A: संवेग परिवर्तन की दर बल के समानुपाती होती है।
कथन B: संवेग परिवर्तन की दर गतिज ऊर्जा के समानुपाती होती है।
निम्नलिखित में से कौन सा सही है?

A. केवल A **B.** केवल B
C. A और B दोनों सही हैं **D.** A और B दोनों गलत हैं

Q.55 एकसमान गति से गतिमान पिंड के लिए दूरी-समय ग्राफ है:

A. एक अतिपरवलय **B.** एक सीधी रेखा
C. एक दीर्घवृत्त **D.** एक परवलय

Q.56 एक उच्च स्प्रिंगबोर्ड से गोता लगाने वाला एक खिलाड़ी पानी में प्रवेश करने से पहले हवा में कई तरह के व्यायाम कर सकता है।
गिरावट के दौरान निम्नलिखित में से कौन सा पैरामीटर स्थिर रहेगा?

A. खिलाड़ी की रैखिक गति
B. खिलाड़ी का जड़त्व आघूर्ण
C. खिलाड़ी की गतिज ऊर्जा
D. खिलाड़ी का कोणीय संवेग

Q.57 चलती ट्रेन में एक यात्री पांच रुपये का सिक्का उछालता है। यदि सिक्का उसके पीछे की ओर गिरता है, तो ट्रेन एक समान _______के साथ चल रही होगी :

A. त्वरण **B.** मंदन **C.** गति **D.** वेग

Q.58 दिए गए विकल्पों में से निम्नलिखित में से किसमें जड़ता अधिक है?

A. एक रबर की गेंद
B. गेंद के समान आकार का एक पत्थर
C. दोनों में समान जड़त्व आघूर्ण होगा
D. निर्धारित नहीं किया जा सकता

Q.59 m_1 द्रव्यमान का एक ब्लॉक A चिकने झुकाव वाले समतल के ऊपर से छोड़ा जाता है और यह तल से नीचे की ओर खिसकता है। m_2 द्रव्यमान का एक अन्य ब्लॉक B ($m_2 > m_1$)उसी बिंदु से गिराया जाता है और लंबवत नीचे की ओर गिरता है।
यदि वायु द्वारा दिया गया घर्षण नगण्य है, तो निम्नलिखित में से कौन सा कथन सत्य होगा?

A. दोनों ब्लॉक एक ही समय में जमीन पर पहुंचेंगे
B. दोनों ब्लॉक समान गति से जमीन पर पहुंचेंगे
C. दोनों ब्लॉकों के जमीन पर पहुंचने पर उनकी गति उनके द्रव्यमान पर निर्भर करेगी
D. ब्लॉक A ब्लॉक B से पहले जमीन पर पहुंचेगा

Q.60 जब किसी पिंड की गति केवल एक तल तक ही सीमित होती है, तो गति को कहा जाता है:

A. समतल गति **B.** आयताकार गति
C. वक्रीय गति **D.** उपरोक्त में से कोई नहीं

Q.61 यदि पृथ्वी की परिक्रमा करने वाले उपग्रह का कक्षीय वेग 7 किमी/सेकंड है, तो उसका पलायन वेग ____ होगा।

A. 11.2 किमी/सेकंड **B.** 8 किमी/सेकंड
C. 9.9 किमी/सेकंड **D.** 10.2 किमी/सेकंड

Q.62 द्रव्यमान 'm' और त्रिज्या 'r' के गोलाकार खोल के केंद्र पर गुरुत्वाकर्षण क्षेत्र की तीव्रता होगी:

A. $\frac{Gm}{r^2}$ **B.** $\frac{Gm}{r}$
C. शून्य **D.** इनमें से कोई नही

Q.63 निम्नलिखित में से कौन सा कानून कहता है कि "ब्रह्मांड में प्रत्येक वस्तु प्रत्येक दूसरी वस्तु को एक बल के साथ आकर्षित करती है जो उनके द्रव्यमान के गुणनफल के अनुक्रमानुपाती है और उनके बीच की दूरी के वर्ग के व्युत्क्रमानुपाती है?"

A. गुरुत्वाकर्षण का सार्वभौमिक नियम
B. केप्लर का नियम
C. न्यूटन का गति का तीसरा नियम
D. न्यूटन की गति का पहला नियम

Q.64 एक अनोखे ग्रह पर एक अंतरिक्ष यात्री ने पाया कि गुरुत्वाकर्षण के कारण त्वरण पृथ्वी की सतह पर दोगुना होता है। निम्नलिखित में से कौन इसका वर्णन कर सकता है?

A. ग्रह का द्रव्यमान और त्रिज्या दोनों पृथ्वी से दोगुना होता है।
B. ग्रह का द्रव्यमान पृथ्वी से आधा है, लेकिन त्रिज्या पृथ्वी के समान होती है।
C. ग्रह का द्रव्यमान और त्रिज्या दोनों पृथ्वी की तुलना में आधे हैं।
D. ग्रह की त्रिज्या पृथ्वी की तुलना में आधी है, लेकिन द्रव्यमान पृथ्वी के समान ही होता है।

Q.65 यांत्रिक ऊर्जा को विद्युत ऊर्जा में परिवर्तित करने के लिए प्रयुक्त उपकरण को एक कहा जाता है?

A. ट्रांसफार्मर **B.** डायनेमो
C. सेल **D.** विद्युत मोटर

Q.66 जब 5 kg की वस्तु पर 50 N का बल लगाया जाता है तो यह 5 m की क्षैतिज दूरी को तय करता है। इस स्थिति में किए गए कार्य की मात्रा की गणना करें।

A. 150 J **B.** 0 J **C.** 1250 J **D.** 250 J

Q.67 सुरेश अध्ययन के लिए एक टेबल लैंप खरीदता है। टेबल लैंप 16 सेकंड में 960 J विद्युत ऊर्जा की खपत करता है। इसकी शक्ति क्या है?

A. 60W **B.** 45W **C.** 50W **D.** 48W

Q.68 किया गया कार्य (kJ में) ज्ञात करें यदि 750 N का बल द्रव्यमान 30 kg की गाड़ी को 16 m धकेलता है।

A. 24 **B.** 12 **C.** 36 **D.** 48

Q.69 ध्वनि को उसके _______ से पहचाना जा सकता है।

A. आयाम **B.** आवृति
C. आयाम और आवृत्ति **D.** वेग और आवृत्ति

Q.70 एक वस्तु 1000 हर्ट्ज पर कंपन कर रही है। उत्पन्न ध्वनि की समयावधि कितनी होती है?

A. 0.001 सेकंड **B.** 10 सेकंड
C. 100 सेकंड **D.** 0.01 सेकंड

Q.71 सुव्यक्त प्रतिध्वनि सुनने के लिए ध्वनि के स्रोत से अवरोध की न्यूनतम दूरी कितनी होनी चाहिए?

A. 34·4 मीटर **B.** 17·2 मीटर
C. 3·44 मीटर **D.** 1·72 मीटर

Q.72 डॉल्फिन, चमगादड़ और पोरपोइस क्या भेजते हैं?

A. अल्ट्रासाउंड **B.** इन्फ्रासाउंड
C. (A) और (B) दोनों **D.** इनमें से कोई भी नहीं

Q.73 यदि प्रतिरोधक ओम के नियम का पालन करता है, तो इसे क्या कहा जाता है?

A. रेखीय प्रतिरोधक **B.** पराश्रयी प्रतिरोधक
C. अरेखीय प्रतिरोधक **D.** गैर-पराश्रयी प्रतिरोधक

Q.74 यदि $2V$ विभवान्तर वाले तार में $1\mu A$ की विद्युत धारा प्रवाहित हो रही है, तो 2 मिनट में उत्पन्न ऊष्मा होगी। (परिपथ को शुद्ध प्रतिरोधक मानने पर)

A. 2.4×10^{-2} जूल **B.** 2.4×10^{-4} जूल
C. 2.4 जूल **D.** 1.2×10^{-4} जूल

Q.75 यदि समान प्रतिरोध R के तीन प्रतिरोधक समानांतर में हैं और यह संयोजन अन्य प्रतिरोध R के साथ श्रृंखला में है, तो परिपथ में समतुल्य प्रतिरोध _______ होगा।

A. $\frac{4R}{3}$ **B.** $\frac{3R}{4}$ **C.** $\frac{R}{3}$ **D.** $\frac{2R}{3}$

Q.76 जब कांच की छड़ को रेशम से रगड़ा जाता है, तो कांच की छड़ _______।

A. इलेक्ट्रॉनों को मुक्त करती है
B. इलेक्ट्रॉनों को प्राप्त करती है
C. इलेक्ट्रॉनों को लेना और देना दोनों
D. इनमें से कोई नहीं

Q.77 गलत कथन का पता लगाएं:

A. लाल इन्सुलेशन वाला तार आमतौर पर विद्युत आपूर्ति का तटस्थ तार होता है
B. क्षेत्र रेखाएँ दक्षिणी ध्रुव से निकलती हैं और उत्तरी ध्रुव पर विलीन हो जाती हैं
C. चुंबकीय क्षेत्र रेखाएं एक दूसरे को काट सकती हैं
D. उपरोक्त सभी

Q.78 दाहिने हाथ के अंगूठे के नियम का उपयोग _______ को खोजने के लिए किया जाता है।

A. चुंबकीय क्षेत्र से गुजरने वाले आवेशित कण पर बल
B. चुंबकीय क्षेत्र में रखे धारावाही चालक पर बल
C. प्रेरित धारा की दिशा
D. विद्युत धारावाही सीधे चालक के चारों ओर चुंबकीय क्षेत्र की दिशा

Q.79 धारावाही सीधे चालक के कारण किसी बिंदु पर चुंबकीय क्षेत्र की शक्ति को प्रभावित करने वाले कारक कौन से हैं?

A. केवल तार से बिंदु की दूरी
B. तार की लंबाई धारा और दूरी
C. केवल करंट
D. केवल तार की लंबाई

Q.80 आपके पास एक कॉइल और एक छड़ चुम्बक है, आप _______ को घुमाकर विद्युत धारा उत्पन्न कर सकते हैं।

A. चुंबक, लेकिन कॉइल नहीं
B. न तो चुंबक और न ही कॉइल
C. कॉइल, लेकिन चुंबक नहीं
D. या तो चुंबक या कॉइल या दोनों

Q.81 वैश्विक खाद्यान्न उत्पादन में अधिकतम योगदान देने वाली फसलें _______ हैं।

A. गेहूं, चावल और मक्का **B.** गेहूं चावल और जौ
C. गेहूं, मक्का और ज्वार **D.** चावल, मक्का और ज्वार

Q.82 किस शहर को "हरियाणा का चावल का कटोरा" कहा जाता है?

A. करनाल **B.** अंबाला **C.** सिरसा **D.** हिसार

Q.83 _________ उत्पादन में हरियाणा का प्रथम स्थान है।

A. मशरूम **B.** गेहूं
C. चावल **D.** इनमें से कोई नहीं

Q.84 सरसों के उत्पादन में हरियाणा का कौन सा जिला प्रथम स्थान पर है?
A. रेवाड़ी **B.** महेंद्रगढ़
C. हिसार **D.** इनमें से कोई नहीं

Q.85 किसी पिंड पर आवेश का सुनिश्चित परीक्षण कौन सा है?
A. प्रतिकर्षण **B.** आकाशीय बिजली
C. दहन **D.** इन्सुलेशन

Q.86 भूकंप का केंद्र ____ है।
A. पृथ्वी के मूल में **B.** पृथ्वी की सतह पर
C. पृथ्वी के बीच में **D.** इनमें से कोई नहीं

Q.87 बेंजामिन फ्रैंकलिन ने ____ में बिजली दिखाई।
A. 1750 **B.** 1752 **C.** 1740 **D.** 1753

Q.88 इंद्रधनुष एक मौसम संबंधी घटना है, जो किसके कारण होती है?
A. परावर्तन **B.** अपवर्तन
C. प्रसार **D.** ऊपर के सभी

Q.89 निम्नलिखित में से कौन खाद्य श्रृंखला का तार्किक अनुक्रम है?
A. उत्पादक → उपभोक्ता → डीकंपोजर
B. उत्पादक → डीकंपोजर → उपभोक्ता
C. उपभोक्ता → उत्पादक → डीकंपोजर
D. डीकंपोजर → उत्पादक → उपभोक्ता

Q.90 निम्नलिखित में से कौन एक कृत्रिम पारिस्थितिकी तंत्र है?
[Jharkhand PSC (JPSC), 2014]
A. तालाब **B.** फसल क्षेत्र **C.** झील **D.** जंगल

Q.91 एक पारिस्थितिकी तंत्र में शामिल हैं:
A. सभी जीवित जीव
B. निर्जीव वस्तुएं
C. जीवित जीव और निर्जीव दोनों वस्तुएं
D. कभी सजीव तो कभी निर्जीव वस्तुएं

Q.92 UV-किरणों में मनुष्यों के अत्यधिक संपर्क में आने का परिणाम है:
(i) प्रतिरक्षा प्रणाली को नुकसान
(ii) फेफड़ों को नुकसान
(iii) स्किन कैंसर
(iv) पेप्टिक अल्सर
A. (i) और (ii) **B.** (ii) और (iv)
C. (i) और (iii) **D.** (iii) और (iv)

Q.93 6.022×10^{23}, हीलियम के परमाणुओं में शामिल हैं:
A. 1 मोल **B.** 2 मोल **C.** 3 मोल **D.** 4 मोल

Q.94 तत्वों के संयोजन को यौगिक बनाने के लिए कितने मूलभूत नियमों की आवश्यकता होती है?
A. 6 **B.** 5 **C.** 4 **D.** 1

Q.95 $NaHCO_3$ ______का रासायनिक सूत्र है।
A. बोरेक्स **B.** सिरका
C. चूना **D.** बेकिंग सोडा

Q.96 कार्बन डाइऑक्साइड का आणविक द्रव्यमान क्या है?
A. 43 **B.** 28 **C.** 44 **D.** 40

Q.97 सभी वस्तुओं को एक तरल पदार्थ में डुबोए जाने पर उत्प्लावकता का अनुभव होता है। उत्प्लावकता है:
A. एक नीचे की ओर बल **B.** नीचे की ओर दाब
C. एक ऊपर की ओर बल **D.** ऊपर की ओर दाब

Q.98 एक वस्तु पानी में तैर रही है और उसके आयतन का एक चौथाई भाग पानी की सतह से ऊपर है। निम्न में से कौन सा कथन सही है?
A. वस्तु पर लग रहा उत्पलावन बल वस्तु के भार से अधिक है।
B. वस्तु पर लग रहा उत्पलावन बल वस्तु के भार से कम है।
C. वस्तु पर लग रहा उत्पलावन बल वस्तु के भार के बराबर है।
D. वस्तु पर कोई उत्पलावन बल कार्य नहीं कर रहा है।

Q.99 यदि $5m^2$ के एक क्षेत्रफल पर $1000N$ का प्रणोद लागू किया जाता है, तब दाब (Pa में) की गणना कीजिए।
A. 200 **B.** 50 **C.** 100 **D.** 25

Q.100 आयामों $1.5m \times 1.0m \times 2m$ का एक पिंड, पानी में $1962N$ वजन का होता है। हवा में पिंड का वजन कितना होता है? (गुरुत्वाकर्षण के कारण त्वरण को $9.81m/s^2$ के रूप में लें)
A. $31392N$ **B.** $23392N$ **C.** $14392N$ **D.** $46392N$

// स्मार्ट उत्तर पुस्तिका //

सही उत्तर — उन छात्रों का प्रतिशत जिन्होंने प्रश्नों का सही उत्तर दिया था।

छोड़ दिया — उन छात्रों का प्रतिशत जिन्होंने प्रश्नों को छोड़ दिया था।

प्रश्न संख्या	उत्तर	सही उत्तर / छोड़ दिया	प्रश्न संख्या	उत्तर	सही उत्तर / छोड़ दिया	प्रश्न संख्या	उत्तर	सही उत्तर / छोड़ दिया	प्रश्न संख्या	उत्तर	सही उत्तर / छोड़ दिया	प्रश्न संख्या	उत्तर	सही उत्तर / छोड़ दिया	प्रश्न संख्या	उत्तर	सही उत्तर / छोड़ दिया
1	A	42.75 % / 1.79 %	18	D	52.29 % / 1.11 %	35	C	14.46 % / 4.71 %	52	D	68.61 % / 1.84 %	69	C	51.26 % / 1.12 %	86	B	60.63 % / 1.67 %
2	B	81.5 % / 0.0 %	19	B	80.05 % / 0.0 %	36	A	41.05 % / 1.55 %	53	D	77.06 % / 0.0 %	70	A	53.1 % / 1.79 %	87	B	43.9 % / 1.73 %
3	B	45.01 % / 1.06 %	20	D	45.57 % / 1.42 %	37	A	49.15 % / 1.01 %	54	A	47.06 % / 1.88 %	71	B	40.38 % / 1.93 %	88	D	61.9 % / 1.91 %
4	B	60.25 % / 1.65 %	21	A	47.16 % / 1.51 %	38	D	60.3 % / 1.84 %	55	B	53.45 % / 1.09 %	72	A	52.4 % / 1.56 %	89	A	86.64 % / 0.0 %
5	B	58.67 % / 2.0 %	22	A	59.79 % / 1.8 %	39	B	15.06 % / 3.06 %	56	D	40.3 % / 1.86 %	73	A	48.69 % / 1.49 %	90	B	83.8 % / 0.0 %
6	A	84.26 % / 0.0 %	23	B	77.89 % / 0.0 %	40	A	47.17 % / 1.81 %	57	A	47.88 % / 1.5 %	74	B	58.65 % / 1.49 %	91	C	86.83 % / 0.0 %
7	C	56.42 % / 1.24 %	24	B	55.33 % / 1.02 %	41	C	15.56 % / 3.64 %	58	B	68.06 % / 1.44 %	75	A	60.62 % / 1.21 %	92	C	50.67 % / 1.34 %
8	C	44.45 % / 1.85 %	25	A	53.64 % / 1.63 %	42	A	54.99 % / 1.78 %	59	B	21.31 % / 3.37 %	76	A	47.77 % / 1.56 %	93	A	41.06 % / 1.26 %
9	D	41.91 % / 1.99 %	26	C	77.22 % / 0.0 %	43	A	56.72 % / 1.94 %	60	A	83.11 % / 0.0 %	77	D	28.92 % / 4.2 %	94	B	68.87 % / 1.52 %
10	B	63.87 % / 1.12 %	27	C	79.47 % / 0.0 %	44	D	61.24 % / 1.43 %	61	C	52.3 % / 1.91 %	78	D	61.72 % / 1.61 %	95	D	62.26 % / 1.88 %
11	A	82.27 % / 0.0 %	28	C	64.7 % / 1.61 %	45	D	59.87 % / 1.65 %	62	C	29.01 % / 4.44 %	79	B	49.74 % / 1.2 %	96	C	60.45 % / 1.87 %
12	A	62.47 % / 1.83 %	29	A	53.39 % / 1.16 %	46	D	65.04 % / 1.62 %	63	A	60.05 % / 1.19 %	80	D	84.27 % / 0.0 %	97	C	41.24 % / 1.96 %
13	D	46.98 % / 1.97 %	30	C	46.27 % / 1.13 %	47	D	55.21 % / 1.65 %	64	C	45.18 % / 1.51 %	81	A	76.9 % / 0.0 %	98	A	50.75 % / 1.55 %
14	B	65.77 % / 1.5 %	31	A	66.8 % / 1.49 %	48	C	62.46 % / 1.19 %	65	B	88.27 % / 0.0 %	82	A	42.86 % / 1.37 %	99	A	60.23 % / 1.86 %
15	A	61.42 % / 1.41 %	32	C	62.08 % / 1.9 %	49	C	28.99 % / 3.84 %	66	D	67.31 % / 1.22 %	83	A	83.94 % / 0.0 %	100	A	54.01 % / 1.69 %
16	B	88.37 % / 0.0 %	33	C	58.5 % / 1.93 %	50	C	54.44 % / 1.5 %	67	A	45.22 % / 1.66 %	84	B	68.94 % / 1.03 %			
17	C	25.56 % / 4.51 %	34	A	60.69 % / 1.4 %	51	A	24.74 % / 4.66 %	68	B	64.52 % / 1.77 %	85	A	63.5 % / 1.25 %			

//संकेत और समाधान//

1. डाल्टन का परमाणु सिद्धांत:

वैज्ञानिक 'परमाणु सिद्धांत' का श्रेय आमतौर पर जॉन डाल्टन को दिया जाता है।

उन्होंने परमाणु सिद्धांत का प्रस्ताव निश्चित और कई अनुपातों के नियमों की व्याख्या कर करने के लिए किया जो तत्वों द्वारा अनुसरण किया जाता है जब वे संयोजन करते हैं।

- पहले नियम के अनुसार किसी दिए गए यौगिक का उसके घटकों के द्रव्यमान के अनुसार एक निश्चित अनुपात होता है।
- दूसरे नियम के अनुसार जब दो तत्व एक से अधिक यौगिक बनाते हैं, तो एक तत्व के निश्चित द्रव्यमान के लिए, अन्य तत्वों के द्रव्यमान छोटे पूर्णांकों के अनुपात में होते हैं।

लगभग 200 साल पहले डाल्टन ने नियमों की व्याख्या करने के लिए सुझाव दिया था कि किसी तत्व के सबसे छोटे घटक परमाणु होते हैं।

एक तत्व के परमाणु समान होते हैं लेकिन अन्य तत्वों से भिन्न होते हैं। प्रत्येक तत्व के परमाणुओं की एक छोटी संख्या मिलकर यौगिक का एक अणु बनाती है।

अतः विकल्प (A) सही है।

2. इत्र वाष्पशील गैसों से बनते हैं, जो हवा में तेजी से फैलते हैं, क्योंकि जब बोतल को खोला जाता है और इसकी गंध तेजी से कमरे के दूसरी तरफ पहुंचती है। प्रसार एकाग्रता में अंतर से प्रेरित होता है। जब इत्र जैसे रासायनिक पदार्थ एक कमरे में फैलते हैं, तो उनके कण हवा के कणों के साथ मिल जाते हैं।

अतः विकल्प (B) सही है।

3. डाल्टन का परमाणु सिद्धांत:

- वैज्ञानिक 'परमाणु सिद्धांत' का श्रेय आमतौर पर जॉन डाल्टन को दिया जाता है।
- उन्होंने परमाणु सिद्धांत का प्रस्ताव निश्चित और कई अनुपातों के नियमों की व्याख्या कर करने के लिए किया जो तत्वों द्वारा अनुसरण किया जाता है जब वे संयोजन करते हैं।
- पहले नियम के अनुसार किसी दिए गए यौगिक का उसके घटकों के द्रव्यमान के अनुसार एक निश्चित अनुपात होता है।
- दूसरे नियम के अनुसार जब दो तत्व एक से अधिक यौगिक बनाते हैं, तो एक तत्व के निश्चित द्रव्यमान के लिए, अन्य तत्वों के द्रव्यमान छोटे पूर्णांकों के अनुपात में होते हैं।
- लगभग 200 साल पहले डाल्टन ने नियमों की व्याख्या करने के लिए सुझाव दिया था कि किसी तत्व के सबसे छोटे घटक परमाणु होते हैं।
- एक तत्व के परमाणु समान होते हैं लेकिन अन्य तत्वों से भिन्न होते हैं। प्रत्येक तत्व के परमाणुओं की एक छोटी संख्या मिलकर यौगिक का एक अणु बनाती है।

अतः विकल्प (B) सही है।

4. बर्फ का गलनांक 273 K है।

पानी सभी तीन रूपों में मौजूद हो सकता है अर्थात् ठोस, द्रव्य और गैस। ठोस के रूप में बर्फ, द्रव्य के रूप में पानी और गैस के रूप में जलवाष्प।

गलनांक वह तापमान होता है जिसपर एक पदार्थ अपनी अवस्था को ठोस से द्रव्य में परिवर्तित करता है। बर्फ के लिए डिग्री सेल्सियस में तापमान 0 है और केल्विन में यह 273 होता है।

अत: विकल्प (B) सही है।

5. ठोसों के मामले में घनत्व अधिकतम होता है। द्रवों के मामले में, घनत्व ठोस से कम लेकिन गैसों से अधिक होता है। गैसों में घनत्व न्यूनतम होता है।

द्रव रूप में, पानी में अणुओं के बीच मजबूत हाइड्रोजन बॉन्डिंग होती है, लेकिन जब पानी बर्फ में जम जाता है, तो जो हाइड्रोजन बॉन्ड बनते हैं, वे अणुओं को निश्चित स्थिति में लॉक करके और अलग-अलग जगह देते हैं, जिससे वे अधिक जगह लेते हैं। इसलिए समग्र घनत्व कम हो जाता है और बर्फ पानी पर तैरने लगती है।

अतः विकल्प (B) सही है।

6. गर्म करने पर किसी ठोस का सीधे वाष्प में परिवर्तन ऊर्ध्वपातन कहलाता है। ऊर्ध्वपातन एक मध्यवर्ती तरल चरण से गुजरे बिना, ठोस चरण से सीधे गैसीय चरण में परिवर्तन की प्रक्रिया है।

अतः विकल्प (A) सही है।

7. जब एक चम्मच ठोस चीनी को एक गिलास पानी में घोल दिया जाता है तो इसका मतलब है कि एक सजातीय मिश्रण या घोल बन गया है क्योंकि चीनी पूरी तरह से पानी में मिल गई है। इसलिए, हम यह निष्कर्ष निकाल सकते हैं कि केवल तरल अवस्था मौजूद है क्योंकि चीनी की ठोस अवस्था भी विघटन से तरल में बदल गई है।

अतः विकल्प (C) सही है।

8. जब 1 लीटर पानी को $4°C$ से $0°C$ तक ठंडा किया जाता है, तो इसका आयतन बढ़ता है।

जब पानी $4°C$ तक पहुँच जाता है तो अणुओं को जितना संभव हो सके एक दूसरे के करीब धकेल दिया जाता है और पानी का घनत्व ठीक 1.00 ग्राम /सेमी ^{3} हो जाता है।

जब क्रिस्टल संरचना के कारण पानी $0°C$ पर जम जाता है, तो अणु कुछ संरचित फैशन में व्यवस्थित होते हैं, इसलिए थोड़ी दूर तक कम घने -0.93 ग्राम /सेमी ^{3} होते हैं और इसलिए उछाल के कारण तैरते हैं।

घनत्व कम होने पर आयतन बढ़ता है।

आयतन $=$ द्रव्यमान /घनत्व

अतः विकल्प (C) सही है।

9. परमाणु संख्या-प्रोटॉनों की संख्या $= 16$ यह तत्त्व सल्फर (S) है।

परमाणु द्रव्यमान संख्या = प्रोटॉनों की संख्या + न्यूट्रॉनों की संख्या

$= 16 + 16 = 32$

स्पीशीज उदासीन नहीं है क्योंकि प्रोटॉन की संख्या इलेक्ट्रॉनों के बराबर नहीं है। यह अतिरिक्त इलेक्ट्रॉनों के बराबर आवेश वाला आयन (ऋणात्मक रूप से आवेशित) है $= 18 - 16 = 2$

इस प्रकार प्रतीक $^{32}_{16}S^{2-}$ है।

अतः विकल्प (D) सही है।

10. दिया गया है,

$\nu = 1368$ kHz $= 1368 \times 10^3$ Hz

जैसा कि हम जानते हैं,

प्रकाश की गति, $c = 3 \times 10^8$ m/s

तरंग दैर्ध्य है,

$\lambda = \frac{c}{\nu}$

$= \frac{3.00\times10^8}{1368\times10^3}$

$= 219.3\ m$

अतः विकल्प (B) सही है।

11. दिया गया है,

बैंगनी प्रकाश की तरंग दैर्ध्य $= 400\ nm = 400 \times 10^{-9}\ m$

लाल प्रकाश की तरंग दैर्ध्य $= 750\ nm = 750 \times 10^{-9}\ m$

जैसा कि हम जानते हैं,,

प्रकाश की गति,

$c = 3 \times 10^{8}$ m/s

बैंगनी प्रकाश की आवृत्ति इस प्रकार दी गई है,

$\nu = \frac{c}{\lambda}$

$= \frac{3.00\times10^{8}}{400\times10^{-9}}$

$= 7.50 \times 10^{14}$ Hz

लाल प्रकाश की आवृत्ति इस प्रकार दी जाती है,

$\nu = \frac{c}{\lambda}$

$= \frac{3.00\times10^{8}}{750\times10^{-9}}$

$= 4 \times 10^{14}$ Hz

अतः विकल्प (A) सही है।

12. दिया गया है,

आवृत्ति, $\nu = 5 \times 10^{14}\ Hz$

जैसा कि हम जानते हैं, प्लैंक स्थिरांक इस प्रकार दिया जाता है,

$h = 6.626 \times 10^{-34} Js$

एक फोटॉन की ऊर्जा व्यंजक द्वारा दी जाती है।

$E = h\nu$

$E = (6.626 \times 10^{-34}\ J\ s) \times (5 \times 10^{14}\ s^{-1})$

$= 3.313 \times 10^{-19}\ J$

जैसा कि हम जानते हैं,

अवोगाद्रो संख्या $= 6.022 \times 10^{23}\ mol^{-1}$

एक मोल फोटॉन की ऊर्जा,

$= (3.313 \times 10^{-19}\ J) \times (6.022 \times 10^{23}\ mol^{-1})$

$= 199.51\ kJ\ mol^{-1}$

अतः विकल्प (A) सही है।

13. बेंजीन एक ऐरोमैटिक हाइड्रोकार्बन है जिसका रासायनिक सूत्र C_6H_6 है।

बेंजीन की प्रतिस्थापन अभिक्रिया में, हाइड्रोजन परमाणुओं को एक या अधिक परमाणुओं द्वारा प्रतिस्थापित किया जाता है।

सांद्र नाइट्रिक अम्ल के साथ, प्रतिस्थापन अभिक्रिया होती है और बेंजीन नाइट्रोबेंजीन और जल का उत्पादन करता है।

$C_6H_6 + HNO_3 \rightarrow C_6H_5NO_2 + H_2O$

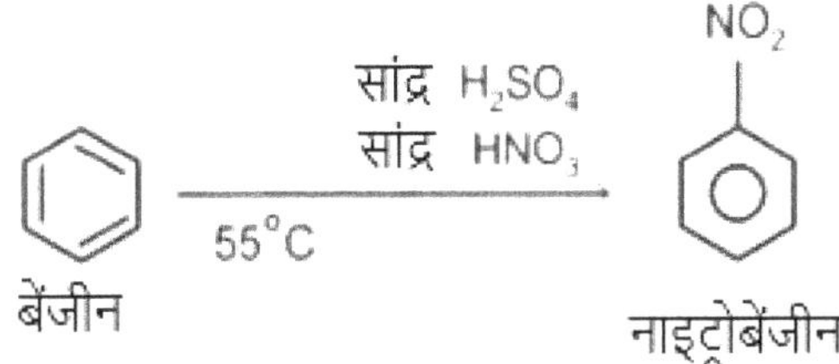

सल्फोनीकरण में, प्रतिस्थापन अभिक्रिया होती है और बेंजीन सांद्र सल्फ्यूरिक अम्ल के साथ बेंजीन सल्फोनिक अम्ल और जल का उत्पादन करने के लिए अभिक्रिया करता है।

$C_6H_6 + H_2SO_4 \rightarrow C_6H_5SO_3H + H_2O$

फेनिल ब्रोमीन और ब्रोमीन जल बनाने के लिए प्रतिस्थापन अभिक्रिया के तहत ब्रोमीन बेंजीन के साथ अभिक्रिया करता है।

$C_6H_6 + Br_2 \rightarrow C_6H_5Br + HBr$

अत: विकल्प (D) सही है।

14.

- $LiAlH_4$ का उपयोग कार्बनिक संश्लेषण में अपचयन अभिकर्मक के रूप में किया जाता है, विशेष रूप से एस्टर, कार्बोक्जिलिक अम्ल, और एमाइड के अपचयन के लिए।
- पानी के प्रति ठोस खतरनाक रूप से अभिक्रियाशील है, गैसीय हाइड्रोजन (H_2) को मुक्त करता है।
- $LiAlH_4$ द्विआबंध (C = C आबंध) को अपचयित नहीं करता है लेकिन यह एस्टर को ऐल्कोहल में अपचयित करता है।
- $LiAlH_4$ एक C-C द्विआबंध को अपचयित करता है जो संयुग्मन यानी अनुनाद में होता है।
- $LiAlH_4$ फिनाइल वलय के साथ संयुग्मन होने पर केवल तभी द्विआबंध को अपचयित करता है लेकिन "सिनैमिक अम्ल" एक अपवाद है क्योंकि इसमें कार्बोनिल कार्बन और फेनिल वलय दोनों के संयुग्मन होते हैं।

यहाँ, यह ऊपर दिए गए एस्टर को ऐल्कोहल में अपचयित करता है।

$CH_3CH = CH - CO_2CH_3 \xrightarrow{LiAlH_4} CH_3CH = CHCH_2OH$

अत: विकल्प (B) सही है।

15.

- एक विस्थापन प्रतिक्रिया एक प्रकार की प्रतिक्रिया है जिसमें एक अभिकारक का भाग दूसरे अभिकारक द्वारा प्रतिस्थापित किया जाता है।
- विस्थापन प्रतिक्रियाओं के दो प्रकार हैं।
  - एकल विस्थापन प्रतिक्रियाएँ: ये वे अभिक्रियाएँ होती हैं जिनमें एक अभिकारक दूसरे का भाग बदल देता है।
  - जैसे: $Fe + CuSO_4 \rightarrow FeSO_4 + Cu$
  - डबल विस्थापन प्रतिक्रियाएं: ये वे अभिक्रियाएँ होती हैं जिनमें अभिकारकों में धनायन और आयन भागीदारों को बदल देते हैं।
  - जैसे: $AgNO_3 + NaCl \rightarrow AgCl + NaNO_3$
- एक विस्थापन प्रतिक्रिया को प्रतिस्थापन प्रतिक्रिया या मेटाथेसिस प्रतिक्रिया के रूप में भी जाना जाता है।

अत: विकल्प (A) सही है।

16. एक बहुलक एक बड़ा अणु है जो रासायनिक बॉन्ड द्वारा एक दूसरे से जुड़े हुए एकलक नामक पुनरावृत्तिक उप-इकाइयों से बनता है।

बहुलीकरण वह प्रक्रिया है जिसके द्वारा एकलकों को एक साथ जोड़ा जाता है ताकि पुनरावृत्तिक इकाइयों से बनी लंबी श्रृंखलाएं उत्पन्न हो सकें।

बैकेलाइट एक बहुलक है जो फार्मेल्डिहाइड + फिनोल के एकलक से बना है।

पीवीसी (PVC) पॉलीविनाइलक्लोराइड एथिलीन के बहुलीकरण द्वारा बनता है जिसमें चार परमाणुओं में से एक को हाइड्रोजन परमाणु द्वारा प्रतिस्थापित किया जाता है।

डाइमिथाइल टेरेफ्थेलेट और एथिलीन ग्लाइकॉल के बीच की प्रतिक्रिया से पॉलिएस्टर बनता है।

टेफ्लॉन टेट्राफ्लुओरोएथिलीन एकलक के बहुलीकरण द्वारा बनता है।

अत: विकल्प (B) सही है।

17. कैल्शियम क्लोराइड का उपयोग गार्ड ट्यूब में एक अवशोषक के रूप में किया जाता है और हाइड्रोजन क्लोराइड एक आर्द्र दिन में बनता है क्योंकि गैस से नमी को अवशोषित कर सकता है। हाइड्रोक्लोरिक एसिड संक्षारक रूप से पानी के साथ अभिक्रिया करता है जिससे हाइड्रोक्लोरिक एसिड बनता है क्योंकि यह प्रकृति में अत्यधिक अम्लीय होता है। यह नमी के साथ अभिक्रिया करने पर सफेद धुएं को बाहर निकालता है।

अत: विकल्प (C) सही है।

18. ऑक्सीकरण एजेंट रासायनिक अभिक्रिया में दूसरे पदार्थ की ऑक्सीकरण अवस्था को बढ़ाता है। सान्द्र सल्फ्यूरिक एसिड एक मजबूत ऑक्सीकरण अभिकर्मक है, लेकिन जब यह लवण के साथ अभिक्रिया करता है तो यह या तो प्रतिक्रिया नहीं देता है या विस्थापन अभिक्रिया दिखाता है। अभिक्रियाएं इस प्रकार हैं:

1. जब जिंक ऑक्साइड सान्द्र के साथ अभिक्रिया करता है। उच्च प्रतिक्रियाशीलता के कारण सल्फ्यूरिक एसिड, जिंक हाइड्रोजन को विस्थापित करता है।

$$\Rightarrow ZnO + H_2SO_4 \rightarrow ZnSO_4 + H_2O$$

जिंक ऑक्साइड में जिंक की ऑक्सीकरण संख्या $+2$ है क्योंकि ऑक्साइड में ऑक्सीजन परमाणु की -2 अवस्था होती है इसलिए उदासीन होता है। जिंक सल्फेट में जिंक की ऑक्सीकरण संख्या है:

$$\Rightarrow x + (-2) = 0 \Rightarrow x = +2 \Rightarrow x + (-2) = +2$$

2. जब पोटैशियम ब्रोमाइड सान्द्र सल्फ्यूरिक अम्ल के साथ अभिक्रिया करता है, तो पोटैशियम हाइड्रोजन को विस्थापित करके पोटैशियम सल्फेट बनाता है क्योंकि यह हाइड्रोजन से अधिक क्रियाशील है।

$$\Rightarrow 2KBr + H_2SO_4 \rightarrow K_2SO_4 + 2HBr$$

पोटेशियम की ऑक्सीकरण संख्या नहीं बदलती है और अभिक्रिया के बाद $+1$ बनी रहती है।

पोटेशियम ब्रोमाइड में पोटेशियम की ऑक्सीकरण अवस्था है:

$$\Rightarrow 2x + 2(-1) = 0 \Rightarrow x = +1$$

पोटेशियम सल्फेट में पोटेशियम की ऑक्सीकरण अवस्था है:

$$\Rightarrow 2x + (-2) = 0 \Rightarrow x = +1$$

3. जब सोडियम क्लोराइड की अभिक्रिया सांद्र सल्फ्यूरिक अम्ल से की जाती है तो यह कोई प्रतिक्रिया नहीं देता क्योंकि सोडियम क्लोराइड उदासीन लवण है।

$\Rightarrow NaCl + H_2SO_4 \rightarrow$ कोई अभिक्रिया नहीं

चूँकि कोई अभिक्रिया नहीं होती है इसलिए सोडियम की ऑक्सीकरण अवस्था नहीं बदलती है।

अतः, उपरोक्त अभिक्रियाओं में सल्फ्यूरिक एसिड ऑक्सीकरण एजेंट के रूप में कार्य नहीं करता है।

अतः विकल्प (D) सही है।

19. दांतों के इनेमल में कैल्शियम फॉस्फेट मौजूद होता है। कैल्शियम फॉस्फेट की प्रकृति क्षारीय होती है।

कैल्शियम फॉस्फेट क्षारीय लवण है क्योंकि यह कमजोर फॉस्फोरिक एसिड का स्रोत है और कैल्शियम हाइड्रॉक्साइड का प्रबल क्षार है। कैल्शियम फॉस्फेट एक खनिज है जिसमें कैल्शियम आयन (Ca^{2+}) और फॉस्फेट आयन होते हैं जो प्रकृति में अकार्बनिक होते हैं। यह दांत के क्राउन एरिया और हड्डियों में भी मौजूद होता है।

अत: विकल्प (B) सही है।

20. प्रश्न के अनुसार पानी और मिट्टी का घोल अम्लीय प्रकृति का है क्योंकि यह लिटमस पेपर को पीले-नारंगी रंग में बदलने में सक्षम है। जैसा कि हम जानते हैं कि नींबू विटामिन C का एक समृद्ध स्रोत है, जिसे साइट्रिक एसिड के रूप में जाना जाता है। कमजोर अम्ल होने के कारण यह pH पेपर को लाल कर सकता है। सिरका पानी और एसिटिक एसिड का एक संयोजन है। यह एक हल्के अम्ल के रूप में कार्य करता है और यह भी pH पेपर को लाल कर देता है। साधारण नमक में सोडियम और क्लोराइड आयन होते हैं और यह pH पेपर को नीला नहीं कर पाता क्योंकि यह एक बुनियादी यौगिक नहीं है।

अम्लत्वनाशक में अम्ल के लिए न्यूट्रलाइज़िंग प्रॉपर्टी होती है और यह एल्युमिनियम और सोडियम कार्बोनेट जैसे अपने यौगिकों की क्षारीय प्रकृति के साथ अम्लता को कम करता है। अम्लत्वनाशक pH पेपर को पीले-नारंगी से हरे-नीले रंग में बदल देगा जबकि अन्य प्रकृति में अम्लीय होते हैं।

अत: विकल्प (D) सही है।

21. जब चांदी की वस्तुओं को हवा के संपर्क में लाया जाता है तो यह कुछ समय बाद काली हो जाती है क्योंकि चांदी की धातु वायुमंडल में मौजूद हाइड्रोजन सल्फाइड के साथ प्रतिक्रिया करती है जिससे सिल्वर सल्फाइड बनता है (Ag_2S) क्योंकि जिनमें से वे सुस्त और काले दिखाई देते हैं। यह चांदी की धातु का एक प्रकार का क्षरण है।

$$Ag + H_2S \rightarrow Ag_2S + H_2$$

अतः विकल्प (A) सही है।

22. निर्जल कैल्शियम क्लोराइड को "हीग्रोस्कोपिक" के रूप में जाना जाता है। इसका मतलब यह है कि यह अपने पर्यावरण से पानी के अणुओं और नमी को खींचता है और इस प्रकार एक निर्जलीकरण एजेंट के रूप में कार्य करता है। निर्जल कैल्शियम क्लोराइड अपने वातावरण में संघनन, वाष्प आदि सहित किसी भी पानी को अवशोषित करेगा। यह अपने आणविक मेकअप को बदलकर उस पानी को प्रभावी ढंग से फँसाता है।

अतः विकल्प (A) सही है।

23. लोहा ऑक्साइड और एल्यूमीनियम के बीच की प्रतिक्रिया को थर्माइट प्रतिक्रिया कहा जाता है। एक थर्माइट प्रतिक्रिया एक ऊष्माक्षेपी ऑक्सीकरण-कमी प्रतिक्रिया है।

इस प्रक्रिया में तात्विक एल्युमिनियम दूसरी धातु के ऑक्साइड को कम करता है। उदाहरण के लिए लोहा ऑक्साइड, क्योंकि एल्यूमीनियम लोहे की तुलना में ऑक्सीजन के साथ मजबूत और अधिक स्थिर बंधन बनाता है:

$$Fe_2O_3 + 2Al \rightarrow 2Fe + Al_2O_3$$

अतः विकल्प (B) सही है।

24. जब एक कॉपर के बर्तन को लंबे समय तक नम हवा के संपर्क में रखा जाता है तो उसकी सतह पर एक हरी परत विकसित हो जाती है। कॉपर ऑक्सीकरण द्वारा संक्षारित होता है जिसमें यह हवा में ऑक्सीजन के साथ प्रतिक्रिया करके कॉपर ऑक्साइड बनाता है।

कॉपर ऑक्साइड फिर कार्बन डाइऑक्साइड के साथ मिलकर कॉपर कार्बोनेट बनाता है, जो इसे हरा रंग देता है। इस प्रक्रिया को कॉपर का क्षरण कहा जाता है।

हरा पदार्थ कॉपर हाइड्रॉक्साइड $(Cu(OH)_2)$ और कॉपर कार्बोनेट $(CuCO_3)$ का मिश्रण है।

अतः विकल्प (B) सही है।

25. एसिटिलीन का उपयोग फलों को कृत्रिम रूप से पकाने के लिए किया जाता है।

कच्चे फलों को पकाने के लिए उस पर कैल्शियम कार्बाइड का छिड़काव किया जाता है, जो पानी के साथ अभिक्रिया करता है और एसिटिलीन (C_2H_2) का उत्पादन करता है।

$CaC_2 + 2H_2O \rightarrow C_2H_2 + Ca(OH)_2$

यह केवल फलो के रंग और बाहरी उपस्थिति को बदलने में सहायता करता है, स्वाद और फलों की गुणवत्ता बदलने में नहीं।

अतः विकल्प (A) सही है।

26. बायोगैस और सीएनजी दोनों का मुख्य घटक मीथेन है।

बायोगैस के प्रमुख घटक मीथेन और कार्बन डाइऑक्साइड है जबकि इसमें H_2S और अमोनिया भी पाए जाते हैं।

सीएनजी (संपीडित प्राकृतिक गैस) के प्रमुख घटक मिथेन और ईथेन है। इसका उपयोग गैसोलीन, डीजल ईंधन और तरलीकृत पेट्रोलियम गैस (एलपीजी) के स्थान पर किया जा सकता है।

अतः विकल्प (C) सही है।

27. ग्लूकोज का रासायनिक सूत्र $C_6H_{12}O_6$ है। ग्लूकोज़ सबसे सरल कार्बोहाइड्रेट है। यह जल में घुलनशील होता है। यह स्वाद में मीठा होता है तथा सजीवों की कोशिकाओं के लिए ऊर्जा का सर्व प्रमुख स्रोत है।

अतः विकल्प (C) सही है।

28. रेफ्रिजिरेटरों के निर्माण में क्लोरोफ्लोरो कार्बन का उपयोग किया जाता है।

CFCs क्लोरो फ्लोरोकार्बन का पूर्ण रूप है। CFCs कार्बन, क्लोरीन और फ्लोरीन युक्त यौगिक हैं। CFCs को पैराफिन या अल्केन्स के आंशिक या पूर्ण हैलोजनीकरण द्वारा तैयार किए जाते हैं। CFCs को आमतौर पर फ्रेऑन के रूप में भी जाना जाता है।

अतः विकल्प (C) सही है।

29. पैनेथ कोशिकाएं लिबर्कुन्हैन की छोटी आंतों में स्थित अति विशिष्ट स्रावी उपकला कोशिकाएं हैं। पैनेथ कोशिकाओं द्वारा उत्पादित घने कणिकाओं में रोगाणुरोधी पेप्टाइड्स और इम्युनोमोड्यूलेटिंग प्रोटीन की बहुतायत होती है जो आंतों के वनस्पतियों की संरचना को विनियमित करने का कार्य करते हैं।

अतः विकल्प (A) सही है।

30. प्रतिरक्षा प्रणाली के प्राथमिक भागों में अस्थि मज्जा और थाइमस शामिल हैं। अस्थि मज्जा प्रतिरक्षा प्रणाली के लिए बेहद महत्वपूर्ण है क्योंकि शरीर के सभी रक्त कोशिकाएं (टी और बी लिम्फोसाइट्स सहित) अस्थि मज्जा में उत्पन्न होती हैं। बी लिम्फोसाइट्स परिपक्व होने के लिए मज्जा में रहते हैं, जबकि टी लिम्फोसाइट्स थाइमस की यात्रा करते हैं। इसलिए यह लसीका का गुण नहीं है।

अतः विकल्प (C) सही है।

31. टी कोशिकाओं के साथ बातचीत करने और प्रतिरक्षा प्रतिक्रिया शुरू करने की क्षमता के साथ द्रुमाकृतिक कोशिकाओं को सबसे कुशल एंटीजन-पेश करने वाले सेल प्रकार के रूप में जाना जाता है। द्रुमाकृतिक कोशिकाओं को प्रतिरक्षा प्रतिक्रिया और ट्यूमर के टीके के साथ संभावित उपयोग में उनकी महत्वपूर्ण भूमिका के कारण वैज्ञानिक और नैदानिक रुचि बढ़ रही है ।

अतः विकल्प (A) सही है।

32. प्रोटोप्लाज्म या जीवित पदार्थ एक पॉलीहासिक क्रिस्टल-कोलाइडल कॉम्प्लेक्स है जो जीवन के सभी गुणों के पास है और जीवित कोशिकाओं के साथ पाया जाता है। यह 1835 में दुजर्डन द्वारा एक सारकोड कहा गया था। प्रोटोप्लाज्म शब्द की रचना 1839 में पुर्किंजे द्वारा की गई थी।

अतः विकल्प (C) सही है।

33. माइटोकॉन्ड्रिया दो झिल्लियों से बने होते हैं: बाहरी और आंतरिक माइटोकॉन्ड्रियल झिल्ली। आंतरिक माइटोकॉन्ड्रियल झिल्ली को क्राइस्ट बनाने के लिए कई बार मोड़ा जाता है और इसमें F_0-F_1 कण होते हैं, जो इलेक्ट्रॉन परिवहन प्रणाली के कण होते हैं। आंतरिक झिल्ली भी एटीपी पीढ़ी में शामिल प्रोटीन के साथ घनी रूप से भरी हुई है, और यहां अक्सर एटीपी का उत्पादन होता है। एडेनोसिन ट्राइफॉस्फेट (एटीपी) सेलुलर प्रक्रियाओं के लिए ऊर्जा मुद्रा है। एटीपी ऊर्जा-खपत एंडर्जोनिक प्रतिक्रियाओं और ऊर्जा-विमोचन एक्सर्जोनिक प्रतिक्रियाओं दोनों के लिए ऊर्जा प्रदान करता है, जिसके लिए ऊर्जा के एक छोटे से इनपुट की आवश्यकता होती है।

अत: विकल्प (C) सही है।

34. राइबोसोम के पास नाभिक, माइटोकॉन्ड्रिया और हरितलवक के अलावा अपने स्वयं के आनुवांशिक पदार्थ या डीएनए नहीं होते हैं, अन्य सभी कोशिकांग निर्जीव माने जाते हैं।

- राइबोसोम वे कोशिकाएं हैं जो प्रोटीन को इकट्ठा करती हैं।
- न्यूक्लियस में कोशिका की आनुवंशिक सामग्री या डीएनए होता है।
- माइटोकॉन्ड्रिया और हरितलवक की आनुवंशिक सामग्री गोलाकार डबल असहाय हैं। इस तरह की सामग्री प्रोकैरियोट्स में पाई जाती है।
- प्रोकैरियोट्स के उदाहरण बैक्टीरिया और आर्किया हैं।
- यूकेरियोट्स के उदाहरण प्रोटिस्ट, कवक, पौधे और जानवर हैं।

अत: विकल्प (A) सही है।

35. लाइसोसोम गोल्जीकाय द्वारा निर्मित होते हैं और झिल्ली से बंधी संरचना होते हैं। स्तनधारी कोशिका में यह अंग सभी प्रकार के जल अपघटकीय एंजाइमों में समृद्ध है। इन जल अपघटकीय एंजाइमों में हाइड्रॉलेज़, लिपेस, कार्बोहाइड्रेट, प्रोटीज़ शामिल हैं। वे अम्लीय पीएच पर कार्बोहाइड्रेट, लिपिड, प्रोटीन, न्यूक्लिक अम्ल को पचाने में मदद करते हैं। उन्हें आत्मघाती बैग भी कहा जाता है।

माइटोकॉन्ड्रिया कोशिका के बिजलीघर के रूप में जाना जाता है।

राइबोसोम एक कोशिका संरचना है जो प्रोटीन बनाती है।

केंद्रक कोशिका के वंशानुगत पदार्थ, या डीएनए को संग्रहित करता है, और यह कोशिका की गतिविधियों का समन्वय करता है।

अत: विकल्प (C) सही है।

36. डीएनए में शामिल तीन अंगक केन्द्रक, माइटोकॉन्ड्रिया और क्लोरोप्लास्ट हैं।

- कोशिकीय जीव, जिनमें उनके शरीरों में एक अथवा अनेक कोशिकाएँ होती हैं, इन कोशिकाओं में झिल्ली से सीमाबद्ध कोशिकीय अंगक होते हैं
- इस प्रकार, एक तरह से, वे शरीर के अंगों के अनुरूप होते हैं।
- कोशिका में केन्द्रक एक झिल्ली से चारो तरफ फैली हुई संरचना है जिसमें कोशिका की वंशानुगत जानकारी होती है और कोशिका के विकास और प्रजनन को नियंत्रित भी करती है।
- माइटोकॉन्ड्रिया, को कोशिका का पावर हाउस माना जाता है।
- क्लोरोप्लास्ट, पौधों की कोशिकाओं में ऊर्जा का उत्पादन करते हैं।
- कोशिका के कोशिकाद्रव्य में केन्द्रक के समीप कुछ थैलीनुमा कोशिकांग पाए जाते हैं, इन्हें गॉल्जी काय या गॉल्जी बॉडी कहते हैं। यह पुटिकाओं में प्रोटीन और लिपिड पहुंचाता है।

अत: विकल्प (A) सही है।

37. भ्रूण संवर्धन का एक प्रमुख अनुप्रयोग क्लोनल प्रसार में है।

क्लोनल प्रसार व्यक्तिगत पौधों की आनुवंशिक रूप से समान प्रतियों का उत्पादन करने में मदद करता है। यह अलैंगिक जनन की एक विधा है। पौधों का वानस्पतिक प्रसार श्रमसाध्य, उत्पादकता में कम और मौसमी होता है। पौधे के प्रसार की ऊतक संवर्धन विधियाँ, जिन्हें माइक्रोप्रोपेगेशन के रूप में जाना जाता है, जहाँ एक उपयुक्त पोषक माध्यम पर एपिकल शूट, एक्सिलरी बड्स और मेरिस्टेम से एक्सप्लांट लिया जाता है।

अतः विकल्प (A) सही है।

38. जड़ दबाव तब होता है जब दिन में वाष्पोत्सर्जन की दर कम होती है और जब रात में मिट्टी में नमी अधिक होती है।

जड़ दबाव एक जड़ प्रणाली की कोशिकाओं के भीतर परासरणी दबाव है जो दबाव ढाल में अंतर के कारण उत्पन्न होता है। इस अंतर के परिणामस्वरूप जल का प्रवाह उच्च जल विभव से निम्न जल विभव की ओर होता है और जल मृदा से जड़ द्वारा अवशोषित होता है। जड़ दाब सिद्धांत के अनुसार, जड़ प्रणाली में जलस्थैतिक दबाव जड़ों द्वारा अवशोषित पानी के संचय के कारण उत्पन्न होता है, जो रस के आरोहण के लिए जिम्मेदार होता है। जड़ दबाव पानी के बढ़ने के कारण बनता है जबकि वाष्पोत्सर्जन जल वाष्प के रूप में पानी की हानि है। अतः जड़ दाब वाष्पोत्सर्जन की दर के व्युत्क्रमानुपाती होता है और इसीलिए, यह तब होता है जब दिन में वाष्पोत्सर्जन की दर कम होती है या जब रात में मिट्टी की नमी का स्तर अधिक होता है। रात में, तापमान कम होता है और आर्द्रता (नमी) का स्तर अपेक्षाकृत अधिक होता है जो वाष्पोत्सर्जन की दर को धीमा कर देता है।

अतः विकल्प (D) सही है।

39. रस के आरोहण के दौरान वाहिकाओं/ट्रेकिड्स में पानी के स्तंभ में आमतौर पर सामंजस्य और आसंजन के कारण टूटते या विभाजन नहीं होता है।

ऐसा इसलिए है क्योंकि पानी के स्तंभ की निरंतरता सामंजस्य और आसंजन द्वारा बनाए रखी जाती है। पौधों के जड़ से वायवीय भागों तक जल के प्रवाह को रसारोहण कहते हैं। जल के अणु एक दूसरे से संसजन बल द्वारा जुड़े रहते हैं। इस बल का परिमाण बहुत अधिक है। यह जाइलम में निरंतर जल स्तंभ में मदद करता है। आसंजक बल पानी के अणुओं और जाइलम की दीवारों के बीच मौजूद होता है। यह जाइलम में लगातार पानी के कॉलम में भी मदद करता है।

अतः विकल्प (B) सही है।

40. ग्लाइकोलाइसिस में 8 ATP की निवल प्रदर्शन के साथ पाइरूवेट के दो अणुओं में ग्लूकोज का टूटना शामिल है।

ग्लाइकोलाइसिस में, ग्लूकोज पाइरूवेट में टूट जाता है और ATP के रूप में ऊर्जा बनाता है। ग्लाइकोलाइसिस के अंत में, 2 ATP अणु उत्पन्न होते हैं, या हम कह सकते हैं कि ATP का शुद्ध लाभ 2 है। यह प्रक्रिया साइटोप्लाज्म में होती है। पाइरूवेट के ऑक्सीडेटिव डिकार्बोजाइलेशन में, NADH+H+ उत्पन्न होता है जो ATP के 3 अणुओं के उत्पादन में मदद करता है। क्रेब्स चक्र में, एसिटाइल CoA जो ऑक्सीडेटिव डिकारबॉक्साइलेशन चरण में बनता है, साइट्रिक एसिड बनाने के लिए ऑक्सालोसेटेट के साथ प्रतिक्रिया करता है। इससे क्रेब्स चक्र की शुरुआत होती है। क्रेब्स चक्र ATP और NADH के 34 अणुओं का उत्पादन करता है। यह जैव रासायनिक प्रतिक्रिया माइटोकॉन्ड्रिया के मैट्रिक्स में होती है। NADH जो ग्लाइकोलाइसिस, ऑक्सीडेटिव डिकारबॉक्साइलेशन और क्रेब्स चक्र में उत्पन्न होता है, इलेक्ट्रॉन परिवहन श्रृंखला में प्रवेश करता है जो आंतरिक माइटोकॉन्ड्रियल झिल्ली में होता है और ATP सिंथेज़ द्वारा ATP का उत्पादन करता है।

तो, हम स्पष्ट रूप से देख सकते हैं कि ग्लाइकोलाइसिस, क्रेब्स चक्र और इलेक्ट्रॉन परिवहन प्रणाली का समग्र लक्ष्य छोटी चरणबद्ध प्रतिक्रियाओं द्वारा ATP का निर्माण है।

अतः विकल्प (A) सही है।

41. विद्युत आवेग डेंड्राइट → सेल बॉडी → एक्सॉन → एक्सोनल एंड से एक न्यूरॉन में यात्रा करता है।

विद्युत आवेग एक न्यूरॉन में डेंड्राइट से सेल बॉडी तक एक्सॉन एंड से एक्सोनल एंड तक यात्रा करता है। डेंड्राइट एक न्यूरॉन की शुरुआत में पेड़ की तरह के विस्तार होते हैं जो कोशिका शरीर के सतह क्षेत्र को बढ़ाने में मदद करते हैं।

अतः विकल्प (C) सही है।

42. डिम्बग्रंथि हार्मोन, एस्ट्रोजेन, यौवन संबंधी स्तन विकास का एक और महत्वपूर्ण नियामक है और इस अवधि के दौरान होने वाली वृद्धि में जबरदस्त उछाल के लिए जिम्मेदार है जो एक कार्यात्मक स्तन ग्रंथि उत्पन्न करता है।

एस्ट्रोजेन, एक झिल्ली-घुलनशील लिगैंड, अंडाशय से मुक्त होता है और इंट्रासेल्यूलर रिसेप्टर्स के माध्यम से जीन अभिव्यक्ति को सक्रिय करता है। लंबे समय तक, यह स्पष्ट नहीं था कि एस्ट्रोजेन जैसे हार्मोन का स्तन ग्रंथि के विकास पर सीधा प्रभाव पड़ता है या इसके बजाय, उन्होंने पिट्यूटरी से प्रोलैक्टिन जैसे हार्मोन की रिहाई को प्रोत्साहित करने के लिए अप्रत्यक्ष रूप से कार्य किया है।

अतः विकल्प (A) सही है।

43. पीयूष ग्रंथि को अंतःस्रावी तंत्र की "मास्टर" ग्रंथि कहा जाता है क्योंकि यह कई अन्य अंतःस्रावी ग्रंथियों के कार्यों को नियंत्रित करती है। पीयूष ग्रंथि मटर से भी छोटी होती है, और मस्तिष्क के आधार पर स्थित होती है। इसके द्वारा आक्सीटोसीन, ADH/वेसोप्रेसीन हार्मोन, प्रोलेक्टीन होर्मोन, वृद्धि हार्मोन स्रावित होते है। इन्हें संयुक्त रूप से पिट्यूटेराइन हार्मोन कहते है।

अतः विकल्प (A) सही है।

44. मटर के पौधे में टैंड्रिल वृद्धि सपोर्ट के संपर्क में टैंड्रिल कोशिकाओं में तेजी से कोशिका विभाजन के कारण होती है। एक टैंड्रिल एक पतला तना या पेटीओल जैसी संरचना होती है जिसका उपयोग बेलों और लताओं (पौधों पर चढ़ने) के लिए चारों ओर लपेटने या किसी सहारे को जोड़ने के लिए किया जाता है।

अतः विकल्प (D) सही है।

45. डिंबोत्सर्जन के बाद, पिट्यूटरी हार्मोन फॉलिकल स्टिम्युलेटिंग हॉर्मोन (FSH) और ल्यूटिनकारी हार्मोन (LH) प्रमुख कूप के शेष हिस्सों को कॉर्पस ल्यूटियम में बदलने का कारण बनते हैं, जो प्रोजेस्टेरोन पैदा करता है। अधिवृक्क में बढ़ी हुई प्रोजेस्टेरोन एस्ट्रोजेन के उत्पादन को प्रेरित करने के लिए शुरू होता है। कॉर्पस ल्यूटियम द्वारा निर्मित हार्मोन फॉलिकल स्टिम्युलेटिंग हॉर्मोन (FSH) और ल्यूटिनकारी हार्मोन (LH) के उत्पादन को भी दबाते हैं जो कॉर्पस ल्यूटियम को खुद को बनाए रखने की आवश्यकता होती है। नतीजतन, ल्यूटियम द्वारा निर्मित हार्मोन फॉलिकल स्टिम्युलेटिंग हॉर्मोन (FSH) और ल्यूटिनकारी हार्मोन (LH) का स्तर समय के साथ जल्दी गिर जाता है, और कॉर्पस ल्यूटियम बाद में एट्रोफी हो जाता है। प्रोजेस्टेरोन के गिरने के स्तर मासिक धर्म को ट्रिगर करते हैं और अगले चक्र की शुरुआत होती है।

अतः विकल्प (D) सही है।

46. प्रसव एक प्रेरित जटिल न्यूरोएंडोक्राइन तंत्र है। यह संकेत एक पूर्ण विकसित भ्रूण और प्लेसेंटा से उत्पन्न होते हैं। यह हल्के गर्भाशय के संकुचन की ओर जाता है और इसलिए भ्रूण की अस्वीकृति होती है। फिर मातृ पिट्यूटरी से ऑक्सीटोसिन निकलता है और यह गर्भाशय की मांसपेशियों पर काम करता है जिससे मजबूत गर्भाशय में संकुचन होता है। यह आगे भी मजबूत और मजबूत संकुचन जारी रखता है। नतीजतन, बच्चे को जन्म नली के माध्यम से नाल के साथ गर्भाशय से बाहर निकाल दिया जाता है।

अतः विकल्प (D) सही है।

47. स्तनधारियों में, वृषण शुक्राणुजनन के लिए कम तापमान की आवश्यकता के कारण वृषण के बाहर अंडकोश की थैली में होते हैं। वृषण पेट की गुहा के बाहर एक थैली के भीतर स्थित होता है जिसे अंडकोश कहा जाता है। अंडकोश की थैली के कम तापमान (सामान्य आंतरिक शरीर के तापमान से 2-2.5 डिग्री सेल्सियस) को बनाए रखने में मदद करता है, जो शुक्राणुजनन के लिए आवश्यक है। सामान्य शुक्राणु के विकास के लिए अंडकोश का थोड़ा ठंडा तापमान आवश्यक है। तो, वृषण पेट की गुहा में अपना विकास शुरू करते हैं और टेस्टोस्टेरोन हार्मोन की उपस्थिति में भ्रूण के जीवन के 7 वें महीने के दौरान अंडकोश की थैली में उतरते हैं।

अतः विकल्प (D) सही है।

48. प्लेसेंटा मानव कोरियोनिक गोनाडोट्रोपिक हार्मोन (hCG) जारी करता है जो गर्भावस्था के दौरान कॉर्पस ल्यूटियम को उत्तेजित करता है जो एस्ट्रोजेन और प्रोजेस्टेरोन जारी करता है और कोरपस ल्यूटियम को प्रतिगमन से बचाता है।

मानव अपरा लैक्टोजन (hPL) माँ और स्तन के शरीर के विकास में शामिल है। प्रोजेस्टेरोन गर्भावस्था को बनाए रखता है, गर्भाशय की दहलीज को सिकुड़ा हुआ उत्तेजनाओं तक बढ़ाकर गर्भाशय को शांत रखता है।

अतः विकल्प (C) सही है।

49. किसी जीव द्वारा किसी अंग के उपयोग और अनुपयोग से उस अंग की विशेषताओं में 'भिन्नता' प्राप्त होती है, जिसका प्रस्ताव जीन बैप्टिस्ट लैमार्क ने किया था।

जीवों के जीवनकाल के दौरान व्यक्तिगत प्रयास प्रजातियों को अनुकूलन के लिए प्रेरित करते हैं, क्योंकि वे माना जाता है कि वे अनुकूली परिवर्तन प्राप्त करेंगे और उन्हें संतानों को पारित करेंगे, अर्थात, किसी अंग के चयनात्मक उपयोग और अनुपयोग से, जीव अपने जीवनकाल के दौरान कुछ लक्षणों को प्राप्त या खो देते हैं।

अतः विकल्प (C) सही है।

50. तोते के पंख और घरेलू मक्खी के पंख उड़ने का कार्य करते हैं। लेकिन तोते के पंख मेसोडर्म से उत्पन्न होते हैं और हड्डियों द्वारा समर्थित होते हैं जबकि घरेलू मक्खी के पंख मूल रूप से एक्टोडर्मल होते हैं जो चिटिनस संरचनाओं द्वारा समर्थित होते हैं।

अतः विकल्प (C) सही है।

51. यह कथन सही है कि गुणसूत्र वंशानुगत इकाइयों या जीनों के वाहक होते हैं और प्रत्येक गुणसूत्र में सैकड़ों या हजारों जीन होते हैं। गुणसूत्रों में मूल वंशानुगत इकाइयाँ होती हैं जिन्हें जीन कहा जाता है। जीन डीएनए का एक खंड है जो माता-पिता से बच्चों तक जानकारी पहुंचाता है और संतानों में आनुवंशिकता के लक्षणों को निर्धारित करता है।

अतः विकल्प (A) सही है।

52. प्राणियों के शरीर के ऐसे अंग जो उत्पत्ति एवं संरचना में समान होते हैं, लेकिन कार्यों में भिन्न होते हैं, समजात अंग कहलाते हैं।

उदाहरण:

- हमारा हाथ तथा कुत्ते के अग्रपाद
- हमारे दाँत तथा हाथी के दाँत
- आलू एवं घास के उपरिभूस्तारी

मनुष्य के हाथ और कुत्ते का पैर समजातीय संरचनाएँ हैं। इनका एक भिन्न उद्देश्य है, लेकिन ये समान हैं और उभयनिष्ठ लक्षण साझा करते हैं। हाथियों के दांत भोजन को खोदने और लड़ने के लिए विशेष कृन्तक होते हैं। वे मानव दांतों के लिए समरूप संरचनाएं हैं, जो एक सामान्य पूर्वज से इंसुलेटर दांतों के साथ विरासत में मिली हैं। कोलोकेशिया का कॉर्म, आलू का कंद और घास के उपरिभूस्तारी सभी समरूप संरचनाएं हैं।

अतः विकल्प (D) सही है।

53. किसी पिंड पर लगाया गया बल उसकी गति की दिशा, संवेग और गतिज ऊर्जा को बदल देता है।

जब किसी पिंड पर एक निश्चित बल द्वारा कार्य किया जाता है तो त्वरण उत्पन्न होता है अर्थात यह अपने वेग और संवेग में परिवर्तन से गुजरता है और गतिमान पिंड की गतिज ऊर्जा पिंड के वेग पर निर्भर करती है।

अतः विकल्प (D) सही है।

54. संवेग परिवर्तन की दर बल के समानुपाती होती है।

हम जानते हैं कि,

$F = \frac{dp}{dt}$ (जो समय के साथ संवेग परिवर्तन की दर है)

तथा

$$KE = \frac{p^2}{2m}$$

इसलिए संवेग परिवर्तन की दर गतिज ऊर्जा के समानुपाती नहीं होती है।

अतः विकल्प (A) सही है।

55. एकसमान गति से गतिमान पिंड के लिए दूरी-समय ग्राफ एक सीधी रेखा है। एक समान गति को उस गति के रूप में परिभाषित किया जाता है जहां गति समय के साथ नहीं बदलती है, केवल दूरी और समय बदलता है।

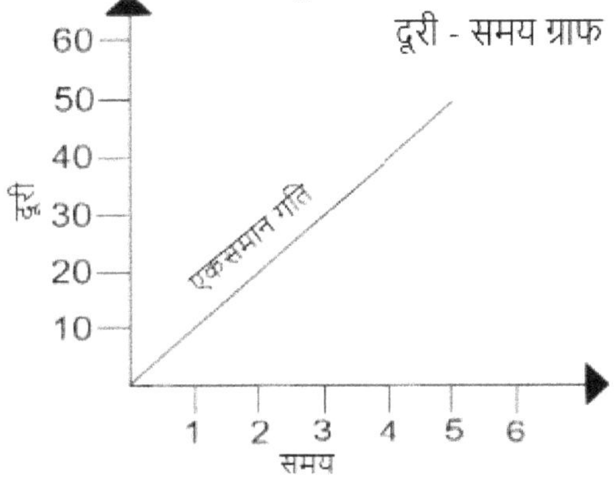

हम जानते हैं,
गति = दूरी/समय
चूंकि, गति स्थिर रहती है, इसलिए हम यह निष्कर्ष निकाल सकते हैं कि दूरी और समय एक दूसरे के सीधे आनुपातिक हैं।
इसलिए दूरी और समय के बीच का ग्राफ एक सीधी रेखा है।
अतः विकल्प (B) सही है।

56. गिरावट के दौरान खिलाड़ी का कोणीय संवेग स्थिर रहेगा।

जब एक गोताखोर स्प्रिंगबोर्ड से कूदता है, तो वह अपने हाथों और पैरों को घुमाकर अपने शरीर को घुमाता है। ऐसा करने से, वह अपने जड़त्व आघूर्ण को कम कर देता है और कोणीय संवेग को बनाए रखने के लिए कोणीय गति बढ़ जाती है।

अतः विकल्प (D) सही है।

57. चलती ट्रेन में एक यात्री पांच रुपये का सिक्का उछालता है। यदि सिक्का पीछे की ओर गिरता है, तो ट्रेन एक समान त्वरण के साथ आगे बढ़ रही होगी। चूंकि सिक्का यात्री के पीछे की ओर गिरता है, इसलिए ट्रेन को एकसमान त्वरण के साथ चलना चाहिए।

जैसे ही यात्री सिक्का उछालता है, वह ऊपर जाता है और ट्रेन की गति (प्रारंभिक) के साथ गति में होता है लेकिन ट्रेन तेज हो जाती है, इसलिए इसकी गति बढ़ जाती है। लेकिन सिक्का हवा में प्रारंभिक गति में है, इसलिए ट्रेन व्यक्ति के साथ थोड़ा आगे बढ़ती है और सिक्का उसके पीछे गिर जाता है।

अतः विकल्प (A) सही है।

58. गेंद के आकार के समान आकार के पत्थर का जड़त्व आघूर्ण अधिक होगा।

द्रव्यमान जड़ता का एक माप है। जितना अधिक द्रव्यमान, उतनी ही जड़ता। एक पत्थर का द्रव्यमान समान आकार की प्लास्टिक की गेंद के द्रव्यमान से अधिक होता है। इसलिए, पत्थर की जड़ता प्लास्टिक की गेंद की तुलना में अधिक है।

जड़त्व आघूर्ण को किसी वस्तु की गति या आराम की स्थिति में परिवर्तन का विरोध करने की प्राकृतिक प्रवृत्ति के रूप में परिभाषित किया गया है। किसी वस्तु का द्रव्यमान उसके जड़त्व आघूर्ण की माप है। पत्थर का द्रव्यमान रबर की गेंद के द्रव्यमान से अधिक होता है। इसलिए, गेंद के आकार के समान आकार के पत्थर में जड़त्व आघूर्ण अधिक होगा।

अतः विकल्प (B) सही है।

59. दोनों ब्लॉक समान गति से जमीन पर पहुंचेंगे।

जैसा कि हम जानते हैं,

$v^2 = u^2 + 2gh$

यहां m_1 और m_2 दोनों के लिए $u = 0$

प्रत्येक ब्लॉक का वेग जब वह जमीन पर पहुंचता है:

$v^2 = 0 + 2gh$

$v = \sqrt{2gh}$

यह द्रव्यमान से स्वतंत्र है।

अत: विकल्प (B) सही है।

60. जब किसी पिंड की गति केवल एक तल तक ही सीमित होती है, तो गति को समतल गति कहा जाता है। समतल गति या तो सीधी या वक्रीय हो सकती है।

एक समतल में गति को दो आयामों में गति के रूप में भी जाना जाता है। उदाहरण के लिए, गोलाकार गति, प्रक्षेप्य गति, आदि। इस प्रकार की गति के विश्लेषण के लिए, संदर्भ बिंदु एक मूल और दो समन्वय अक्ष X और Y से बना होगा।

अतः विकल्प (A) सही है।

61. दिया गया है कि $v_\circ = 7$ किमी/सेकंड

हम जानते हैं कि कक्षीय वेग और पलायन वेग के बीच का संबंध इस प्रकार है,

$v_e = \sqrt{2}v_\circ$

जहाँ $v_e =$ पलायन वेग और $v_\circ =$ उपग्रह की कक्षीय गति

इसलिए उपग्रह के पलायन वेग को निम्न रूप में दिया जाता है,

$v_e = \sqrt{2}v_\circ$

$v_e = \sqrt{2} \times 7$

$v_e = 9.9$ किमी/सेकंड

अत: विकल्प (C) सही है।

62. गुरुत्वाकर्षण विभव: गुरुत्वाकर्षण क्षेत्र के अंदर किसी भी बिंदु पर गुरुत्वाकर्षण विभव अनंत दूरी से इसके केंद्र से एक अनंत दूरी r तक एक इकाई द्रव्यमान लाने में किए गए कार्य के बराबर है।

इस प्रकार, इसे व्यक्त किया जा सकता है

$V = -\frac{GM}{r}$

यहां V गुरुत्वाकर्षण विभव है, G गुरुत्वाकर्षण स्थिरांक है, M ग्रह का द्रव्यमान है और r द्रव्यमान M और अनंत से लाए गए अन्य निकाय के बीच की दूरी है।

- खोखले गोले के अंदर, विभव गुरुत्वाकर्षण क्षेत्र में सतह के हर बिंदु पर समान रूप से वितरित है। तो किसी भी बिंदु पर, विभव शून्य होगा।

अत: विकल्प (C) सही है।

63.

- गुरुत्वाकर्षण का सार्वभौमिक नियम सर आइजैक न्यूटन द्वारा वर्ष 1686 में प्रस्तावित किया गया था।
- न्यूटन का गुरुत्वाकर्षण का नियम: ब्रह्मांड का प्रत्येक कण प्रत्येक दूसरे कण को एक बल के साथ आकर्षित करता है, जो उनके द्रव्यमान के गुणनफल के समानुपाती और उनके बीच की दूरी के व्युत्क्रमानुपाती होता है।

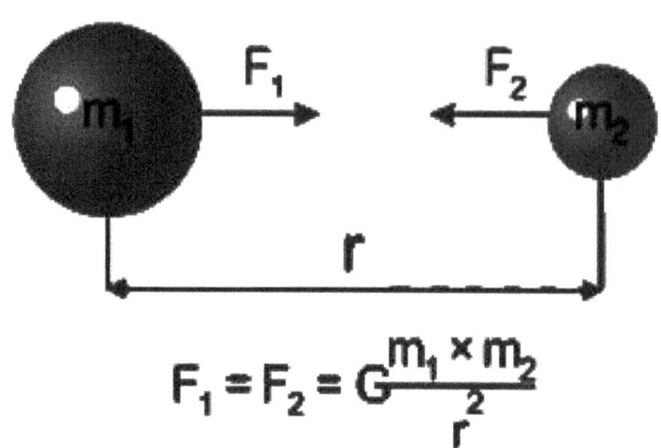

- यदि दो निकायों का द्रव्यमान m_1 और m_2, है, जहाँ r दो द्रव्यमानों के बीच की दूरी है, तो गुरुत्वाकर्षण बल होगा,

$F_1 = F_2 = F \propto \frac{m_1 m_2}{r^2}$

जहां, $F =$ आकर्षण बल, $G = 6.67 \times 10^{11}\ N - m^2/kg^2$ (गुरुत्वाकर्षण स्थिरांक) m_1 और $m_2 =$ निकायों के द्रव्यमान, $r =$ उनके बीच की दूरी

गुरुत्वाकर्षण का सार्वभौमिक नियम कहता है कि "ब्रह्मांड में प्रत्येक वस्तु प्रत्येक दूसरी वस्तु को एक बल के साथ आकर्षित करती है जो उनके द्रव्यमान के गुणनफल के अनुक्रमानुपाती है और उनके बीच की दूरी के वर्ग के व्युत्क्रमानुपाती है"।

अत: विकल्प (A) सही है।

64. दिया गया है कि अनोखे ग्रह पर गुरुत्वाकर्षण के कारण त्वरण पृथ्वी की सतह पर दोगुना होता है
ग्रह की सतह पर गुरुत्वाकर्षण के कारण त्वरण निम्न द्वारा दिया जाता है

$g = \frac{GM}{r^2}$

माना कि g ' अनोखे ग्रह पर गुरुत्वीय त्वरण है।इसका द्रव्यमान M_s और त्रिज्या R_s है इस प्रकार

$g' = \frac{GM_s}{R_s^2}$

माना कि g पृथ्वी पर गुरुत्वीय त्वरण है। इसका द्रव्यमान M और त्रिज्या R है

इस प्रकार $g = \frac{GM}{R^2}$

$\frac{g'}{g} = \frac{\frac{GM_s}{n_3^2}}{\frac{CM}{M^2}}$

$\frac{g'}{g} = \frac{M_s}{M}\frac{R^2}{R_s^2}$

g का मान दूसरे ग्रह पर इससे दोगुना होता है तो यह विकल्प 3 में केवल एक शर्त से संतुष्ट होगा।

$\frac{g'}{g} = \frac{M_s/2}{M}\frac{R^2}{(R_s/2)^2}$

$\frac{g'}{g} = 2$

$g' = 2g$

अत: विकल्प (C) सही है।

65. डायनेमो यांत्रिक ऊर्जा को विद्युत ऊर्जा में परिवर्तित करता है।

इसका काम प्रेरण के फैराडे के नियम पर आधारित है। स्टेटर एक चुंबकीय क्षेत्र प्रदान करता है और चुंबकीय क्षेत्र में आर्मेचर (घूर्णन वाइंडिंग) मुड़ता है। यह चुंबकीय क्षेत्र एक विद्युतवाहक बल का उत्पादन करता है जो इलेक्ट्रॉनों को धक्का देता है जिससे धारा उत्पन्न होती है।

अतः विकल्प (B) सही है।

66. दिया गया है कि:

F= 50 N , विस्थापन (s) = 5 m और θ = 0 (क्योंकि बल गति की दिशा में है)

इस स्थिति में किए गए कार्य की मात्रा ज्ञात करने के लिए, हमें निम्नलिखित सूत्र को लागू करना होगा:

⇒ W = Fs cosθ

⇒ W = 50 × 5 = 250 J

अत: विकल्प (D) सही है।

67. शक्ति - इसे कार्य करने की दर के रूप में परिभाषित किया गया है।

$\therefore P = \frac{W}{t}$

जहाँ, P = शक्ति, W = किया गया कार्य और t = समय

अब,

समय = 16 s

किया गया कार्य = लैंप द्वारा खपत की गई ऊर्जा = 960 J

शक्ति = $\frac{960}{16}$ = 60 Js^{-1}

= 60 W

अतः विकल्प (A) सही है।

68. दिया हुआ है कि:

बल, F = 750 N

विस्थापन, s = 16 m

किया गया कार्य, w = Fs Cos θ

यहाँ θ शून्य डिग्री है तो Cos θ = 1

⇒ W = 750 × 16

⇒ W = 12000 J

जूल को किलो जूल में बदलने के लिए 1000 से विभाजित करें

⇒ w $= \frac{12000}{1000}$

⇒ किया गया कार्य, W = 12 KJ

अतः विकल्प (B) सही है।

69. ध्वनि कंपन से उत्पन्न होती है। ध्वनि की तारत्व इसकी आवृत्ति से निर्धारित होती है। आवृत्ति एक सेकंड में होने वाले कंपनों की संख्या है। इसका SI मात्रक हर्ट्ज़ है।ध्वनि का आयाम उसकी प्रबलता को निर्धारित करता है। ध्वनि के मामले में आयाम माध्य स्थिति से कणों का अधिकतम विस्थापन है। ध्वनि की पहचान उसकी प्रबलता और तारत्व दोनों से होती है।

इसलिए, आयाम और आवृत्ति सही विकल्प है।

अतः विकल्प (C) सही है।

70. $T = \frac{1}{f}$

दिए गए प्रश्न में कंपन करने वाली वस्तु की आवृत्ति $-1000Hz$ है।

इसलिए, समय अवधि होगी -

$T = \frac{1}{1000}$

$T = 0.001$ सेकंड

उत्पन्न ध्वनि का आवर्तकाल 0.001 सेकंड है।

अतः विकल्प (A) सही है।

71. मनुष्य के कान दो ध्वनियों के बीच अंतर कर सकते हैं यदि वे न्यूनतम 0.1 सेकंड के अंतराल पर आते हैं।

इसलिए, ध्वनि और उसके परावर्तन को सुनने के लिए, परावर्तित ध्वनि को कम से कम 0.1 सेकंड के बाद हमारे कान पर टकराना चाहिए।

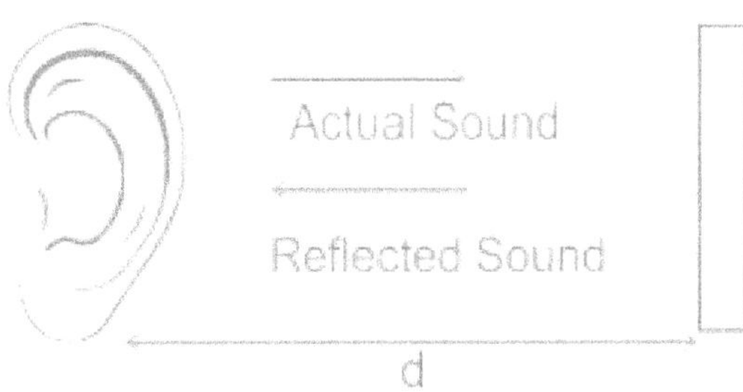

माना, प्रतिध्वनि d सुनने के लिए आवश्यक न्यूनतम दूरी। (बाधा को दूरी d पर रखा जाता है)।

अब, ध्वनि द्वारा तय की गई दूरी बाधा तक पहुँचने और वापस आने के लिए हो।

(ध्वनि द्वारा तय की गई दूरी) + (प्रतिबिंबित ध्वनि द्वारा तय की गई दूरी) $= d + d = 2d$

ध्वनि की गति $v = 343\ m/s$

एक प्रतिध्वनि सुनने के लिए आवश्यक न्यूनतम समय $t = 0.1$ सेकंड है (मानव कान की सुनवाई की निरंतरता)

तय की गई दूरी = गति × समय

$\Rightarrow 2\ d = 343\ m/s \times 0.1\ s$

$\Rightarrow d = \frac{34.3}{2}\ m = 17.2\ m$

तो, न्यूनतम दूरी जिस पर बाधा रखी जानी चाहिए 17.2 मीटर है।

अतः विकल्प (B) सही है।

72. चमगादड़ और डॉल्फ़िन जैसे जानवर अल्ट्रासाउंड तरंगें भेजते हैं और अपनी गूँज, या परावर्तित तरंगों का उपयोग उन वस्तुओं के स्थानों की पहचान करने के लिए करते हैं जिन्हें वे नहीं देख सकते हैं। इसे इकोलोकेशन कहते हैं। जानवर शिकार को खोजने और अंधेरे में वस्तुओं में भागने से बचने के लिए इकोलोकेशन का उपयोग करते हैं।

अतः विकल्प (A) सही है।

73. यदि कोई तत्व ओम के नियम का पालन करता है, तो उस तत्व को रैखिक तत्व के रूप में जाना जाता है।

उदाहरण: प्रतिरोधक

ओम के नियम की परिसीमा:

ओम का नियम एकपक्षीय नेटवर्क के लिए लागू नहीं होता है। एकपक्षीय नेटवर्क एक दिशा में धारा के प्रवाह की अनुमति देता है। इस प्रकार के नेटवर्क में डायोड, ट्रांजिस्टर, इत्यादि जैसे तत्व शामिल होते हैं।

ओम का नियम गैर-रैखिक तत्वों के लिए भी लागू नहीं होता है। गैर-रैखिक तत्व वे होते हैं जिसमें धारा लागू वोल्टेज के ठीक समानुपाती नहीं होती है जिसका अर्थ है कि उन तत्वों के प्रतिरोध का मान वोल्टेज और धारा के अलग-अलग मानों के लिए परिवर्तित होता है। अरैखिक तत्व का एक उदाहरण थाइरिस्टर है।

ओम का नियम निर्वात नलिकाओं के लिए भी लागू नहीं होता है।

अतः विकल्प (A) सही है।

74. जूल तापन:

एक प्रतिरोधक के माध्यम से प्रवाहित धारा उसके द्वारा प्रदान किये गए प्रतिरोधों के कारण ऊष्मा उत्पन्न करती है।

उत्पन्न ऊष्मा ऊर्जा है $H =$ V.I.t

V विभवान्तर है, I विद्युत धारा है, t समय है।

गणना:

दिया है,

विभवान्तर $V = 2V$

विद्युत धारा $I = 1\mu A = 1 \times 10^{-6} A$

समय $t = 2$ मिनट $= 2 \times 60s = 120$ सेकंड

$H = VIt = 2V \times 1 \times 10^{-6} A \times 120s = 240 \times 10^{-6}$ जूल $= 2.4 \times 10^{-4}$ जूल

अतः विकल्प (B) सही है।

75. समतुल्य प्रतिरोध:

- समतुल्य प्रतिरोध: दो बिंदुओं के बीच समतुल्य प्रतिरोध उनके बीच विभव अंतर और उनसे गुजरने वाली धारा की मात्रा का अनुपात है।
- समतुल्य प्रतिरोध को उस प्रतिरोधक के प्रतिरोध के रूप में भी परिभाषित किया जा सकता है जो सभी प्रतिरोधों को दो बिंदुओं के बीच बदल देगा और इन दो बिंदुओं के बीच समान धारा वहन करेगा जैसा कि पहले बह रही थी।

हल के अनुसार परिपथ आरेख तैयार किया जा सकता है जैसा कि आकृति में दिखाया गया है।

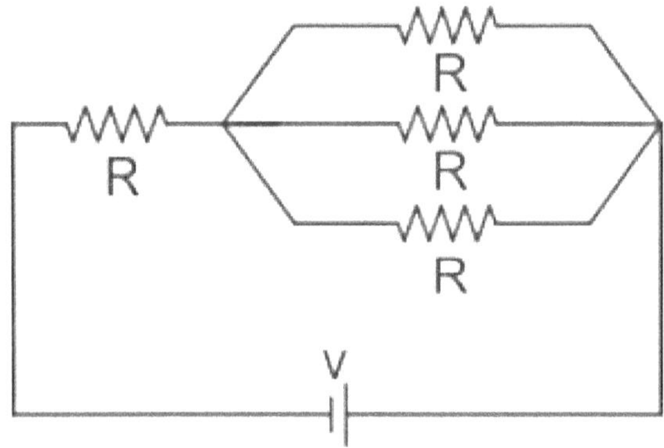

तीन प्रतिरोधक श्रृंखला में हैं, इसलिए उनके अनुरूप समतुल्य प्रतिरोध इस प्रकार होगा।

$$\frac{1}{R_{eq}} = \frac{1}{R} + \frac{1}{R} + \frac{1}{R}$$

$$\Rightarrow \frac{1}{R_{eq}} = \frac{3}{R}$$

$$\Rightarrow R_{eq} = \frac{R}{3}$$

अब यह R_{eq} एक अन्य प्रतिरोध R के साथ श्रृंखला में है।

कुल समतुल्य प्रतिरोध होगा।

$$\Rightarrow R'_{eq} = \frac{R+R}{3} = \frac{4R}{3}$$

अतः विकल्प (A) सही है।

76. घर्षण द्वारा आवेशित करने की प्रक्रिया के दौरान, इलेक्ट्रॉन एक पदार्थ से दूसरी पदार्थ में स्थानांतरित हो जाते हैं।

यदि एक सूखी कांच की छड़ को रेशमी कपड़े से रगड़ा जाता है तो कांच की छड़ ऋणात्मक इलेक्ट्रॉनों को बाहर निकाल देती है, और इसलिए, यह धनावेशित हो जाती है।

रेशम का कपड़ा ऋणात्मक इलेक्ट्रॉनों को प्राप्त करता है और इसलिए यह ऋण आवेशित हो जाता है।

इसलिए, जब एक रेशम के कपड़े को कांच की छड़ से रगड़ा जाता है, तो कांच की छड़ इलेक्ट्रॉनों को खो देती है।

अतः विकल्प (A) सही है।

77. चुंबकीय क्षेत्र उत्तरी ध्रुव से दक्षिणी ध्रुव की ओर निकलता है और इसकी केवल एक दिशा होती है, इस प्रकार कोई भी दो क्षेत्र रेखाएँ ओवरलैप नहीं होती हैं।लाल इन्सुलेशन वाला तार आमतौर पर विद्युत आपूर्ति का लाइव तार होता है। पुरानी परंपरा में, लाल तार लाइव तार है, काला तार तटस्थ है और अर्थ तार को हरा इन्सुलेशन दिया जाता है। इसलिए, सभी कथन गलत हैं।

अतः विकल्प (D) सही है।

78. दाहिने हाथ के अंगूठे के नियम का उपयोग विद्युत धारावाही सीधे चालक के चारों ओर चुंबकीय क्षेत्र की दिशा को खोजने के लिए किया जाता है।

दाहिने हाथ के नियम में कहा गया है कि "यदि करंट ले जाने वाले कंडक्टर को दाहिने हाथ में अंगूठे की उंगली को करंट प्रवाह की दिशा की ओर इशारा करते हुए रखा जाता है और दूसरी उंगलियां कंडक्टर के चारों ओर घुमाई जाती हैं तो मुड़ी हुई उंगलियां करंट के कारण चुंबकीय क्षेत्र की दिशा का संकेत देती हैं। यह नियम केवल धारावाही चालक के चुंबकीय क्षेत्र की दिशा देता है।

अतः विकल्प (D) सही है।

79. धारावाही सीधे चालक के कारण किसी बिंदु पर चुंबकीय क्षेत्र की शक्ति को प्रभावित करने वाले कारक तार की लंबाई, धारा, और दूरी हैं।

चुंबकीय क्षेत्र की ताकत इस पर निर्भर करती है:

- तार में प्रवाहित होने वाली धारा की मात्रा, अधिक धारा से मजबूत क्षेत्र उत्पन्न होगा।
- तार की लंबाई, लंबे तार मजबूत क्षेत्र का उत्पादन करेंगे।
- तार से बिंदु की दूरी, तार से बिंदु की दूरी जितनी अधिक होगी, क्षेत्र उतना ही कमजोर होगा।

अतः विकल्प (B) सही है।

80. आपके पास एक कॉइल और एक बार चुंबक है, आप चुंबक या कुंडल या दोनों को घुमाकर विद्युत प्रवाह उत्पन्न कर सकते हैं।

तार की कुण्डली के चारों ओर चुम्बक को घुमाने पर या चुम्बक के चारों ओर तार की कुण्डली को घुमाने से तार में इलेक्ट्रानों को धक्का लगता है और विद्युत धारा उत्पन्न होती है।

अतः विकल्प (D) सही है।

81. वैश्विक खाद्यान्न उत्पादन में सर्वाधिक योगदान देने वाली फसलें गेहूं, चावल और मक्का हैं।

गेहूं, चावल और मक्का तीन फसलें हैं जो वैश्विक खाद्यान्न उत्पादन में अधिकतम योगदान देती हैं। ये तीन फसलें दुनिया भर में अनाज की आवश्यकता का आधार हैं। यह मुख्य रूप से दुनिया भर में इन खाद्य फसलों की उच्च उत्पादन दर के लिए जिम्मेदार है।

अतः विकल्प (A) सही है।

82. करनाल शहर को "हरियाणा का चावल का कटोरा" कहा जाता है।

करनाल और कैथल जिलों के साथ कुरुक्षेत्र को 'हरियाणा के चावल का कटोरा' के रूप में जाना जाता है और बासमती चावल के लिए प्रसिद्ध है। यह भारत से बासमती चावल का सबसे अधिक निर्यात करता है। निर्यात का एक बड़ा हिस्सा खाड़ी देशों को जाता है।

अत: विकल्प (A) सही है।

83. मशरूम उत्पादन में हरियाणा का प्रथम स्थान है।

मशरूम सबसे अच्छे आहारों में से एक है, जिसमें प्रोटीन, खनिज और विटामिन जैसे पोषक तत्व पर्याप्त मात्रा में होते हैं।

इसमें वसा की मात्रा कम होती है इस कारण यह हृदय रोगियों के लिए बहुत अच्छा आहार है और बहुत कम कार्बोहाइड्रेट होने के कारण मशरूम मधुमेह रोगियों के लिए सबसे उपयुक्त आहार है।

विश्व में लगभग एक दर्जन मशरूम स्थान व्यावसायिक रूप से उगाए जाते हैं लेकिन हरियाणा में मुख्य रूप से दो स्थानों पर खेती की जाती है।

अत: विकल्प (A) सही है।

84. सरसों के उत्पादन में हरियाणा का महेंद्रगढ़ जिला प्रथम स्थान पर है।

हरियाणा में, महेंद्रगढ़ जिला सरसों उगाने में सबसे आगे है, उसके बाद रेवाड़ी, हिसार, सिरसा, झज्जर, मेवात और अन्य हैं। हरियाणा में सरसों की बुवाई की अवधि सितंबर के अंतिम सप्ताह से अक्टूबर के अंतिम सप्ताह तक होती है।

अत: विकल्प (B) सही है।

85. प्रतिकर्षण को पिंड पर आवेश का सुनिश्चित परीक्षण माना जा रहा है क्योंकि एक साथ लाए जाने पर एक अपरिवर्तित पिंड और आवेशित पिंड के बीच आवेश का समावेश संभव है।

अतः विकल्प (A) सही है।

86. भूकंप विज्ञान में उपरिकेंद्र, पृथ्वी की सतह पर सीधे एक हाइपोसेंटर या फोकस के ऊपर का बिंदु है, वह बिंदु जहां भूकंप या भूमिगत विस्फोट होता है। अधिकांश भूकंपों में, उपरिकेंद्र वह बिंदु होता है जहां सबसे अधिक क्षति होती है, लेकिन उपसतह दोष टूटने की लंबाई वास्तव में एक लंबी हो सकती है, और क्षति पूरे टूटने वाले क्षेत्र में सतह पर फैल सकती है।

अतः विकल्प (B) सही है।

87. बेंजामिन फ्रेंकलिन ने 1752 में बिजली दिखाई।

10 जून, 1752 को, बेंजामिन फ्रेंकलिन एक आंधी के दौरान पतंग उड़ाते हैं और लेडेन जार में एक परिवेश विद्युत चार्ज एकत्र करते हैं, जिससे वह बिजली और बिजली के बीच संबंध प्रदर्शित करने में सक्षम हो जाता है। उन्होंने खोजा और दिखाया कि हमारे कपड़ों और रोशनी से उत्पन्न होने वाली चिंगारी अनिवार्य रूप से एक ही घटना है। बिजली और चिंगारी दोनों क्रमशः बादलों और कपड़ों में आवेशों के संचय के कारण होती हैं।

अतः विकल्प (B) सही है।

88. A rainbow is a meteorological phenomenon that is caused by reflection, refraction, and dispersion of light in water droplets resulting in a spectrum of light appearing in the sky. It takes the form of a multicolored circular arc.

Hence, the correct option is (D).

89. खाद्य श्रृंखला का तार्किक अनुक्रम है: उत्पादक → उपभोक्ता → डीकंपोजर।

कार्बन चक्र में कार्बन प्रकाश संश्लेषण के माध्यम से जीवमंडल में स्थिर होता है। उत्पादकों और उपभोक्ताओं की श्वसन गतिविधियों के माध्यम से कार्बन की काफी मात्रा वातावरण में CO_2 के रूप में लौटती है।

डीकंपोजर भी अपशिष्ट पदार्थों और भूमि या महासागरों के मृत कार्बनिक पदार्थों के प्रसंस्करण द्वारा CO_2 पूल में महत्वपूर्ण योगदान देते हैं।

अतः विकल्प (A) सही है।

90. फसल क्षेत्र एक कृत्रिम पारिस्थितिकी तंत्र है।

फसलों के खेतों को कृत्रिम पारिस्थितिक तंत्र के रूप में जाना जाता है क्योंकि वे मानव निर्मित होते हैं जहां कुछ जैविक और अजैविक घटकों में हेरफेर किया जाता है। एक फसल क्षेत्र एक पारिस्थितिकी तंत्र है जहां चावल, गेहूं, सब्जियां आदि जैसे पौधे उगाए जाते हैं। किसान अजैविक कारकों और उत्पादकों के बीच संबंधों को नियोजित करते हैं। उदाहरण के लिए, जब वे अपने खेत में खाद डालते हैं तो वे अपने पौधों की वृद्धि के लिए आवश्यक अजैविक कारकों (पोषक तत्वों) को बढ़ा देते हैं।

अतः विकल्प (B) सही है।

91. एक पारिस्थितिकी तंत्र में जीवित जीव और निर्जीव दोनों वस्तुएं शामिल हैं।

एक पारिस्थितिकी तंत्र एक कार्यात्मक इकाई है जिसमें एक विशेष स्थान के सभी जीव एक दूसरे के साथ और उनके भौतिक पर्यावरण के साथ बातचीत करते हैं। इस प्रकार एक पारिस्थितिकी तंत्र एक अंतःक्रियात्मक प्रणाली है जो अंतरिक्ष की एक निर्दिष्ट मात्रा में सभी जीवित और निर्जीव वस्तुओं से बनी होती है। इसे प्रकृति की एक कार्यात्मक इकाई के रूप में देखा जाता है।

अतः विकल्प (C) सही है।

92. मनुष्यों के अत्यधिक UV-किरणों के संपर्क में आने से प्रतिरक्षा प्रणाली और त्वचा कैंसर को नुकसान होता है।

UV-किरणों का मनुष्य के साथ-साथ अन्य जानवरों के साथ-साथ पौधों पर भी बेहद हानिकारक प्रभाव पड़ता है। यह स्किन कैंसर का कारण बन सकता है जिससे आंखों को नुकसान हो सकता है मोतियाबिंद भी शरीर की रोगों के प्रति प्रतिरोधक क्षमता को कम करके प्रतिरक्षा प्रणाली को नुकसान पहुंचा सकता है।

अतः विकल्प (C) सही है।

93. हीलियम एक मोनोआटोमिक गैस है।

परिभाषा के अनुसार, किसी पदार्थ के एक मोल में इकाइयों की संख्या अवोगाद्रो संख्या होती है।

1 मोल $= 6.022 \times 10^{23}$ इकाइयाँ

इसलिए परमाणुओं के लिए, 1 मोल $= 6.022 \times 10^{23}$ परमाणु।

इस प्रकार, 6.022×10^{23} हीलियम के परमाणुओं में 1 मोल होता है।

अतः विकल्प (A) सही है।

94. यौगिकों को बनाने के लिए तत्वों के संयोजन को नियंत्रित करने के लिए पाँच बुनियादी नियमों की आवश्यकता होती है। वे हैं:

- द्रव्यमान के संरक्षण का नियम
- निश्चित अनुपात का नियम
- एकाधिक अनुपात का नियम
- गे लुसाक के गैसीय वॉल्यूम का नियम
- अवोगाद्रो का नियम

अतः विकल्प (B) सही है।

95. बेकिंग सोडा का रासायनिक सूत्र $NaHCO_3$ है।

इसका रासायनिक नाम सोडियम बाइकार्बोनेट है और यह एक रासायनिक यौगिक है। यह सोडियम आयनों और बाइकार्बोनेट आयनों से बना एक साल्ट है।

सोडियम बाइकार्बोनेट एक सफेद ठोस है जो क्रिस्टलीय है लेकिन अक्सर एक महीन पाउडर के रूप में दिखाई देता है।

अतः विकल्प (D) सही है।

96. कार्बन का व्यक्तिगत द्रव्यमान 12 amu है और ऑक्सीजन का व्यक्तिगत द्रव्यमान 16 amu है। कार्बन डाइऑक्साइड का सूत्र CO_2 है। इस प्रकार एक

कार्बन और दो ऑक्सीजन। 12 (कार्बन आणविक भार) + 2 x 16 (ऑक्सीजन आणविक भार) = 12 + 32 = 44। इसलिए कार्बन डाइऑक्साइड का आणविक द्रव्यमान 44 है।

अतः विकल्प (C) सही है।

97. जब सभी वस्तुओं को किसी द्रव में डुबाया जाता है तो वे उत्प्लावकता का अनुभव करती हैं। उछाल एक ऊर्ध्वगामी बल है।

जब कोई पिंड या तो पूरी तरह या आंशिक रूप से किसी तरल पदार्थ में डूबा होता है, तो पिंड द्वारा अनुभव किए गए द्रवस्थैतिकी दाब बलों के शुद्ध ऊर्ध्वाधर घटक के कारण एक लिफ्ट उत्पन्न होती है। इस लिफ्ट को उत्प्लावन बल कहा जाता है और घटना को उत्प्लावकता कहा जाता है। आर्किमिडीज का सिद्धांत कहता है कि जलमग्न पिंड पर उत्प्लावन बल पिंड द्वारा विस्थापित द्रव के भार के बराबर होता है और विस्थापित आयतन के केन्द्रक के माध्यम से लंबवत ऊपर की ओर कार्य करता है।

अतः विकल्प (C) सही है।

98. कथन 'वस्तु पर उत्प्लावक बल वस्तु के भार के बराबर है'सत्य है।

आर्किमिडीज सिद्धांत में कहा गया है कि जलमग्न पिंड पर उत्प्लावन बल पिंड द्वारा विस्थापित द्रव के भार के बराबर होता है और विस्थापित जल के केन्द्रक के माध्यम से लंबवत ऊपर की ओर कार्य करता है।

- यदि उत्प्लावन बल वस्तु के भार से अधिक है, तो वस्तु सतह पर उठकर तैरने लगेगी।
- यदि उत्प्लावन बल वस्तु के भार से कम है, तो वस्तु डूब जाएगी।
- यदि उत्प्लावन बल वस्तु के भार के बराबर है, तो वस्तु गहराई में बैठ जाएगी।

अतः विकल्प (A) सही है।

99. हम जानते हैं,

दाब $(P) =$ बल $(F)/$ क्षेत्रफल (A)

हमारे पास है,

बल $(F) = 1000N$

क्षेत्र $(A) = 5m^2$

इस प्रकार,

$$P = 1000/5 = 200N/m^2 = 200Pa$$

इसलिए, दाब $2000Pa$ है।

अतः विकल्प (A) सही है।

100. दिया गया,

पिंड का आयाम $= 1.5m \times 1.0m \times 2m, W_{\text{स्पष्ट}} = 1962N, g = 9.81m/s^2$

विस्थापित आयतन $(V_d) =$ पिंड का आयतन $= 1.5 \times 1.0 \times 2 = 3m^3$

इन सभी मानों को समीकरण (i) में रखने के बाद, हमारे पास है

$$1962 = W_{\text{वायु}} - 1000 \times 9.81 \times 3$$

$$1962 = W_{\text{वायु}} - 29430$$

$$W_{\text{वायु}} = 1962 + 29430$$

$$W_{\text{वायु}} = 31392N$$

अतः विकल्प (A) सही है।

मॉक टेस्ट 03

Q.1 फोटॉन का क्वांटीकरण क्या है?

A. फोटॉन द्रव्यमान रहित होते हैं।
B. फोटॉन असतत ऊर्जा पार्सल हैं।
C. फोटॉन स्थिर हैं।
D. फोटॉन ऊर्जा वहन करते हैं।

Q.2 प्रोटॉन और अल्फा कणों में एक ही डी-ब्रोगली वेवलेंथ है। दोनों के लिए क्या समान है?

A. ऊर्जा **B.** समय सीमा
C. आवृत्ति **D.** संवेग

Q.3 ठोस से द्रव अवस्था में परिवर्तन की प्रक्रिया कहलाती है।

A. पिघलना **B.** जमना **C.** उबलना **D.** वाष्पीकरण

Q.4 ठोस के पिघलने के दौरान इसका तापमान ________ होता है।

A. ठोस की प्रकृति के आधार पर बढ़ या घट सकता है
B. घटता है
C. नहीं बदलता
D. बढ़ता है

Q.5 निम्न में से कौन-सी गैस विद्युत के प्रवाहित होने पर लाल प्रकाश उत्पन्न करती है?

A. हीलियम **B.** आर्गन **C.** नाइट्रोजन **D.** नियॉन

Q.6 पदार्थ की वह अवस्था जिसका कोई निश्चित आकार नहीं होता लेकिन आयतन निश्चित होता है:

A. गैस **B.** द्रव
C. ठोस **D.** इनमें से कोई नहीं

Q.7 गोलाकार वर्षा की बूंदों के आकार की व्याख्या करने के लिए पानी के निम्नलिखित में से किस गुण का उपयोग किया जा सकता है?

A. श्यानता **B.** पृष्ठ तनाव
C. महत्वपूर्ण घटना **D.** दबाव

Q.8 जमीनी अवस्था में एक हाइड्रोजन परमाणु की ऊर्जा $13.6eV$ है। पहली उत्तेजित अवस्था में He^+ आयन की ऊर्जा होगी:

A. $-13.6eV$ **B.** $-27.2eV$
C. $-54.4eV$ **D.** $-6.8eV$

Q.9 एक तत्व X में इलेक्ट्रॉनों की संख्या 15 है और न्यूट्रॉन की संख्या 16 है। तत्व का प्रतिनिधित्व इस प्रकार किया जा सकता है:

A. ${}^{31}_{15}X$ **B.** ${}^{31}_{16}X$ **C.** ${}^{16}_{15}X$ **D.** ${}^{15}_{16}X$

Q.10 निम्नलिखित में से असत्य कथन को पहचानिए।

A. हाइजेनबर्ग का सिद्धांत बोहर के सिद्धांत के विपरीत है।
B. बोर के सिद्धांत के लिए प्लैंक के क्वांटम सिद्धांत को आधार के रूप में लिया जाता है।
C. बाह्य चुंबकीय क्षेत्र की उपस्थिति में वर्णक्रमीय रेखाओं का विभाजन उपकोशों के अस्तित्व के कारण होता है।
D. इनमें से कोई नहीं

Q.11 मिथाइल मैग्नीशियम ब्रोमाइड की क्रिया द्वारा निम्नलिखित में से किससे तृतीयक ब्यूटाइल अल्कोहल को प्राप्त किया जाता है?

A. HCHO **B.** CH_3CHO
C. CH_3COCH_3 **D.** CO_2

Q.12 200°C पर निकेल की उपस्थिति में H_2 के साथ बेंजीन की अभिक्रिया से निम्न प्राप्त होता है:

A. n-हेक्सेन **B.** साइक्लोहैक्सेन
C. आइसो हेक्सेन **D.** n-हेक्सीन

Q.13 बेंजीन कार्बन मोनोऑक्साइड और हाइड्रोजन क्लोराइड के साथ प्रतिक्रिया करने के लिए दबाव बनाता है:

A. C_6H_5Cl **B.** C_6H_5CHO
C. $COCl_2$ **D.** C_6H_5COOH

Q.14 एस्पिरिन एक एसिटिलीकरण उत्पाद है:

A. p-डायहाइड्रोबेंजीन
B. सैलिसिलिक अम्ल
C. o-डायहाइड्रॉक्सीबेंजीन
D. m-हाइड्रॉक्सीबेन्ज़ोइक अम्ल

Q.15 निम्नलिखित में से कौन-सा एक उत्प्रवाही लवण का उदाहरण है?

A. सोडियम कार्बोनेट
B. मैग्नीशियम सल्फेट
C. सोडियम सल्फेट डेकाहाइड्रेट
D. उपरोक्त सभी

Q.16 ज्ञात pH का बफर विलयन निम्नलिखित में से किसके द्वारा बनाया जा सकता है?

A. अम्ल के pK_a द्वारा
B. क्षार के pK_b द्वारा
C. लवण और अम्ल या लवण और क्षार के अनुपात को नियंत्रित करके
D. उपरोक्त सभी

Q.17 निम्नलिखित में से कौन-सी गैस रोस्टिंग के दौरान उत्पन्न होती है?

A. H_2S **B.** CO_2 **C.** H_2 **D.** SO_2

Q.18 निम्नलिखित में से किसमें कुछ घुलनशील लवण जैसे सोडियम क्लोराइड, मैग्नीशियम क्लोराइड आदि होते हैं?

A. आसुत पानी **B.** नल का पानी
C. समुद्र का पानी **D.** झील का पानी

Q.19 निम्नलिखित में से कौन-सी गैस निस्तापन के दौरान उत्पन्न होती है?

A. CO_2 **B.** CO **C.** SO_2 **D.** SO_3

Q.20 $CH_3COOC_2H_5$ का I.U.P.A.C. नाम है-

A. एथिल एथेनोइक एसिड
B. बुटानोएट
C. एथिल एथेनोएट
D. एथिल मिथाइल कार्बोक्सिलिक एसिड

Q.21 एल्डिहाइड का रासायनिक सूत्र क्या है?

A. ROH **B.** RCHO **C.** RCOX **D.** RCOOH

Q.22 मीथेन में कितने एकल आबंध मौजूद हैं?

A. छह **B.** चार **C.** सात **D.** पांच

Q.23 कार्बन परमाणुओं के बीच दोहरे बंध वाले हाइड्रोकार्बन समूह का नाम है:

A. एल्केन **B.** ऐल्कीन
C. ऐल्काइन **D.** एल्डिहाइड

Q.24 ऑकोसाइट्स में पाए जाने वाले लैम्पब्रश क्रोमोसोम होते हैं :
A. लेप्टोटीन **B.** जाइगोटीन
C. पचेटीन **D.** डिप्लोटीन

Q.25 फ्रेग्मोप्लास्ट किसके दौरान बनता है ?
A. प्रोफसे ऑफ़ मेइओसिस
B. किटकिनेसिस ऑफ़ एनिमल सेल्स
C. लेट किटकिनेसिस
D. मेटाफ़ेज़ ऑफ़ मिटोसिस

Q.26 निम्नलिखित में से कौन सी कोशिका परिपक्वता के समय किसी भी नाभिक के बिना साइटोप्लाज्म वाले एक संगठित और विभेदित सेलुलर संरचना से मिलकर बनती है?
A. फ्लोएम पैरेन्काइमा **B.** जाइलेम पैरेन्काइमा
C. ट्रैकाइड्स **D.** सीव ट्यूब्स

Q.27 आन्तरद्रव्य जालिका (एस. ई.आर) के अतिरिक्त कार्यों में निम्न में से क्या सम्मिलित है?
A. प्रोटीन संश्लेषण
B. लिपिड संश्लेषण
C. बायोमोलेक्यूलस का भंडारण
D. विषाक्त पदार्थों का विषहरण

Q.28 निम्नलिखित में से कौन सा एक अंग है जो प्रोकैरियोटिक कोशिकाओं में नहीं पाया जाता है?
A. कोशिका भित्ति **B.** माइटोकॉन्ड्रिया
C. प्लाज्मा झिल्ली **D.** राइबोसोम

Q.29 निम्नलिखित में से किसने सबसे पहले कोशिकाओं की खोज की?
A. रॉबर्ट ब्राउन **B.** रॉबर्ट हुक
C. ल्यूवेन्हॉक **D.** रुडोल्फ विर्चो

Q.30 निम्नलिखित में से किस प्रकार के ऊतकों में संकुचनशील प्रोटीन होगा?
A. तंत्रिका उत्तक **B.** पेशी ऊतक
C. अस्थि ऊतक **D.** रक्त ऊतक

Q.31 एगेव का कायिक प्रजनन _______ के माध्यम से होता है।
A. प्रकंद **B.** भूस्तरी
C. बुलबिल्स **D.** इनमे से कोई भी नहीं

Q.32 किण्वन, एक प्रकार के अवायवीय श्वसन और वायवीय श्वसन दोनों के लिए कौन सा उपापचयी मार्ग सामान्य है?
A. ग्लाइकोलाइसिस
B. क्रेब्स चक्र
C. इलेक्ट्रॉन परिवहन श्रृंखला
D. पाइरूवेट से एसिटाइल Co-A बनता है

Q.33 कौन सा वर्णक प्रकाश-ऑक्सीकरण और क्लोरोफिल के बरबादी को रोकता है?
A. कैरोटीन **B.** फाइकोसाइनिन
C. फाइकोएरिथ्रिन **D.** फाइटोकोरिथ्रिन

Q.34 न्यूरॉन जो सूचना को प्रभावक तक ले जाते हैं उन्हें ___________ कहा जाता है।
A. संवेदक न्यूरॉन **B.** मोटर न्यूरॉन
C. अन्तःन्यूरॉन **D.** मेरुदण्डीय न्यूरॉन

Q.35 फलों के पकने के लिए उत्तरदायी हॉर्मोन का नाम लिखिए।
A. एथिलीन **B.** एब्सीसिक अम्ल
C. ऑक्सिन **D.** इनमें से कोई नहीं

Q.36 पीयूष ग्रंथि का कार्य क्या है?
A. पुरुषों में यौन अंग विकसित करना
B. सभी अंगों में वृद्धि को उत्तेजित करना
C. शरीर में शुगर और नमक के स्तर को नियंत्रित करना
D. शरीर में चयापचय आरंभ करना

Q.37 उद्दीपन की ओर पौधे की गति कहलाती है :
A. अनुवर्ती गति **B.** अनुकुंची गति
C. गतिशीलता **D.** इनमें से कोई नहीं

Q.38 अंडाशय में चिपचिपा जेल जैसे पदार्थ वाले सिस्ट क्या कहलाते हैं?
A. एंडोमेट्रियोमास **B.** सिस्टेडेनोमास
C. डरमॉइड **D.** पॉलीसिस्टिक

Q.39 शॉटगन तकनीक में प्रयुक्त है
A. जीन की स्टिचिंग
B. जीन का आइसोलेशन
C. डीएनए का स्प्लिसिंग
D. डुप्लिकेटिंग जीनोमिक डीएनए

Q.40 निम्नलिखित में से कौन सी संरचना अस्थायी रूप से शुक्राणुओं को स्टोर करती है?
A. वास डेफरेंस **B.** अधिवृषण
C. वासा संवेदी **D.** मूत्र मूत्राशय

Q.41 जलवायु, खाद्य आपूर्ति और अन्य जीवों की क्रियाओं जैसे कारकों के परिणामस्वरूप होने वाली विविधताओं को _______ विविधताएं कहा जाता है।
A. आनुवंशिक और दैहिक दोनों
B. दैहिक
C. आनुवंशिक
D. इनमें से कोई नहीं

Q.42 ___________ वे होते हैं जिनमें मनुष्यों में पुरुषत्व और स्त्रीत्व के लिए जीन होता है।
A. दैहिक गुणसूत्र **B.** लिंग गुणसूत्र
C. ऑटोसोम्स **D.** इनमें से कोई नहीं

Q.43 कौन-सा अति प्राचीन प्राणी वर्तमान की विषम पर्यावरण वाले स्थानों में आज भी जीवित है?
A. डायनासोर **B.** विषाणु **C.** जीवाणु **D.** पक्षी

Q.44 इनमें से कौन जीवित जीवाश्म नहीं है?
A. आर्कियोप्टेरिक्स **B.** फुफ्फुस मछली
C. मेंढक **D.** बतख बिल प्लैटिपस

Q.45 निम्नलिखित में से किसमें जड़त्व आघूर्ण अधिक है?
A. एक रबर की गेंद
B. गेंद के समान आकार का एक पत्थर
C. दोनों में समान जड़त्व आघूर्ण होगा
D. निर्धारित नहीं किया जा सकता

Q.46 निम्नलिखित में से कौन एक असमान त्वरित गति का उदाहरण है?
A. स्वतंत्र रूप से गिरने वाला पिंड
B. एक पंखे की चाल
C. रोलर - कॉस्टर
D. एक झुके हुए तल से लुढ़कती हुई गेंद की गति

Q.47 एक कार विराम से सीधे मार्ग पर चलना शुरू करती है और एक समान त्वरण के साथ 20 sec में 100 m की दूरी तय करती है, तो 30 sec में कार द्वारा प्राप्त वेग क्या होगा?

A. 60 m/sec B. 20 m/sec
C. 15 m/sec D. इनमें से कोई नहीं

Q.48 एक समान वृत्तीय गति के संबंध में केंद्राभिमुख बल द्वारा किया गया कार्य _______ है।
A. निकाय के विस्थापन के बराबर
B. निकाय पर लागू बल के बराबर
C. शून्य
D. निकाय पर निर्मित आवेग के बराबर

Q.49 न्यूटन के गति के प्रथम नियम का दूसरा नाम क्या है?
A. गति का नियम B. विस्थापन का नियम
C. जड़त्व का नियम D. संवेग का नियम

Q.50 गैलीलियो का _________ का नियम न्यूटन का प्रारंभिक बिंदु था जिसे उन्होंने 'गति के पहले नियम' के रूप में प्रतिपादित किया।
A. जड़त्व B. संवेग
C. ऊर्जा D. साम्यावस्था

Q.51 गुरुत्वाकर्षण के कारण त्वरण का मान ______ होता है।
A. भूमध्य रेखा और ध्रुवों पर समान
B. ध्रुव से भूमध्य रेखा तक बढ़ा हुआ
C. भूमध्य रेखा पर न्यूनतम
D. ध्रुवों पर न्यूनतम

Q.52 पृथ्वी के चारों ओर वृत्ताकार कक्षा में चक्कर लगाने वाला उपग्रह टक्कर के कारण कुछ ऊर्जा खो देता है। इसकी गति v है और पृथ्वी से दूरी d_____ है।
A. d बढ़ेगा, v बढ़ेगा। B. d बढ़ेगा, v घटेगा।
C. d घटेगा, v घटेगा। D. d घटेगा, v बढ़ेगा।

Q.53 यदि किसी उपग्रह को दिया गया क्षैतिज वेग क्रांतिक वेग से अधिक लेकिन पलायन वेग से कम हो, तो उपग्रह ________ होगा।
A. एक गोलाकार कक्षा में घूमना
B. परवलयिक पथ के साथ पृथ्वी से टकराएगा
C. अंडाकार कक्षा में घूमना शुरू देगा
D. यह बाहरी अंतरिक्ष में गायब हो जाएगा

Q.54 गुरुत्वाकर्षण का नियम ________ के बीच गुरुत्वाकर्षण बल देता है।
A. केवल पृथ्वी और एक बिंदु द्रव्यमान
B. केवल पृथ्वी और सूर्य
C. किन्हीं दो पिंडों का द्रव्यमान
D. केवल दो आवेशित निकाय

Q.55 कार्य ऊर्जा प्रमेय के अनुसार "एक कण पर कार्यरत _____ बल द्वारा किया गया कार्य गतिज ऊर्जा में परिवर्तन के बराबर है"।
A. केवल संरक्षी B. केवल गैर-संरक्षी
C. कुल D. इनमे से कोई नही

Q.56 कार्य को बेहतर रूप से परिभाषित किया गया है:
A. कार्य की केवल दिशा होती है, कोई परिमाण नहीं होता है।
B. कार्य का परिमाण और दिशा दोनों होती है।
C. कार्य का कोई परिमाण और कोई दिशा नहीं होती है।
D. कार्य का केवल परिमाण होता है, कोई दिशा नहीं होती है।

Q.57 बांध में जमा पानी में कौन सी ऊर्जा होती है?
A. विद्युत उर्जा B. स्थितिज उर्जा
C. गुरुत्वाकर्षण ऊर्जा D. गतिज उर्जा

Q.58 संक्षिप्त स्प्रिंग में ऊर्जा के प्रकार (गतिज ऊर्जा K या स्थितिज ऊर्जा U) का नाम बताइए:
A. स्थितिज ऊर्जा B. गतिज ऊर्जा
C. (A) और (B) दोनों D. इनमे से कोई भी नहीं

Q.59 एक विशेष तापमान पर, निम्नलिखित में से किस में ध्वनि तीव्रतम गति से संचरण करती है?
A. जल B. निर्वात C. लौह D. वायु

Q.60 ध्वनि तरंग का आयाम क्या निर्धारित करता है?
A. प्रबलता B. तारत्व C. आवृत्ति D. आयाम

Q.61 एक अलग प्रतिध्वनि सुनने के लिए हर बार मूल ध्वनि और परावर्तित ध्वनि के बीच का अंतराल होना चाहिए:
A. 0.2 सेकंड B. 1 सेकंड C. 2 सेकंड D. 0.1 सेकंड

Q.62 एमसीबी का कार्य _______ के कार्य के करीब है।
A. स्विच B. फ्यूज़ C. अर्थ वायर D. ट्रांसफॉर्मर

Q.63 घरों में भूसम्पर्कन (अर्थिंग) का उद्देश्य __________ है।
A. जमीन पर विद्युत धारा के चालन के लिए यथासंभव कम प्रतिरोध प्रदान करना
B. जमीन पर विद्युत धारा के चालन के लिए यथासंभव उच्च प्रतिरोध प्रदान करना
C. उपकरणों को उच्च वोल्टेज प्रदान करने के लिए
D. उपकरणों को उच्च विद्युत धारा प्रदान करने के लिए

Q.64 एक गैल्वेनोमीटर को __________ को जोड़कर एक वोल्ट मीटर में परिवर्तित किया जा सकता है।
A. समानांतर में एक उच्च प्रतिरोध
B. श्रेणी में एक उच्च प्रतिरोध
C. समानांतर में अल्प प्रतिरोध
D. श्रेणी में अल्प प्रतिरोध

Q.65 यदि किसी परिपथ के माध्यम से 6 मिनट के लिए बहने वाली विद्युत धारा $0.6\ A$ है तो इसके माध्यम से बहने वाले विद्युत आवेश की मात्रा _____ है।
A. 360 C B. 216 C C. 60 C D. 36 C

Q.66 एक इलेक्ट्रिक मोटर ________।
A. विद्युत प्रवाह को मापता है
B. विद्युत ऊर्जा को यांत्रिक ऊर्जा में परिवर्तित करता है
C. एक निरंतर संभावित अंतर प्रदान करता है
D. संभावित अंतर को मापता है

Q.67 क्या होगा जब चुम्बक को वृत्ताकार कॉइल की ओर ले जाया जाएगा?
A. वृत्ताकार कॉइल पर कोई प्रभाव नहीं
B. चुंबकीय क्षेत्र का कोई प्रभाव नहीं
C. प्रेरित धारा बहने लगेगी
D. परिपथ में कोई धारा प्रवाहित नहीं होगी

Q.68 किसने कहा कि विद्युत धारा चुंबकीय क्षेत्र का कारण बन सकती है?
A. ओर्स्टेड B. फ्लेमिंग
C. मैक्सवेल D. माइकल फैराडे

Q.69 एक इलेक्ट्रॉन पुंज उर्ध्वाधर ऊपर की ओर गति कर रहा है यदि वह एक क्षैतिज तल में दक्षिण से उत्तर की ओर निर्देशित चुंबकीय क्षेत्र से होकर गुजरता है तो किरण पुंज किस दिशा में विक्षेपित होगा?
A. दक्षिण की ओर B. पूर्व की ओर
C. पश्चिम की ओर D. उत्तर की ओर

Q.70 पृथ्वी की सतह पर उत्पन्न तरंगों को ________ कहा जाता है।
A. भूकंपीय तरंगें B. अनुदैर्ध्य तरंगें
C. माइक्रो तरंग D. रेडियो तरंग

Q.71 प्रभामंडल किसके कारण होते हैं?
A. प्रकाश का विवर्तन **B.** प्रकाश का अपवर्तन
C. प्रकाश का परावर्तन **D.** प्रकाश का प्रसार

Q.72 जीवों का कौन सा समूह खाद्य श्रृंखला के घटक नहीं हैं?
A. घास, शेर, खरगोश
B. प्लवक, मनुष्य, मछली, टिड्डा
C. भेड़िया, घास, सांप, बाघ
D. मेंढक, सांप, चील, घास, टिड्डा

Q.73 यदि मेंढक टिड्डे को खा जाए, तो ऊर्जा का स्थानान्तरण होगा :
A. उत्पादक से डीकंपोजर
B. उत्पादक से प्राथमिक उपभोक्ता
C. प्राथमिक उपभोक्ता से द्वितीयक उपभोक्ता
D. द्वितीयक उपभोक्ता से प्राथमिक उपभोक्ता

Q.74 निम्नलिखित में से कौन पारिस्थितिक तंत्र का अजैविक घटक है?
A. ह्यूमस **B.** जीवाणु **C.** पौधे **D.** कवक

Q.75 निम्नलिखित में से कौन सा रसायन ओजोन परत के क्षरण का कारण बनता है?
A. कार्बन टेट्राक्लोराइड **B.** मीथेन
C. क्लोरोफ्लोरोकार्बन **D.** कार्बन मोनोआक्साइड

Q.76 प्लवमान निकाय के स्थिर संतुलन के लिए कौन सी स्थिति है?
A. आप्लवकेन्द्री गुरुत्वाकर्षण केन्द्र के ऊपर होना चाहिए
B. उत्प्लावकता का केंद्र और गुरुत्वाकर्षण का केंद्र एक ही ऊर्ध्वाधर रेखा पर होना चाहिए
C. उचित(राइटिंग) युग्म बनाई जानी चाहिए
D. उपरोक्त सभी

Q.77 एक वस्तु पानी में तैरती है जिसमें इसके आयतन एक तिहाई हिस्सा पानी के नीचे होता है। वस्तु का घनत्व पानी के घनत्व का n गुना है जहां n _____ है।
A. $\frac{1}{6}$ **B.** $\frac{1}{3}$ **C.** $\frac{1}{4}$ **D.** 2

Q.78 एक तत्व के समस्थानिक में होते हैं:
A. प्रोटॉन की समान संख्या लेकिन न्यूट्रॉन की भिन्न संख्या
B. न्यूट्रॉन की समान संख्या लेकिन प्रोटॉन की भिन्न संख्या
C. प्रोटॉन और इलेक्ट्रॉनों की समान संख्या
D. नाभिकों की समान संख्या

Q.79 समान द्रव्यमान संख्या वाले न्यूक्लाइड कहलाते हैं:
A. आइसोटोप **B.** आइसोबार
C. आइसोटोन्स **D.** आइसोमर

Q.80 एक नाभिक के द्रव्यमान और उसके नाभिकों के संयुक्त द्रव्यमान के बीच का अंतर है:
A. शून्य
B. सकारात्मक
C. नकारात्मक
D. शून्य, सकारात्मक या नकारात्मक

Q.81 थ्रस्ट ____________ का एक कमजोर कार्य है।
A. गले का क्षेत्र **B.** चैम्बर का दबाव
C. सामूहिक प्रवाह दर **D.** जोर गुणांक

Q.82 एक तरल प्रणोदक रॉकेट इंजन में _______ का उपयोग करके दो-से-एक जोर कम किया जा सकता है।
A. थ्रॉटल वाल्व
B. गैस दबाव फ़ीड प्रणाली
C. चिंगारी प्रज्वलक
D. बेट्स अनाज का उपयोग करना

Q.83 रदरफोर्ड का अल्फा-कण प्रकीर्णन प्रयोग किसकी खोज के लिए उत्तरदायी था?
A. परमाणु नाभिक **B.** इलेक्ट्रॉन
C. प्रोटोन **D.** न्यूट्रॉन

Q.84 अवोगाद्रो संख्या उपस्थित अणुओं की संख्या है:
A. 1 ग्राम अणु **B.** अणु का 1 परमाणु
C. 1 मोल **D.** 1 लीटर अणु

Q.85 मधुमक्खी के डंक से ____ की उपस्थिति के कारण तेज दर्द और जलन होती है।
A. एसिटिक अम्ल **B.** सल्फ्यूरिक अम्ल
C. साइट्रिक अम्ल **D.** मेथेनॉइक अम्ल

Q.86 क्लोरोफॉर्म के निर्माण में किस रसायन का उपयोग किया जाता है?
A. प्लास्टर ऑफ पेरिस **B.** सोडियम कार्बोनेट
C. सोडियम बाइकार्बोनेट **D.** विरंजक चूर्ण

Q.87 एक तंग धागे की गति जब खींची और छोड़ी जाती है तो _______ होगी।
A. वृत्तीय **B.** प्रदोलनात्मक
C. घूर्णी **D.** रैखिक

Q.88 मादा लैंगिक हॉर्मोन है:
A. एस्ट्रोजन **B.** एण्ड्रोजन
C. इंसुलिन **D.** ऑक्सीटोसिन

Q.89 निम्नलिखित में से कौन-सा एक कोशिका नहीं है?
A. लाल रक्त कणिका (RBC)
B. जीवाणु
C. शुक्राणु
D. वायरस

Q.90 सोना और तांबा पीले प्रकाश को छोड़कर _____ और बैंगनी प्रकाश को अवशोषित करते हैं।
A. हरा **B.** नीला **C.** लाल **D.** नारंगी

Q.91 तारों के टिमटिमाने के लिए कौन सी परिघटना जिम्मेदार है?
A. वायुमंडल परावर्तन **B.** वायुमंडल अपवर्तन
C. परावर्तन **D.** कुल आंतरिक परावर्तन

Q.92 हवा में ध्वनितरंग की चाल:
A. दाब के साथ बढ़ती है
B. आद्रता के साथ घटती है
C. उमस के साथ बढ़ती है
D. ताप के स्वावलंबी है

Q.93 सही अर्थों में मुक्त रुप से किसी वस्तु का गिरना केवल _____ होता है।
A. समुद्र में **B.** वातावरण में
C. हवा में **D.** निर्वात में

Q.94 निम्नलिखित में से डी-ब्रोगली तरंग दैर्ध्य किस पर निर्भर करता है?
1. कण का वेग
2. कण का द्रव्यमान
3. कण की प्रकृति

A. केवल 3 **B.** 1, 2 और 3
C. केवल 2 **D.** केवल 1 और 2

Q.95 पौधा मुरझाने लगता है, जब:

A. जाइलम अवरुद्ध है।

B. जाइलम अवरुद्ध है।

C. फ्लोएम अवरुद्ध है।

D. कुछ जड़ों की संख्या कम हो जाती है।

Q.96 एपिस आर्थिक रूप से महत्वपूर्ण है क्योंकि यह उत्पादन करता है:

A. शहद
B. मोम
C. (A) और (B) दोनों
D. इनमे से कोई भी नहीं

Q.97 निम्नलिखित में से कौन सा शहद स्रावित करता है?

A. मधुमक्खी
B. घरेलू मक्खी
C. लाख कीट
D. मच्छर

Q.98 मछलियों, सीपों, झींगों और केकड़ों की खेती ______ के अंतर्गत आती है।

A. सेरीकल्चर
B. एक्वाकल्चर
C. सिल्वीकल्चर
D. पिस्कीकल्चर

Q.99 अंतर्देशीय जल से प्रमुख मछली उत्पादन कल्चर के माध्यम से किया जाता है जिसे कहा जाता है:

A. एक्वाकल्चर

B. रेशम के कीड़ों का पालन

C. मधुमक्खी पालन

D. इनमे से कोई भी नहीं

Q.100 पृथ्वी के वायुमंडल के अभाव में आकाश कैसा दिखाई देगा?

A. काला
B. लाल
C. हरा
D. नीला

// स्मार्ट उत्तर पुस्तिका //

सही उत्तर — उन छात्रों का प्रतिशत जिन्होंने प्रश्नों का सही उत्तर दिया था।

छोड़ दिया — उन छात्रों का प्रतिशत जिन्होंने प्रश्नों को छोड़ दिया था।

प्रश्न संख्या	उत्तर	सही उत्तर	छोड़ दिया	प्रश्न संख्या	उत्तर	सही उत्तर	छोड़ दिया
1	B	61.61 %	1.63 %	18	C	59.03 %	1.28 %
2	D	40.2 %	1.27 %	19	A	56.46 %	1.25 %
3	A	83.03 %	0.0 %	20	C	54.28 %	1.82 %
4	C	83.55 %	0.0 %	21	B	48.06 %	1.92 %
5	D	28.81 %	4.25 %	22	B	44.95 %	1.08 %
6	B	42.85 %	1.1 %	23	B	48.85 %	1.06 %
7	B	53.11 %	1.06 %	24	D	42.29 %	1.95 %
8	A	60.92 %	1.67 %	25	C	52.15 %	1.29 %
9	A	62.0 %	1.52 %	26	D	67.34 %	1.55 %
10	C	17.7 %	3.54 %	27	D	66.78 %	1.63 %
11	C	29.34 %	4.14 %	28	B	69.3 %	1.27 %
12	B	60.16 %	1.89 %	29	B	81.54 %	0.0 %
13	B	40.5 %	1.3 %	30	B	49.83 %	1.39 %
14	B	25.07 %	4.78 %	31	C	64.82 %	1.89 %
15	D	47.94 %	1.58 %	32	A	59.83 %	1.1 %
16	D	87.27 %	0.0 %	33	A	67.38 %	1.87 %
17	D	40.87 %	1.72 %	34	B	53.67 %	1.07 %

प्रश्न संख्या	उत्तर	सही उत्तर	छोड़ दिया	प्रश्न संख्या	उत्तर	सही उत्तर	छोड़ दिया
35	A	67.37 %	1.7 %	52	D	41.08 %	1.47 %
36	B	50.22 %	1.88 %	53	C	88.55 %	0.0 %
37	A	77.74 %	0.0 %	54	C	78.93 %	0.0 %
38	B	88.91 %	0.0 %	55	C	43.87 %	1.42 %
39	D	51.86 %	1.33 %	56	D	88.51 %	0.0 %
40	B	87.52 %	0.0 %	57	B	40.73 %	1.17 %
41	B	31.34 %	4.31 %	58	A	59.98 %	1.94 %
42	B	58.52 %	1.59 %	59	C	50.31 %	1.34 %
43	C	57.32 %	1.17 %	60	A	64.37 %	1.77 %
44	A	77.3 %	0.0 %	61	D	57.73 %	1.38 %
45	B	49.46 %	1.64 %	62	B	54.56 %	1.38 %
46	C	58.65 %	1.19 %	63	A	65.08 %	1.61 %
47	C	79.33 %	0.0 %	64	B	57.76 %	1.57 %
48	C	10.66 %	4.34 %	65	B	63.67 %	1.56 %
49	C	89.6 %	0.0 %	66	B	76.95 %	0.0 %
50	A	48.64 %	1.49 %	67	C	88.73 %	0.0 %
51	C	59.7 %	1.08 %	68	A	63.87 %	1.94 %

प्रश्न संख्या	उत्तर	सही उत्तर	छोड़ दिया	प्रश्न संख्या	उत्तर	सही उत्तर	छोड़ दिया
69	C	30.66 %	3.89 %	86	D	58.46 %	1.06 %
70	A	69.67 %	1.07 %	87	B	54.6 %	1.54 %
71	A	40.04 %	1.34 %	88	A	54.3 %	1.55 %
72	C	30.03 %	4.19 %	89	D	48.03 %	1.43 %
73	C	87.39 %	0.0 %	90	B	50.43 %	1.38 %
74	A	40.89 %	1.95 %	91	B	67.85 %	1.46 %
75	C	81.73 %	0.0 %	92	C	54.13 %	1.13 %
76	D	62.2 %	1.89 %	93	D	59.38 %	1.79 %
77	B	59.29 %	1.58 %	94	D	65.74 %	1.55 %
78	A	67.64 %	1.41 %	95	A	60.66 %	1.11 %
79	D	49.72 %	1.46 %	96	C	67.35 %	1.56 %
80	C	57.19 %	1.24 %	97	A	69.63 %	1.99 %
81	D	66.44 %	1.22 %	98	B	53.89 %	1.23 %
82	A	69.75 %	1.93 %	99	A	69.28 %	1.82 %
83	A	63.14 %	1.07 %	100	A	55.92 %	1.1 %
84	C	40.58 %	1.94 %				
85	D	44.75 %	1.58 %				

//संकेत और समाधान//

1. फोटॉनों के क्वांटीकरण का अर्थ है कि फोटॉन असतत ऊर्जा पार्सल हैं।

- ये पार्सल निश्चित ऊर्जा, एक निश्चित संवेग और निश्चित संरेखण के द्रव्यमान रहित कण हैं।
- फोटॉनों के क्वांटीकरण का अर्थ है कि फोटॉन असतत ऊर्जा पार्सल हैं।
- क्वांटीकरण का अर्थ है कि वे असतत कणों में मौजूद हैं, प्रत्येक असतत कण की एक अलग ऊर्जा, अलग संवेग, आदि है।

अतः विकल्प (B) सही है।

2. तरंग-कण द्वैत के अनुसार, डी ब्रोगली तरंग दैर्ध्य क्वांटम यांत्रिकी में सभी वस्तुओं में प्रकट एक तरंग दैर्ध्य है जो कॉन्फ़िगरेशन स्थान के दिए गए बिंदु पर ऑब्जेक्ट को खोजने की संभावना घनत्व निर्धारित करता है। किसी कण की डी ब्रोगली तरंग दैर्ध्य उसकी गति के विपरीत आनुपातिक होती है। इसलिए गति समान रहती है।

अतः विकल्प (D) सही है।

3. ठोस से द्रव अवस्था में परिवर्तन की प्रक्रिया पिघलना कहलाती है। पिघलना एक भौतिक प्रक्रिया है जिसके परिणामस्वरूप किसी पदार्थ का ठोस से तरल में चरण संक्रमण होता है।

अतः विकल्प (A) सही है।

4. जब किसी पदार्थ को ऊष्मा दी जाती है तो उसका तापमान बढ़ता है और वह फैलता है। इसका विस्तार इसके तापमान में वृद्धि पर निर्भर करता है। ठोस के पिघलने के दौरान, ठोस को दी गई सारी ऊष्मा ठोस से तरल अवस्था में बदलने में खर्च होती है। इसलिए सामग्री का तापमान नहीं बदलता है।

अतः विकल्प (C) सही है।

5. नियॉन गैस विद्युत के प्रवाहित होने पर लाल प्रकाश उत्पन्न करती है।

गैसों में विद्युत निर्वहन तब होता है जब गैस के आयनीकरण के कारण गैसीय माध्यम से विद्युत धारा प्रवाहित होती है।

गैस	रंग
हाइड्रोजन	नीला-बैंगनी
हीलियम	गुलाबी-नारंगी
नियॉन	लाल
आर्गन	बैंगनी
क्रिप्टॉन	लैवेंडर
ऑक्सीजन	नीला-बैंगनी
मर्क्युरी	नीला-बैंगनी
ज़ेनॉन	नीला
जल	वाष्प गुलाबी

अतः विकल्प (D) सही है।

6. पदार्थ की वह अवस्था जिसका कोई निश्चित आकार नहीं होता लेकिन आयतन निश्चित होता है, द्रव कहलाती है।

गैस का आकार या आयतन निश्चित नहीं होता, द्रव का आयतन निश्चित होता है, आकार निश्चित नहीं होता और ठोस का आकार और आयतन दोनों निश्चित होता है। पानी एक द्रव है इसलिए इसका आयतन निश्चित है लेकिन आकार निश्चित नहीं है।

अतः विकल्प (B) सही है।

7. पृष्ठ तनाव पानी का एक गुण है जिसका उपयोग गोलाकार वर्षा की बूंदों के आकार की व्याख्या करने के लिए किया जा सकता है।

पृष्ठ तनाव मुख्य रूप से दिए गए तरल के भीतर कणों के बीच आकर्षण बल पर और इसके संपर्क में गैस, ठोस या तरल पर भी निर्भर करता है। उदाहरण के लिए, पानी की एक बूंद में अणु एक दूसरे को कमजोर रूप से आकर्षित करते हैं। बूंद के अंदर पानी के अणुओं को आसपास के अणुओं द्वारा सभी दिशाओं में समान रूप से आकर्षित करने के बारे में सोचा जा सकता है।

अतः विकल्प (B) सही है।

8. दिया गया है,

जमीनी अवस्था में हाइड्रोजन परमाणु की ऊर्जा $= -13.6eV$

हीलियम की परमाणु संख्या $Z = 2$

$n = 2$

पहली उत्तेजित अवस्था में He^+ आयन की ऊर्जा है,

$$E_n = -13.6\left(\frac{Z^2}{n^2}\right)$$

$$= (-13.6)\left(\frac{4}{4}\right)$$

$$= -13.6eV$$

अतः विकल्प (A) सही है।

9. ${}^{A}_{Z}X$, जहां A का अर्थ परमाणु द्रव्यमान संख्या है जो किसी तत्व के परमाणु में प्रोटॉन और न्यूट्रॉन का योग है और Z तत्व की परमाणु संख्या के लिए है जो किसी तत्व के परमाणु में इलेक्ट्रॉनों की संख्या है।

परमाणु द्रव्यमान $=$ प्रोटॉनों की संख्या $+$ न्यूट्रॉन की संख्या

परमाणु संख्या $=$ प्रोटॉन की संख्या $=$ इलेक्ट्रॉनों की संख्या

इसलिए, परमाणु द्रव्यमान $= 15 + 16 = 31$ और परमाणु क्रमांक $= 15$ है।

अतः विकल्प (A) सही है।

10. विकल्प C गलत है। बोर सिद्धांत जीमन प्रभाव की व्याख्या नहीं कर सका। चुंबकीय क्षेत्र की उपस्थिति में, प्रत्येक वर्णक्रमीय रेखा बारीक रेखाओं में विभाजित हो जाती है, इस घटना को जीमन प्रभाव के रूप में जाना जाता है।

विकल्प A सत्य है। बोर ने नियत कक्षाओं का सिद्धांत दिया, जो हाइजेनबर्ग के सिद्धांत के विपरीत था।

विकल्प B सत्य है। नाभिक से दूरी के एक निश्चित असतत सेट पर कुछ कक्षाओं (बोर द्वारा "स्थिर कक्षा" कहा जाता है) में, इलेक्ट्रॉन केवल स्थिर रूप से, बिना विकिरण के कक्षा में जा सकते हैं। ये कक्षाएँ निश्चित ऊर्जाओं से जुड़ी होती हैं और इन्हें ऊर्जा कोश या ऊर्जा स्तर भी कहा जाता है। इन कक्षाओं में, इलेक्ट्रॉन के त्वरण के परिणामस्वरूप शास्त्रीय विद्युत चुम्बकीय द्वारा आवश्यक विकिरण और ऊर्जा हानि नहीं होती है। परमाणु का बोर मॉडल प्लांक के विकिरण के क्वांटम सिद्धांत पर आधारित था।

अतः विकल्प (C) सही है।

11. मिथाइल मैग्नीशियम ब्रोमाइड CH_3MgX है और ग्रीन्यार अभिकर्मकों की वर्ग में आता है।

मिथाइल समूह में आंशिक नकारात्मक आवेश उत्पन्न होता है और धातु में आंशिक सकारात्मक आवेश उत्पन्न होता है।

कीटोन योगज उत्पादों के रूप में तृतीयक अल्कोहल देने के लिए ग्रीन्यार अभिकर्मक के साथ अभिक्रिया करते हैं।

एल्डिहाइड द्वितीयक अल्कोहल देता है और फॉर्मलाडेहाइड प्राथमिक अल्कोहल देता है।

यह अभिक्रिया एक आरोही अभिक्रिया है क्योंकि उत्पाद में कार्बन परमाणुओं की संख्या बढ़ जाती है।

मिथाइल मैग्नीशियम हैलाइड के साथ एसीटोन की अभिक्रिया इस प्रकार दी गई है:

$$CH_3-\underset{\text{एसीटोन}}{\overset{CH_3}{\overset{|}{C}}}=O + CH_3MgBr \longrightarrow$$

$$CH_3-\overset{CH_3}{\underset{CH_3}{C}}-MgBr \xrightarrow{H^+/H_2O} CH_3-\overset{CH_3}{\underset{CH_3}{C}}=O + Mg\langle^{OH}_{Br}$$

जोड़ उत्पाद   टी-ब्यूटाइल अल्कोहल

अभिक्रिया का उत्पाद तृतीयक ब्यूटाइल अल्कोहल है। इसलिए, तृतीयक ब्यूटाइल अल्कोहल एसीटोन CH_3COCH_3 पर मिथाइल मैग्नीशियम ब्रोमाइड की क्रिया द्वारा प्राप्त किया जाता है।

अत: विकल्प (C) सही है।

12. संकलन अभिक्रिया:

ऐल्केन जैसे असंतृप्त हाइड्रोकार्बन संतृप्त हाइड्रोकार्बन बनाने के लिए उत्प्रेरकों की उपस्थिति में हाइड्रोजन को जोड़ते हैं। इसे संकलन अभिक्रिया कहा जाता है।

इस अभिक्रिया का उपयोग आमतौर पर निकेल उत्प्रेरक का उपयोग करके वनस्पति तेलों के हाइड्रोजनीकरण में किया जाता है।

अभिक्रिया है:

$$R_2C=CR_2 \xrightarrow[H_2]{\text{निकल उत्प्रेरक}} R-\overset{H}{\underset{R}{C}}-\overset{H}{\underset{R}{C}}-R$$

बेंजीन और अन्य एरोमेटिक हाइड्रोकार्बन, एलिफैटिक असंतृप्त हाइड्रोकार्बन द्वारा दिखाए गए संकलन अभिक्रियाओं को नहीं देते हैं।

यह बेंजीन की वलय की अतिरिक्त स्थिरता के कारण होता है क्योंकि यह डेलोकाइज्ड का इलेक्ट्रॉनों की उपस्थिति के कारण होता है।

हालांकि, उनके पास कुछ अभिक्रियाएं देने की प्रवृत्ति है जैसे कि हैलोजन, हाइड्रोजनीकरण, और ओजोन के संकलन।

बेंजीन एक उत्प्रेरक की उपस्थिति में हाइड्रोजन के साथ अभिक्रिया करता है जैसे रोडियाम, प्लैटिनम, या रैने निकैल को साइक्लोहेक्सेन बनाने के लिए।

अभिक्रिया में, संतृप्ति प्राप्त करने के लिए डबल बॉन्ड में 3 मोल हाइड्रोजन जोड़ा जाता है।

अभिक्रिया है:

$$\underset{\text{बेंजीन}}{C_6H_6} + 3H_2 \xrightarrow[200^oC]{\text{राने-नि}} \underset{\text{साइक्लोहेक्सेन}}{C_6H_{12}}$$

इसलिए, बेंजीन को 200°C पर Ni की मौजूदगी में H_2 के साथ अभिक्रिया करके साइक्लोहेक्सेन देता है।

अत: विकल्प (B) सही है।

13. बेंजीन कार्बन मोनोऑक्साइड और HCl गैस के साथ बेंजीन की औपचारिकता से गुजरता है।

यहाँ इलेक्ट्रॉनरागी H-C (+) = O है और प्रतिक्रिया एक इलेक्ट्रॉनरागी प्रतिस्थापन अभिक्रिया है।

अभिक्रिया को गैटरमैन कोच प्रतिक्रिया कहा जाता है और प्रतिक्रिया निम्नानुसार होती है:

पहला कदम इलेक्ट्रॉनरागी की पीढ़ी है।

दूसरा चरण इलेक्ट्रॉनरागी में बेंजीन के pi-इलेक्ट्रॉन घनत्व का प्रदान है।

अंतिम चरण में एरोमेटिक वलय को फिर से पुनर्योजित है।

$$C_6H_6 + \overset{\oplus}{H}C=O \longrightarrow [C_6H_6(CHO)]^{\oplus} \xrightarrow[-HCl,\ -AlCl_3]{AlCl_4^-} \underset{\text{(बेंजाल्डिहाइड)}}{C_6H_5CHO}$$

शुद्ध प्रतिक्रिया बेन्जैल्डिहाइड का निर्माण है।

इसलिए, C_6H_5CHO बनाने के दबाव में बेंजीन कार्बन मोनोऑक्साइड और हाइड्रोजन क्लोराइड के साथ प्रतिक्रिया करता है।

अत: विकल्प (B) सही है।

14. 2 - एसिटॉक्सीबेंज़ोइक अम्ल को आमतौर पर एस्पिरिन के रूप में जाना जाता है।

यह सैलिसिलिक अम्ल के एसिटिलीकरण की अभिक्रिया से तैयार होता है जो ओ-हाइड्रॉक्सीबेन्ज़ोइकअम्ल है। यह उत्प्रेरक अम्ल की उपस्थिति में एसिटिक अम्ल के साथ सैलिसिलिक अम्ल की अभिक्रिया से प्राप्त किया जा सकता है।

हालांकि, एसिटिक अम्ल का उपयोग करने पर उपज कम होती है और इसे एसिटिक एनहाइड्राइड द्वारा प्रतिस्थापित किया जा सकता है जो तुलनात्मक रूप से बहुत अधिक उत्पन्न करता है।

सैलिसिलिक अम्ल के फिनोल समूह के एसिटिलीकरण को उत्पाद एसिटाइलसैलिसिलिक अम्ल दिया जाता है जिसे आमतौर पर एस्पिरिन के रूप में जाना जाता है।

प्रतिक्रिया है:

$$C_6H_4(OH)COOH + (CH_3CO)_2O \xrightarrow{\text{Conc. } H_2SO_4} \underset{\text{2-एसिटॉक्सी बेंजोइक एसिड}}{C_6H_4(OCOCH_3)COOH} + CH_3COOH$$

इसलिए, एस्पिरिन o-हाइड्रॉक्सीबेन्ज़ोइक अम्ल या सैलिसिलिक अम्ल का एक एसिटिलीकरण उत्पाद है।

अत: विकल्प (B) सही है।

15. कुछ जलयोजित लवण जब सामान्य तापमान पर वायु के संपर्क में आते हैं तो उनका क्रिस्टलीकरण जल आंशिक या पूर्ण रूप से समाप्त हो जाता है और इन्हें उत्प्रवाही लवण कहते हैं। उत्प्रवाही लवण आमतौर पर ईंट और चट्टानों की सतहों पर देखे जाने वाले पाउडर की सफेद कोट को संदर्भित करता है। मैग्नीशियम सल्फेट, सोडियम सल्फेट डेकाहाइड्रेट, कैल्शियम सल्फेट, सोडियम सल्फेट और कार्बोनेट सभी उत्प्रवाही लवण के उदाहरण हैं।

अत: विकल्प (D) सही है।

16. वे विलयन जो तनुकरण पर या अम्ल या क्षार की थोड़ी मात्रा मिलाने पर pH में परिवर्तन का विरोध करते हैं, बफर विलयन कहलाते हैं। ज्ञात pH का बफर विलयन अम्ल के pK_a (अम्ल की शक्ति) या pK_b (क्षार की शक्ति) और लवण और अम्ल या लवण और क्षार के अनुपात को नियंत्रित करके तैयार किए जा सकते हैं। एसिटिक एसिड और सोडियम एसीटेट का मिश्रण pH 4.75 के लगभग बफर विलयन के रूप में कार्य करता है और अमोनियम क्लोराइड और अमोनियम हाइड्रॉक्साइड का मिश्रण pH 9.25 के लगभग बफर विलयन के रूप में कार्य करता है।

अत: विकल्प (D) सही है।

17. रोस्टिंग में अयस्क को धातु के गलनांक से नीचे के तापमान पर भट्टी में हवा की नियमित आपूर्ति में गर्म किया जाता है। आपूर्ति किए गए अयस्कों से जुड़ी कुछ अभिक्रियाएं हैं:

$$2ZnS + 3O_2 \rightarrow 2ZnO + 2SO_2$$

$$2PbS + 3O_2 \rightarrow 2PbO + 2SO_2$$

$$2Cu_2S + 3O_2 \rightarrow 2Cu_2O + 2SO_2$$

अतः विकल्प (D) सही है।

18. समुद्री पानी 96.5 प्रतिशत पानी, 2.5 प्रतिशत लवण (सोडियम क्लोराइड, मैग्नीशियम क्लोराइड), और अन्य पदार्थों की छोटी मात्रा का एक जटिल मिश्रण है, जिसमें भंग अकार्बनिक और कार्बनिक पदार्थ, कण, और कुछ वायुमंडलीय गैस शामिल हैं।

अतः विकल्प (C) सही है।

19. CO_2 निस्तापन के दौरान उत्पन्न होता है। इसमें गर्म करना शामिल है जब वाष्पशील पदार्थ धातु ऑक्साइड को पीछे छोड़ कर आगे है।

$$ZnCO_3(s) \xrightarrow{\Delta} ZnO(s) + CO_2(g)$$

$$CaCO_3 \cdot MgCO_3(s) \xrightarrow{\Delta} CaO(s) + MgO(s) + 2CO_2(g)$$

अतः विकल्प (A) सही है।

20. $CH_3COOC_2H_5$ का I.U.P.A.C. नाम एथिल एथेनोएट है। इसे एथिल एसीटेट के नाम से भी जाना जाता है।

अतः विकल्प (C) सही है।

21. RCHO एल्डिहाइड का रासायनिक सूत्र है। एल्केन में अंतिम कार्बन से जुड़े दो हाइड्रोजन परमाणुओं को एक ऑक्सीजन परमाणु द्वारा विस्थापित करने पर जो कार्बनिक यौगिक प्राप्त होता है उसे एल्डिहाइड कहते हैं।

अतः विकल्प (B) सही है।

22. मीथेन एक संतृप्त हाइड्रोकार्बन है जो कार्बन और हाइड्रोजन परमाणुओं के बीच एकल आबंध है। मीथेन में चार एकल आबंध मौजूद हैं।

अतः विकल्प (B) सही है।

23. ऐल्कीन का कार्बन परमाणुओं के बीच एक दोहरा बंध होता है।

एल्केन में परमाणुओं के बीच कार्बन के एकल बंध होते हैं।

ऐल्काइन में परमाणुओं के बीच कार्बन के ट्रिपल बंध होते हैं।

अतः विकल्प (B) सही है।

24. स्तनधारियों को छोड़कर अधिकांश जानवरों के लैम्पब्रश गुणसूत्र (अपरिपक्व अंडे)। क्रोमोसोम कई जीनों के सक्रिय प्रतिलेखन के कारण मेयोटिक प्रोफ़ेज़। के राजनयिक चरण के दौरान लैम्ब्रश रूप में बदल जाते हैं। वे अत्यधिक विस्तारित अर्धसूत्रीविभाजन हैं, जिनमें से प्रत्येक में 2 बहन क्रोमैटिड हैं। लैम्पब्रश गुणसूत्रों को राजनयिक गुणसूत्र भी कहा जाता है क्योंकि वे कई जीनों के सक्रिय प्रतिलेखन के कारण अर्धसूत्रीविभाजन कोशिका विभाजन के प्रोफ़ेज़ 1 के राजनैतिक चरण के दौरान बनते हैं।

अतः विकल्प (D) सही है।

25. फ्रेग्मोप्लास्ट एक प्लांट सेल विशिष्ट संरचना है जो लेट किटकिनेसिस के दौरान बनता है। यह सेल प्लेट एकत्र के लिए एक मचान के रूप में और बाद में दो डॉटर कोशिकाओं को अलग करने वाली एक नई कोशिका वाल के रूप में कार्य करता है।

अतः विकल्प (C) सही है।

26. चलनी तत्व विशेष कोशिकाएं हैं जो फ्लोएम के कार्य के लिए महत्वपूर्ण हैं, जो एक उच्च संगठित ऊतक है जो प्रकाश संश्लेषण के दौरान बने कार्बनिक यौगिकों को स्थानांतरित करता है। छलनी तत्व फ्लोएम में प्रमुख संवाहक कोशिकाएँ हैं। कोशिकाओं का संचालन अणुओं के परिवहन में सहायता करता है विशेष रूप से लंबी दूरी के सिग्नलिंग के लिए। प्लांट एनाटॉमी में, दो मुख्य प्रकार के चलनी तत्व होते हैं। साथी कोशिकाएं और चलनी कोशिकाएं मेरिस्टेम से उत्पन्न होती हैं, जो ऊतक हैं जो एक पौधे के जीवनकाल में सक्रिय रूप से विभाजित होते हैं। वे जाइलम के विकास के समान हैं, पौधों में पानी का संचालन करने वाला ऊतक जिसका मुख्य कार्य पादप संवहनी प्रणाली में परिवहन भी है।

अतः विकल्प (D) सही है।

27. आन्तरद्रव्य जालिका/ एंडोप्लाज्मिक रेटिकुलम एक झिल्लीदार अंग है जो अधिकांश सुकेन्द्रिक कोशिकाओं में पाया जाता है। इसके कार्यों में शामिल हैं -

- कोलेस्ट्रॉल और फॉस्फोलिपिड सहित लिपिड का संश्लेषण
- स्टेरोइड हार्मोन।
- कोशिका के भीतर कैल्शियम आयनों का भंडारण और चयापचय।
- अतिरिक्त कार्यों में विषाक्त पदार्थों का विषहरण भी शामिल है।

अतः विकल्प (D) सही है।

28. प्रोकैरियोट एकल कोशिका वाले जीव हैं जो जीवाणु और प्राच्य के समूह से संबंधित हैं।

- वे यूकेरियोटिक कोशिकाओं की तुलना में छोटे हैं और उनके पास कोई नाभिक नहीं होता है, और प्रमुख जीवों की कमी है। उनके पास माइटोकॉन्ड्रिया की भी कमी है।
- सभी प्रोकैरियोटिक कोशिकाएं एक कोशिका भित्ति से घिरी होती हैं।
- पोषक तत्वों के प्रति हरकत के लिए उनमें प्लाज़्मा झिल्ली, राइबोसोम, कैप्सूल और बैक्टीरियल फ्लैगेलम होते हैं।

अतः विकल्प (B) सही है।

29. रॉबर्ट हुक कोशिकाओं का अध्ययन और उनकी खोज करने वाले पहले व्यक्ति थे। उन्होंने मृत काग के एक पतले हिस्से द्वारा इसकी खोज की। उन्होने छोटे मधुकोष जैसी इन संरचनाओं का नाम कोशिका रखा था।

रॉबर्ट ब्राउन ने एक कोशिका में नाभिक की उपस्थिति की खोज की।

ल्युवेनहॉक माइक्रोस्कोप द्वारा कोशिकाओं का निरीक्षण करने वाले पहले व्यक्ति थे।

रुडोल्फ विर्चो ने पहले से मौजूद कोशिकाओं से उत्पन्न होने वाली कोशिकाओं का प्रस्ताव दिया।

अतः विकल्प (B) सही है।

30. पेशी ऊतकों में संकुचनशील प्रोटीन पाया जाता है। मायोसिन और एक्टिन संकुचनशील प्रोटीन होते है। ये ऐसे पतले और मोटे तंतु का निर्माण करते हैं जो कंकाल की मांसपेशियों के संकुचन और विश्राम को नियंत्रित करते हैं। टोपोनिन और ट्रोपोमायोसिन विनियामक प्रोटीन होते हैं। रक्त प्रोटीन, एल्बुमिन और ग्लोब्युलिन जैसे प्लाविका प्रोटीन होते हैं।

अतः विकल्प (B) सही है।

31. एगेव का कायिक प्रजनन बुलबिल्स के माध्यम से होता है।

बुलबिल्स विशेषीकृत कलियाँ वानस्पतिक या पुष्प हैं जो एक फूली हुई संरचना में बदल जाती हैं। यह मूल पौधे से अलग हो जाता है और अनुकूल परिस्थिति आने पर नए पौधे को जन्म देता है।

अतः विकल्प (C) सही है।

32. ग्लाइकोलाइसिस सेलुलर श्वसन का एक हिस्सा है और वायवीय और अवायवीय श्वसन दोनों के लिए सामान्य है। यह कोशिकाओं के साइटोसोल में होता है। यह एक एंजाइम नियंत्रित 10 कदम की अभिक्रिया है जिसके द्वारा ग्लूकोज, फ्रुक्टोज या सुक्रोज को एटीपी और एनएडीएच के उत्पादन के साथ 3 कार्बन यौगिक पाइरूवेट बनाने के लिए कम किया जाता है।

अतः विकल्प (A) सही है।

33. कैरोटीन प्रकाश-ऑक्सीकरण और क्लोरोफिल के बरबादी को रोकता है।

यद्यपि क्लोरोफिल प्रकाश को फसाने के लिए जिम्मेदार प्रमुख वर्णक है, अन्य थायलाकोइड वर्णक जैसे क्लोरोफिल बी, ज़ैंथोफिल और कैरोटीन (जैंथोफिल और कैरोटीन कैरोटेनॉयड्स के प्रकार हैं), जिन्हें सहायक वर्णक कहा जाता है, भी प्रकाश को अवशोषित करते हैं और ऊर्जा को क्लोरोफिल ए में स्थानांतरित करते हैं। वास्तव में, वे न केवल प्रकाश संश्लेषण के लिए आने वाले प्रकाश की तरंग दैर्ध्य की एक विस्तृत श्रृंखला को सक्षम करते हैं बल्कि क्लोरोफिल को फोटो-ऑक्सीकरण से भी बचाते हैं।

अतः विकल्प (A) सही है।

34. दो प्रकार के न्यूरॉन, मोटर न्यूरॉन और संवेदक न्यूरॉन होते हैं। मोटर न्यूरॉन मस्तिष्क से परिधीय शरीर के अंगों तक सिग्नल ले जाते हैं। संवेदक न्यूरॉन्स परिधीय शरीर के अंगों से मस्तिष्क तक संकेत ले जाते हैं। प्रतिवर्त क्रिया में, शरीर के दो अंग प्रभावकारक और प्रभावक शामिल होते हैं। प्रभावक वह अंग है जो एक बार प्रतिक्रिया करता है जब मोटर न्यूरॉन मस्तिष्क से व्याख्या की गई प्रतिक्रिया को प्रभावक अंग में लाता है।

अतः विकल्प (B) सही है।

35. एथिलीन फल जैसे टमाटर, नींबू, संतरा आदि के पकने के लिए उत्तरदायी हॉर्मोन है।

- यह श्वसन की दर को भी बढ़ाता है।
- यह अनुपस्थिति और बुढ़ापा को भी नियंत्रित करता है।
- यह निष्क्रियता को तोड़ने के लिए भी जिम्मेदार है।

अतः विकल्प (A) सही है।

36. पीयूष ग्रंथि का कार्य सभी अंगों में वृद्धि को उत्तेजित करना है। पीयूष ग्रंथि एक अंतःस्रावी ग्रंथि है जिसका आकार एक मटर के दाने जैसा होता है। पीयूष ग्रंथि हार्मोन का स्राव करने वाले समस्थिति का विनियमन करता है, जिसमें अन्य अंतःस्रावी ग्रंथियों को उत्तेजित करने वाले ट्रॉपिक हार्मोन शामिल होते हैं। कार्यात्मक रूप से यह हाइपोथैलेमस से माध्यिक उभार द्वारा जुड़ा हुआ होता है।

अतः विकल्प (B) सही है।

37. अनुवर्ती गति क्षणों को पौधों में वृद्धि के क्षणों के रूप में परिभाषित किया जा सकता है जिसमें बाहरी उत्तेजना की दिशा एक कारक है। उदाहरण के लिए, उत्तेजना (प्रकाश, गर्मी, रसायन, आदि) की दिशा में बढ़ते गति को सकारात्मक अनुवर्ती गति के रूप में जाना जाता है। उद्दीपन की ओर पौधे की गति अनुवर्ती गति कहलाती है।

अतः विकल्प (A) सही है।

38. अंडाशय में चिपचिपा जेल जैसे पदार्थ वाले सिस्ट सिस्टेडेनोमास कहलाते हैं।

सिस्टेडेनोमासएक महिला के अंडाशय की बाहरी सतह पर कोशिकाओं से विकसित हो सकता है। सिस्ट कई बार एक मोटी और चिपचिपा जेल या पानी जैसे तरल पदार्थ से भरे होते हैं। सिस्ट बड़े हो सकते हैं, जिससे महिला को दर्द होता है।

अतः विकल्प (B) सही है।

39. शॉटगन क्लोनिंग (शॉटगन विधि के रूप में भी जाना जाता है) जीनोमिक डीएनए की नकल करने की एक विधि है। क्लोन किए जाने वाले डीएनए को प्रतिबंध एंजाइम का उपयोग करके या यादृच्छिक रूप से डीएनए को छोटे टुकड़ों में नष्ट करने के लिए एक भौतिक विधि का उपयोग करके काटा जाता है। इन टुकड़ों को फिर एक साथ लिया जाता है और एक वेक्टर में क्लोन किया जाता है।

अतः विकल्प (D) सही है।

40. शुक्राणु को कसकर कुंडलित ट्यूबों में वृषण नलिकाओं के अंदर उत्पादित किया जाता है जिसे सेमीनीफेरस नलिका कहा जाता है। एपिडीडिमिस अस्थायी रूप से परिपक्व शुक्राणु कोशिकाओं को संग्रहीत करता है। प्रत्येक शुक्राणु कोशिका में हरकत या गति के लिए एक फ्लैगेलम होता है। वास डिफेरेंस नामक एक ट्यूब शरीर में प्रत्येक एपिडीडिमिस से गुजरती है।

अतः विकल्प (B) सही है।

41. जलवायु, खाद्य आपूर्ति और अन्य जीवों की क्रियाओं जैसे कारकों के परिणामस्वरूप होने वाली विविधताओं को दैहिक (फेनोटाइपिक) विविधताएं कहा जाता है। ये विविधताएं जीन या गुणसूत्रों में अंतर के कारण नहीं हैं, और सामान्य तौर पर भावी पीढ़ियों को प्रेषित नहीं की जाती हैं। विकास की प्रक्रिया में उनका कोई महत्व नहीं है।

अतः विकल्प (B) सही है।

42. लिंग गुणसूत्र वे होते हैं जिनमें मनुष्यों में पुरुषत्व और स्त्रीत्व के लिए जीन होता है।

मनुष्यों में लिंग गुणसूत्रों में कुल 23 जोड़े गुणसूत्रों में से एक जोड़ा होता है। अन्य 22 जोड़े गुणसूत्रों को ऑटोसोम कहा जाता है।

दो एक्स गुणसूत्र (XX) वाले व्यक्ति महिलाएं हैं; एक X गुणसूत्र और एक Y गुणसूत्र (XY) वाले व्यक्ति पुरुष होते हैं।

अतः विकल्प (B) सही है।

43. जीवाणु वर्तमान की विषम पर्यावरण वाले स्थानों में आज भी जीवित है। जीवाणु सूक्ष्म जीव हैं जो प्रायः एककोशिकीय होते हैं। ये अकेन्द्रिक, कोशिका भित्तियुक्त, एककोशकीय सरल जीव हैं और प्रायः सर्वत्र पाये जाते हैं। इनका आकार कुछ मिलिमीटर तक ही होता है। आधुनिक जीवाणुओं के पूर्वज वे एक कोशिकीय सूक्ष्मजीव थे, जिनकी उत्पत्ति 40 करोड़ वर्ष पूर्व पृथ्वी पर जीवन के आरम्भ के समय हुई। इसके बाद लगभग 30 करोड़ वर्ष तक पृथ्वी पर जीवन के नाम पर सूक्ष्मजीव ही थे। इनमें जीवाणु तथा आर्किया मुख्य थे।

अतः विकल्प (C) सही है।

44. आर्कियोप्टेरिक्स एक प्रतिष्ठित जीवाश्म है, जिसे अक्सर डायनासोर और पक्षियों के बीच 'लापता-लिंक' के रूप में माना जाता है। यह पहली बार 1861 में जर्मन जीवाश्म विज्ञानी हरमन वॉन मेयर (1801-1869) द्वारा वर्णित किया गया था। तब से आर्कियोप्टेरिक्स पक्षियों की उत्पत्ति और डायनासोर के साथ उनके संबंधों को लेकर विवाद का केंद्र रहा है।

अतः विकल्प (A) सही है।

45. गेंद के आकार के समान आकार के पत्थर का जड़त्व आघूर्ण अधिक होगा।

जड़त्व आघूर्ण को किसी वस्तु की गति या आराम की स्थिति में परिवर्तन का विरोध करने की प्राकृतिक प्रवृत्ति के रूप में परिभाषित किया गया है। किसी वस्तु का द्रव्यमान उसके जड़त्व आघूर्ण की माप है।

पत्थर का द्रव्यमान रबर की गेंद के द्रव्यमान से अधिक होता है। इसलिए, गेंद के आकार के समान आकार के पत्थर में जड़त्व आघूर्ण अधिक होगा।

अतः विकल्प (B) सही है।

46. एक रोलर कोस्टर एक गैर-समान त्वरित गति का एक उदाहरण है।

त्वरण: समय के साथ गतिमान पिंड के वेग में वृद्धि को त्वरण कहते हैं।

त्वरण दो प्रकार का होता है-

1) एकसमान त्वरण- यहाँ वेग में परिवर्तन स्थिर रहता है। उदाहरण के लिए, यदि प्रारंभिक वेग 5m/s है, तो अगला 10m/s होगा, फिर 15m/s और इसी तरह।

2) गैर-समान त्वरण- वेग में परिवर्तन एकसमान त्वरण की तरह स्थिर नहीं होता है।

रोलर कोस्टर का वेग बेतरतीब ढंग से बदलता है और यह गैर-समान त्वरित गति का एक आदर्श उदाहरण है।

अत: विकल्प (C) सही है।

47. दिया है:

$u = 0\ m/sec, s = 100\ m$ और $t = 20\text{sec}$

गति के दूसरे समीकरण से,

$$s = ut + \frac{1}{2}at^2$$

जहाँ, $u =$ प्रारंभिक वेग, $a =$ त्वरण, $t =$ समय, और $s =$ तय किया गया विस्थापन

$$100 = (0 \times 20) + \frac{1}{2} \times a \times 20^2$$

$$\Rightarrow 100 = 200a$$

$$\Rightarrow a = 0.5\ m/sec^2$$

गति के पहले समीकरण से कार द्वारा 30 सेकंड में प्राप्त वेग,

$$V = u + at$$

$$\Rightarrow V = 0 + (0.5 \times 30)$$

$$\Rightarrow V = 15\ m/sec$$

अत: विकल्प (C) सही है।

48. एक समान वृत्तीय गति के संबंध में केंद्राभिमुख बल द्वारा किया गया कार्य शून्य है।

वृत्तीय गति: वृत्तीय गति किसी वृत्त की परिधि के साथ किसी वृत्त की परिक्रमा है अथवा वृत्ताकार पथ के साथ घूर्णन है। बल कण के वेग के समकोण पर निरंतर रूप से कार्य करता है।

एक समान वृत्तीय गति: जिस वृत्तीय गति में कण की गति स्थिर रहती है उसे एकसमान वृतीय गति कहते हैं। एक समान वृत्तीय गति में, बल अभिकेंद्री त्वरण की आपूर्ति करता है।

यदि बल F किसी निकाय पर कार्य करता है और यह S की दूरी से विस्थापित हो जाता है, तो उस स्थिति में किया गया कार्य

$$W = FSCos\theta$$

एक समान वृत्तीय गति के मामले में, $\cos 90° = 0$ और यही कारण है कि $W = 0$ (बल और विस्थापन एक दूसरे के लंबवत होते हैं।)

अतः विकल्प (C) सही है।

49. न्यूटन के गति के पहले नियम को जड़त्व का नियम भी कहा जाता है।

जड़त्व का नियम: यह न्यूटन के गति के प्रथम नियम का दूसरा नाम है। इसमें कहा गया है कि एक स्थिर वस्तु आराम पर रहती है, और गति में एक वस्तु स्थिर गति से और एक सीधी रेखा में तब तक गति में रहती है जब तक कि असंतुलित बल द्वारा कार्य नहीं किया जाता है। गति की अवस्था में परिवर्तनों का विरोध करने की यह प्रवृत्ति जड़त्व है।

अतः विकल्प (C) सही है।

50. गैलीलियो का जड़त्व का नियम: एक सीधे पथ के साथ एक निश्चित गति के साथ चलने वाला निकाय बाहरी क्षेत्र की अनुपस्थिति में उसी सीधे पथ पर उसी गति से आगे बढ़ता रहेगा।

न्यूटन का पहला नियम:

न्यूटन के पहले नियम के अनुसार एक निकाय विराम में अथवा सरल रेखा के अनुरूप एकसमान गति में रहेगा जब तक की इस पर कोई बाह्य बल अवस्था बदलने के लिए लागू नहीं किया जाये।

यदि किसी निकाय पर कोई बल कार्य नहीं करता है, तो निकाय का वेग नहीं बदलेगा अर्थात निकाय में त्वरण नहीं होगा।

ऊपर से यह स्पष्ट है कि गैलीलियो के जड़त्व का नियम न्यूटन का प्रारंभिक बिंदु था जिसे उन्होंने 'गति के पहले नियम' के रूप में प्रतिपादित किया।

अत: विकल्प (A) सही है।

51. गुरुत्वाकर्षण के कारण त्वरण (g):

- किसी पिंड पर पृथ्वी द्वारा लगाए गए आकर्षण बल को गुरुत्वाकर्षण खिंचाव या गुरुत्वाकर्षण कहते हैं।
- हम जानते हैं कि जब कोई बल किसी पिंड पर कार्य करता है तो वह त्वरण पैदा करता है।
- इसलिए, गुरुत्वाकर्षण खिंचाव के प्रभाव में एक निकाय को त्वरित करता है।
- पृथ्वी की सतह पर गुरुत्वाकर्षण के कारण त्वरण निम्न द्वारा दिया जाता है:

$$\Rightarrow g = \frac{GM}{R^2}$$

- चूँकि पृथ्वी आकार में दीर्घ वृत्ताकार है यानी यह ध्रुवों पर चपटी है और भूमध्य रेखा पर उभरी हुई है, जिसके कारण भूमध्यरेखीय त्रिज्या ध्रुवीय त्रिज्या से लगभग 21 km लंबी है।
- चूँकि ध्रुवीय त्रिज्या भूमध्यरेखीय त्रिज्या से छोटी होती है, इसलिए गुरुत्वाकर्षण के कारण त्वरण ध्रुवों पर अधिकतम और **भूमध्य रेखा पर न्यूनतम होता है**।

अत: विकल्प (C) सही है।

52. पृथ्वी के चारों ओर वृत्ताकार कक्षा में चक्कर लगाने वाला उपग्रह टक्कर के कारण कुछ ऊर्जा खो देता है। इसकी गति v है और पृथ्वी से दूरी d घट जाएगी, v बढ़ जाएगी।

यह देखते हुए कि टक्कर के कारण कण ने कुछ ऊर्जा खो दी। इसलिए, यह अब उस कक्षा में जारी नहीं रह सकता क्योंकि पृथ्वी का गुरुत्वाकर्षण बल अभिकेन्द्रीय बल से अधिक है। इसके कारण, दूरी d धीरे-धीरे कम हो जाती है और कण निश्चित त्वरण गति से पृथ्वी की ओर बढ़ता है। इस प्रकार दूरी d घट जाती है और गति v बढ़ जाती है।

अतः विकल्प (D) सही है।

53. यदि किसी उपग्रह को दिया गया क्षैतिज वेग क्रांतिक वेग से अधिक लेकिन पलायन वेग से कम है, तो उपग्रह एक अण्डाकार कक्षा में घूमना शुरू कर देगा।

यदि प्रक्षेपण का वेग क्रांतिक वेग से कम है तो उपग्रह अण्डाकार कक्षा में गति करता है, लेकिन प्रक्षेपण बिंदु अपभू होता है और कक्षा में उपग्रह पृथ्वी के करीब आता है और इसका उपभू बिंदु $180°$ पर होता है। .

अतः विकल्प (C) सही है।

54. गुरुत्वाकर्षण का सार्वभौमिक नियम कुछ द्रव्यमान वाले किन्हीं दो पिंडों के बीच गुरुत्वाकर्षण बल देता है।

कुछ द्रव्यमान वाले किन्हीं दो पिंडों के बीच गुरुत्वाकर्षण बल को न्यूटन के गुरुत्वाकर्षण के नियम से निर्धारित किया जा सकता है। पिंडों के बीच आकर्षण

बल उनके द्रव्यमान के गुणनफल के सीधे समानुपाती होता है और उनके बीच की दूरी के वर्ग के व्युत्क्रमानुपाती होता है।

यह बल दोनों पिंडो को मिलाने वाली रेखा की दिशा में लगता है

$$F = G\frac{Mm}{r^2}$$

यहाँ, G को सार्वभौमिक गुरुत्वीय स्थिरांक कहा जाता है।

अतः विकल्प (C) सही है।

55. कार्य ऊर्जा प्रमेय: कण पर कार्य करने वाले कुल बल द्वारा किया गया कार्य गतिज ऊर्जा में परिवर्तन के बराबर है।

किया गया कार्य = $(KE)_{\text{अंतिम}} - (KE)_{\text{आरंभिक}} = \Delta KE$

उपरोक्त परिभाषा से यह स्पष्ट है कि कुल बल द्वारा किया गया कार्य कण की गतिज ऊर्जा को बदलने का कारण है।

अतः विकल्प (C) सही है।

56. सही कथन यह है कि कार्य का केवल परिमाण होता है लेकिन दिशा नहीं होती है।

- कार्य तब होता है जब एक पिंड बाहरी बल के अनुप्रयोग के साथ चलता है या बाहरी बल लगने के बाद गतिमान पिंड रुक जाता है।
- किया गया कार्य बल और विस्थापन का अदिश-गुणनफल है।
- W = F × d
  a. जहाँ F = लागू किया गया बल
  b. d = विस्थापन
- सदिश राशियों का अदिश-गुणनफल सदैव अदिश होता है जिसका अर्थ है कि कार्य में केवल परिमाण होता है लेकिन कोई दिशा नहीं होती है।

अतः विकल्प (D) सही है।

57. बांध में जमा पानी में स्थितिज उर्जा होती है।

स्थितिज ऊर्जा, ऊर्जा का वह रूप है जो किसी वस्तु की स्थिति या भागों की व्यवस्था से उत्पन्न होती है। यह संग्रहित ऊर्जा है जो गतिज ऊर्जा बन सकती है। किसी वस्तु में स्थितिज ऊर्जा की माप की गणना वस्तु के द्रव्यमान और उसकी ऊँचाई या दूरी के आधार पर की जाती है।

अत: विकल्प (B) सही है।

58. जब आप किसी स्प्रिंग को संक्षिप्त करते हैं, तो उसमें स्थितिज ऊर्जा होती है। हुक के नियम के अनुसार, संक्षिप्त का बल संक्षिप्त के समानुपाती होता है। स्प्रिंग छोड़ने से स्थितिज ऊर्जा गतिज ऊर्जा में बदल जाती है। स्प्रिंग का उपयोग तब किसी वस्तु को आगे बढ़ाने के लिए किया जाता है।

अतः विकल्प (A) सही है।

59. एक विशेष तापमान पर, लौह में ध्वनि तीव्रतम गति से संचरण करती है।

शब्द "ध्वनि की गति" ध्वनि तरंगों द्वारा समय की प्रति इकाई में तय की गई दूरी को संदर्भित करता है समय की प्रति इकाई यात्रा करता है, जब यह एक माध्यम से गुजरती है। अतः, ध्वनि को, हमेशा यात्रा करने के लिए, इसके प्रसार के लिए एक माध्यम की आवश्यकता होती है। ध्वनि की गति इस प्रकार उस माध्यम के गुणों से निर्धारित होती है जिसमें से यह गुजरती है।

अत: विकल्प (C) सही है।

60. ध्वनि तरंग का आयाम इसकी प्रबलता निर्धारित करता है।

एक प्रबल ध्वनि को एक बड़े आयाम द्वारा दर्शाया जाता है। एक दुर्बल ध्वनि छोटे आयाम को इंगित करती है। बड़े आयाम के कारण, अधिक ऊर्जावान कंपन होता है। कान की संवेदनशीलता भी एक ध्वनि की प्रबलता को निर्धारित करती है।

अत: विकल्प (A) सही है।

61. एक अलग प्रतिध्वनि सुनने के लिए हर बार मूल ध्वनि और परावर्तित ध्वनि के बीच का अंतराल 0.1 सेकंड का होना चाहिए। मानव कान दो ध्वनियों के बीच अंतर नहीं कर सकता है यदि वे 0.1 सेकंड से कम समय के अंतराल पर आती हैं। यह औसत समयावधि है क्योंकि यह एक व्यक्ति से दूसरे व्यक्ति में भिन्न होती है।

अतः विकल्प (D) सही है।

62. एमसीबी का कार्य फ्यूज़ के कार्य के करीब है। फ्यूज़ एक सुरक्षा उपकरण है जो विद्युत परिपथों को होने वाले नुकसान और संभावित आग से बचाता है। फ्यूज़ में कुछ विशेष सामग्रियों से बने तार होते हैं जो जल्दी से पिघल जाते हैं और जब बड़ी विद्युत धाराएँ उनके माध्यम से गुज़रती हैं तो वे टूट जाते हैं।

एमसीबी का कार्य फ्यूज़ के कार्य के करीब है क्योंकि दोनों ऐसे उपकरण हैं जो विद्युत परिपथ को सुरक्षा प्रदान करते हैं जब विद्युत परिपथ में धारा अनुमेय सीमा से अधिक होती है।

जब भी धारा की अत्यधिक आपूर्ति होती है, तो दोनों उपकरण परिपथ के लूप को तोड़ देते हैं, यह बिजली के उपकरणों की सुरक्षा सुनिश्चित करता है।

अतः विकल्प (B) सही है।

63. घरों में भूसम्पर्कन (अर्थिंग) का उद्देश्य जमीन पर विद्युत धारा के चालन के लिए यथासंभव कम प्रतिरोध प्रदान करना है।

भूसम्पर्कन (अर्थिंग):

- भूमि या पृथ्वी एक विद्युत परिपथ में संदर्भ बिंदु है जिसमें से वोल्टेज को मापा जाता है, यह विद्युत धारा प्रवाह के लिए एक सामान्य वापसी पथ प्रदान करता है, इस प्रकार विद्युत उपकरण से भूमि तक पृथ्वी के तार को फिटिंग करके भूसम्पर्कन (अर्थिंग) किया जाता है।
- सुरक्षा और ऑपरेटिव उद्देश्य के लिए, इलेक्ट्रिक पावर डिवाइस के विशिष्ट भागों को जमीन, आमतौर पर पृथ्वी की प्रवाहकीय सतह, के साथ जोड़ने के लिए भूसम्पर्कन (अर्थिंग) का उपयोग किया जाता है।
- एक भूसंपर्क तार विद्युत धारा के लिए भूमि के माध्यम से प्रवाह करने के लिए एक बहुत कम प्रतिरोध पथ सुनिश्चित करता है और इसलिए, यह व्यक्ति को झटका लगने से रोकता है।

अत: विकल्प (A) सही है।

64. एक गैल्वेनोमीटर को श्रेणी में एक उच्च प्रतिरोध को जोड़कर एक वोल्ट मीटर में परिवर्तित किया जा सकता है।

विद्युतधारा मापी(गैल्वेनोमीटर):

- विद्युतधारा मापी(गैल्वेनोमीटर) एक उपकरण है जिसका उपयोग विद्युत धारा की उपस्थिति का पता लगाने और संकेत देने के लिए किया जाता है।
- एक विद्युतधारा मापी एक संवेदनशील उपकरण है और यह $100mA$ के क्रम के बहुत निम्न धारा का पता लगा सकता है।
- विद्युतधारा मापी का पूर्ण पैमाने पर विक्षेपण मीटर पर उपलब्ध अधिकतम पाठ्यांक को संदर्भित करता है। इस पैमाने से परे इस उपकरण द्वारा कुछ भी मापा नहीं जा सकता है।
- गैल्वेनोमीटर को एक वोल्टमीटर में बदलने के लिए, एक उच्च प्रतिरोध R इसके साथ श्रेणी में जुड़ा हुआ है।
- संयोजन के बराबर प्रतिरोध = $G + R$, जहां $G =$ गैल्वेनोमीटर का प्रतिरोध।

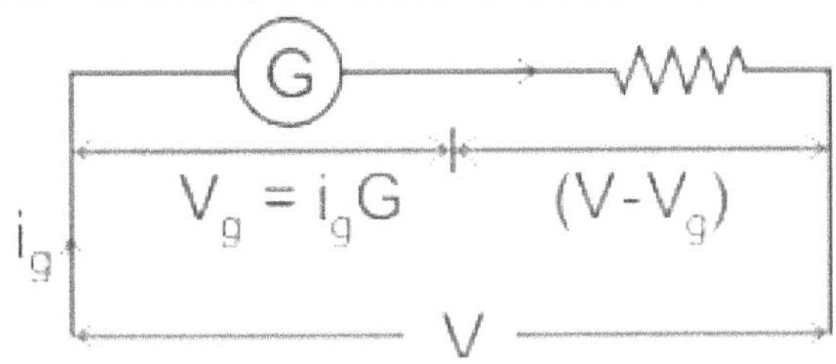

अत: विकल्प (B) सही है।

65. दिया गया है:

धारा (I) = 0.6 A

समय (t) $= 6$ मिनट $= 6 \times 60$ sec

विद्युत आवेश = धारा × समय

$$Q = I \times t$$

$$Q = 0.6 \times 6 \times 60 \text{ C}$$

$$Q = 216 \text{ C}$$

अतः विकल्प (B) सही है।

66. इलेक्ट्रिक मोटर एक विद्युत मशीन है जो विद्युत ऊर्जा को यांत्रिक ऊर्जा में परिवर्तित करती है। इसका उल्टा यांत्रिक ऊर्जा का विद्युत ऊर्जा में रूपांतरण है और यह एक विद्युत जनरेटर द्वारा किया जाता है, जिसमें मोटर के साथ बहुत कुछ समान होता है।

अतः विकल्प (B) सही है।

67. लेन्ज के नियम के अनुसार जब एक बंद कॉइल को भिन्न चुम्बकीय फ्लक्स से जोड़ा जाता है तो कॉइल में कुछ धारा प्रेरित होती है।

इसलिए, जब एक चुंबक को एक वृत्ताकार कॉइल की ओर ले जाया जाता है, तो एक अलग चुंबकीय प्रवाह कुंडली से जुड़ा होता है ताकि कॉइल में धारा प्रेरित हो। इस घटना को विद्युत चुम्बकीय प्रेरण कहा जाता है।

अतः विकल्प (C) सही है।

68. हैंस क्रिश्चियन ओर्स्टेड एक डेनिश भौतिक विज्ञानी थे जिन्होंने पता लगाया कि विद्युत प्रवाह चुंबकीय क्षेत्र बना सकता है जो बिजली और चुंबकत्व के बीच पहला संबंध था। तार एक करंट ले जाएगा जो अपने चारों ओर एक चुंबकीय क्षेत्र बनाता है। कंपास को तार के पास या लूप में लाने से कंपास सुई हिल जाएगी। करंट ने एक चुंबकीय क्षेत्र को इतना मजबूत बना दिया था कि कंपास सुई को घुमा सकता था।

अतः विकल्प (A) सही है।

69. जब एक धारावाही चालक किसी बाहरी चुंबकीय क्षेत्र के संपर्क में आता है तो उस पर एक बल लगता है जो क्षेत्र और धारा प्रवाह दिशा दोनों के लंबवत होता है। जॉन एम्ब्रोस फ्लेमिंग वह थे जो इस विचार के साथ आए थे। इस नियम में एक बाएं हाथ को इस तरह रखा जा सकता है कि अंगूठे, तर्जनी और मध्यमा तीन परस्पर ऑर्थोगोनल अक्षों की सेवा करें।

जब अंगूठे के बीच की उंगली और बाएं हाथ की तर्जनी को एक दूसरे से समकोण पर व्यवस्थित किया जाता है, तो अंगूठा चुंबकीय शक्ति की दिशा में इंगित करता है, केंद्र की उंगली वर्तमान की दिशा में और तर्जनी चुंबकीय क्षेत्र की दिशा में इंगित करती है।

तो चुंबकीय क्षेत्र दक्षिण से उत्तर की ओर है, और इलेक्ट्रॉन ऊपर की ओर यात्रा कर रहे हैं, लेकिन हम पारंपरिक दिशा पर विचार कर सकते हैं जो नीचे की ओर है इसलिए हम बाएं हाथ के अंगूठे के नियम का उपयोग करके बीम को पश्चिम की ओर झुका सकते हैं।

अतः विकल्प (C) सही है।

70. भूकंपीय तरंगें ऊर्जा की तरंगें हैं जो पृथ्वी की परतों के माध्यम से यात्रा करती हैं और भूकंप, ज्वालामुखी विस्फोट, मैग्मा की गति, बड़े भूस्खलन और बड़े मानव निर्मित विस्फोटों का परिणाम हैं जो कम आवृत्ति ध्वनिक ऊर्जा देते हैं। कई अन्य प्राकृतिक और मानवजनित स्रोत निम्न-आयाम तरंगों का निर्माण करते हैं जिन्हें आमतौर पर परिवेशी कंपन कहा जाता है। भूकंपीय तरंगों का अध्ययन भूभौतिकीविदों द्वारा किया जाता है जिन्हें भूकंपविज्ञानी कहा जाता है। भूकंपीय तरंग क्षेत्रों को सीस्मोमीटर, हाइड्रोफोन (पानी में), या एक्सेलेरोमीटर द्वारा रिकॉर्ड किया जाता है।

अतः विकल्प (A) सही है।

71. प्रभामंडल प्रकाश के विवर्तन के कारण होता है।

प्रभामंडल एक प्रकाशीय घटना है जो वातावरण में निलंबित बर्फ के क्रिस्टल के साथ प्रकाश के संपर्क में आने से उत्पन्न होती है। प्रभामंडल के कई रूप हो सकते हैं, जिनमें रंगीन या सफेद छल्ले से लेकर आकाश में चाप और धब्बे तक हो सकते हैं। रोशनी के चारों ओर प्रभामंडल देखना विवर्तन का परिणाम है, एक प्रभाव जो तब होता है जब प्रकाश आंख में प्रवेश करते समय झुक जाता है। कभी-कभी चश्मे और कॉन्टैक्ट लेंस के कारण विवर्तन हो सकता है, लेकिन यह एक बीमारी का दुष्प्रभाव भी हो सकता है।

अतः विकल्प (A) सही है।

72. एक पारिस्थितिकी तंत्र में जीव खाद्य आवश्यकताओं से संबंधित हैं। इस संबंध को खाद्य श्रृंखला कहा जाता है। विकल्प (A) में खरगोश घास खाता है, भेड़िये खरगोश को खाता है और शेर भेड़िये को खाता है। विकल्प (D) में टिड्डा घास खाता है, मेंढक टिड्डा खाता है, साँप मेंढक खाता है और चील साँप खाता है।

विकल्प (B) में टिड्डा जलीय पारितंत्रों में नहीं बल्कि स्थलीय पारितंत्रों में पाया जाता है। विकल्प (C) में घास खाने के लिए कोई शाकाहारी जानवर नहीं है।

अतः विकल्प (C) सही है।

73. एक खाद्य श्रृंखला में, यदि मेंढक द्वारा टिड्डे को खाया जाता है, तो ऊर्जा का स्थानांतरण प्राथमिक उपभोक्ता से द्वितीयक उपभोक्ता तक होगा।

टिड्डा उत्पादकों यानी घास/पौधों को खाता है। इसलिए यह प्राथमिक उपभोक्ता के स्तर पर है। इस प्रकार टिड्डे खाने वाले मेंढक द्वितीयक उपभोक्ता बन जाते हैं।

अतः विकल्प (C) सही है।

74. ह्यूमस एक पारिस्थितिक तंत्र का एक अजैविक घटक है। यह गहरे भूरे या काले रंग का विघटित कार्बनिक पदार्थ है। यह मिट्टी की उर्वरता को बढ़ाता है।

जैविक घटक: इसमें उत्पादक, उपभोक्ता और डीकंपोजर शामिल हैं। वे सभी सजीव वस्तुएँ जिनका पर्यावरण के अन्य जीवों पर प्रत्यक्ष या अप्रत्यक्ष प्रभाव पड़ता है। जैसे- पौधे, पशु, सूक्ष्मजीव आदि।

अजैविक घटक: पारिस्थितिकी तंत्र के सभी अकार्बनिक घटक, प्रकृति की निर्जीव भौतिक और रासायनिक संरचना अजैविक घटक हैं। जैसे- पत्थर, पानी, ह्यूमस (जैविक अपशिष्ट), वायु आदि।

अतः विकल्प (A) सही है।

75. क्लोरोफ्लोरोकार्बन के कारण ओजोन परत का ह्रास होता है।

क्लोरोफ्लोरोकार्बन (सीएफसी) गैर-विषैले, गैर ज्वलनशील रसायन हैं जिनमें कार्बन, क्लोरीन और फ्लोरीन के परमाणु होते हैं। उनका उपयोग एरोसोल स्प्रे के निर्माण में, फोम और पैकिंग सामग्री के लिए ब्लोइंग एजेंट, सॉल्वैंट्स के रूप में और रेफ्रिजरेंट के रूप में किया जाता है। सीएफ़सी का ओजोन परत पर विनाशकारी प्रभाव पड़ता है।

अतः विकल्प (C) सही है।

76. एक प्लवमान निकाय के लिए स्थिर संतुलन की स्थिति को आप्लवकेन्द्री ऊँचाई के रूप में निम्नानुसार व्यक्त किया जा सकता है::

- स्थिर संतुलन : GM > 0 (M, G से ऊपर है)
- उदासीन संतुलन : GM = 0 (M ,G के अनुरुप है)
- अस्थिर संतुलन : GM < 0 (M ,G से नीचे है)

प्लवमान निकाय के संतुलन की स्थिति निम्न है: (1) स्थिर (2) अस्थिर और (3) उदासीन

1. स्थिर स्थिति

- एक प्लवमान निकाय का संतुलन स्थिर होता है यदि इसे एक छोटा कोणीय विस्थापन दिया जाता है, तो इसे अपनी मूल स्थिति में बहाल करने के लिए एक उचित(राइटिंग) आघूर्ण होता है।
- इस तरह के संतुलन में, आप्लवकेन्द्री गुरुत्वाकर्षण के केंद्र से ऊपर होता है ,अर्थात् आप्लवकेन्द्री ऊंचाई धनात्मक होती है।
- बाह्य युग्म को आंतरिक बलों द्वारा विकसित युग्म द्वारा संतुलित किया जाता है।

2. अस्थिर स्थिति

- एक प्लवमान निकाय के संतुलन को अस्थिर कहा जाता है यदि निकाय के किसी भी छोटे झुकाव के साथ बलों या आघूर्णों का विकास होता है जो निकाय के विस्थापन को और बढ़ते हैं। अस्थिर संतुलन में, आप्लवकेन्द्री (M) गुरुत्वाकर्षण के केंद्र (G) के नीचे होता है अर्थात् आप्लवकेन्द्री ऊंचाई नकारात्मक होती है।
- बाह्य रुप से लागू किया गया युग्म और एक ही दिशा में कार्य करने वाले आंतरिक बलों के कारण विकसित हुए युग्म, जिससे विस्थापन में वृद्धि होती है और संतुलन को अस्थिर करता है।

3. उदासीन स्थिति

- निकाय के संतुलन को तब उदासीन कहा जाता है जब निकाय के छोटे से झुकाव पर निकाय एक नई स्थिति लेता है। इस संतुलन में, आप्लवकेन्द्री और गुरुत्वाकर्षण का केंद्र अनुरुप होते हैं।
- चूंकि निकाय पर न तो कोई उचित(राइटिंग) आघूर्ण और न ही कोई ओवरटर्निंग आघूर्ण कार्य करता है, निकाय एक नई स्थिति में विरामावस्था में रहती है।

अत: विकल्प (D) सही है।

77. दिया हुआ है कि:

एक वस्तु पानी में तैरती है जिसमें इसके आयतन एक तिहाई हिस्सा पानी के नीचे होता है:

$$V_f = \frac{V_0}{3}$$

आर्किमिडीज सिद्धांत के अनुसार:

वस्तु का वजन $(W) =$ उत्प्लावन बल (F_b)

इसलिए $\rho_0 V_o g = \rho_f V_f g$

$$\rho_0 V_o g = \rho_f \left(\frac{V_0}{3}\right) g$$

वस्तु का घनत्व $(\rho_0) = \frac{1}{3} \times$ तरल पदार्थ का घनत्व (ρ_f)

अतः विकल्प (B) सही है।

78. किसी तत्व के समस्थानिकों की परमाणु संख्या (Z) समान लेकिन द्रव्यमान संख्या भिन्न A होनी चाहिए।

प्रोटॉन की संख्या परमाणु संख्या के बराबर होती है।

अतः किसी तत्व के समस्थानिकों में प्रोटॉनों की संख्या समान होती है।

मास संख्या प्रोटॉन और न्यूट्रॉन की संख्या के योग के बराबर है यानी A=p+n

चूँकि किसी तत्व के समस्थानिकों की द्रव्यमान संख्या भिन्न होती है, लेकिन प्रोटॉनों की संख्या समान होती है, इसलिए उनमें न्यूट्रॉनों की संख्या भिन्न होनी चाहिए।

अतः विकल्प (A) सही है।

79. न्यूक्लाइड्स जिनमें समान संख्या में प्रोटॉन होते हैं, आइसोटोप कहलाते हैं। जब न्यूक्लाइड्स की द्रव्यमान संख्या समान होती है तो उन्हें आइसोबार कहा जाता है। जब न्यूक्लाइड में समान संख्या में न्यूट्रॉन होते हैं तो आइसोटोन कहलाते हैं। जब तत्वों के आणविक सूत्र समान हों लेकिन अंतरिक्ष में परमाणुओं की अलग-अलग व्यवस्था हो तो उन्हें आइसोमर्स कहा जाता है।

अतः विकल्प (D) सही है।

80. हम जानते हैं कि द्रव्यमान दोष = नाभिकों का संयुक्त द्रव्यमान - नाभिक का द्रव्यमान।

चूँकि द्रव्यमान दोष हमेशा धनात्मक मात्रा होता है इसलिए नाभिक और उसके नाभिकों के संयुक्त द्रव्यमान का अंतर ऋणात्मक होगा। संयुक्त द्रव्यमान नाभिक के द्रव्यमान से अधिक होता है।

अतः विकल्प (C) सही है।

81. थ्रस्ट जोर गुणांक का एक कमजोर कार्य है।

थ्रस्ट थ्रस्ट गुणांक CF का एक कमजोर कार्य है। यह बदले में विशिष्ट ताप अनुपात, दबाव अनुपात, विस्तार अनुपात और ऊंचाई पर निर्भर है।

अत: विकल्प (D) सही है।

82. एक तरल प्रणोदक रॉकेट इंजन में थ्रॉटल वाल्व का उपयोग करके दो-से-एक जोर कम किया जा सकता है।

थ्रोटल वाल्व द्रव्यमान प्रवाह दर को नियंत्रित करने में मदद करता है जिससे जोर कम होता है। इसमें आमतौर पर एक फ्लो कंट्रोलिंग यूनिट और एक इलेक्ट्रो-मैकेनिकल-एक्ट्यूएटर होता है।

अत: विकल्प (A) सही है।

83. परमाणु नाभिक की खोज के लिए रदरफोर्ड का अल्फा-कण प्रकीर्णन प्रयोग उत्तरदायी था।

रदरफोर्ड का अल्फा-कण प्रकीर्णन प्रयोग:

- अर्नेस्ट रदरफोर्ड यह जानने में रुचि रखते थे कि एक परमाणु के भीतर इलेक्ट्रॉनों की व्यवस्था कैसे की जाती है। रदरफोर्ड ने इसके लिए एक प्रयोग तैयार किया।
- इस प्रयोग में तेजी से चलने वाले अल्फा (α)-कणों को सोने की पतली पन्नी पर गिराने के लिए बनाया गया था।
- उसने एक सोने की पन्नी का चयन किया क्योंकि वह यथासंभव पतली परत चाहता था। यह सोने की पन्नी करीब 1000 परमाणु मोटी थी।
- α-कण दोगुने आवेशित हीलियम आयन होते हैं। चूंकि उनका द्रव्यमान 4 u है, इसलिए तेज गति से चलने वाले α-कणों में काफी मात्रा में ऊर्जा होती है।
- यह अपेक्षा की गई थी कि सोने के परमाणुओं में उप-परमाणु कणों द्वारा α-कणों को विक्षेपित किया जाएगा। चूँकि α-कण प्रोटॉन की तुलना में बहुत भारी थे, इसलिए उन्हें बड़े विक्षेप देखने की उम्मीद नहीं थी।

अपने प्रयोग के आधार पर रदरफोर्ड ने परमाणु के परमाणु मॉडल को सामने रखा, जिसमें निम्नलिखित विशेषताएं थीं:

- परमाणु में एक धनावेशित केंद्र होता है जिसे नाभिक कहते हैं। परमाणु का लगभग सारा द्रव्यमान नाभिक में रहता है।
- इलेक्ट्रॉन नाभिक के चारों ओर वृत्ताकार पथों में चक्कर लगाते हैं।
- नाभिक का आकार परमाणु के आकार की तुलना में बहुत छोटा होता है।

अतः विकल्प (A) सही है।

84. अवोगाद्रो की संख्या 1 मोल में मौजूद अणुओं की संख्या है।

अवोगाद्रो स्थिरांक को किसी दिए गए पदार्थ के प्रति मोल घटक कणों की संख्या के रूप में परिभाषित किया गया है। यह 6.022×10^{23} के बराबर है।

अतः विकल्प (C) सही है।

85. मधुमक्खी के डंक से मेथेनॉइक अम्ल की उपस्थिति के कारण तेज दर्द और जलन होती है।

- मधुमक्खी के डंक के विष में ऐसे प्रोटीन होते हैं जो त्वचा की कोशिकाओं और प्रतिरक्षा प्रणाली को प्रभावित करते हैं, जिससे डंक वाले क्षेत्र के आसपास दर्द और सूजन हो जाती है।
- हिस्टामाइन डंक का 0.9% हिस्सा होता है और डंक की जगह पर खुजली और दर्द का कारण बनता है।
- मौजूद अम्ल, जिसमें फॉर्मिक, हाइड्रोक्लोरिक और ऑर्थोफॉस्फोरिक अम्ल शामिल हैं, डंक में भी मौजूद होते हैं।
- फॉर्मिक अम्ल को मेथेनॉइक अम्ल के नाम से भी जाना जाता है।
- यदि किसी व्यक्ति को एलर्जी है, तो मधुमक्खी के डंक से प्रतिरक्षा प्रणाली एक प्रकार के एंटीबॉडी का उत्पादन करेगी जिसे इम्युनोग्लोबुलिन ई (IgE) कहा जाता है।
- आमतौर पर, IgE शरीर को विषाणु और परजीवी जैसे खतरनाक पदार्थों से बचाता है।
- हालांकि, एक डंक के उत्तर में, शरीर IgE पैदा करता है जो तब अनुपयुक्त प्रतिरक्षा प्रतिक्रिया, जैसे कि पित्ती, सूजन, और श्वसन समस्याएं का कारण बनता है, जो अगली बार किसी व्यक्ति को काटने पर होती हैं।

अतः विकल्प (D) सही है।

86. क्लोरोफॉर्म के निर्माण में विरंजक चूर्ण रसायन का उपयोग किया जाता है।

- विरंजक चूर्ण (ब्लीचिंग पाउडर), कैल्शियम ऑक्सीक्लोराइड होता है।
- विरंजक चूर्ण का रासायनिक सूत्र $CaOCl_2$ है।
- इसे चूने का क्लोराइड भी कहा जाता है।
- विरंजक चूर्ण का उपयोग कपड़ा उद्योग में कपास एवं लिनन के विरंजन के लिए और कागज उद्योग में लकड़ी के गूदे के विरंजन के लिए किया जाता है।
- यह धुलाईघर में धुले हुए कपड़े का विरंजन करने के लिए भी उपयोग किया जाता है।
- विरंजक चूर्ण का उपयोग कीटाणुरहित पेयजल आपूर्ति अर्थात् पीने के पानी को कीटाणुओं से मुक्त बनाने के लिए किया जाता है।
- प्रयोगशाला में क्लोरोफॉर्म तैयार करने के लिए विरंजक चूर्ण (ब्लीचिंग पाउडर) ($CaOCl_2$) के मिश्रण को इथेनॉल या एसीटोन के साथ गर्म किया जाता है।
- विरंजक चूर्ण ऑक्सीडाइजिंग क्लोरीनेटिंग और हाइड्रोलाइजिंग एजेंट के रूप में कार्य करता है।
- विरंजक चूर्ण का उपयोग ऊन को न सिकुड़ने वाला बनाने के लिए किया जाता है।
- कई रासायनिक उद्योगों में ब्लीचिंग पाउडर को ऑक्सीकरण घटक के रूप में उपयोग किया जाता है।

अतः विकल्प (D) सही है।

87. एक तंग धागे की गति जब खींची और छोड़ी जाती है तो प्रदोलनात्मक होगी।

- जब एक तंग डोरी को खींचा जाता है, तो हम देख सकते हैं कि डोरी बहुत तेज गति से ऊपर-नीचे हो रही है।
- यह इतना तेज़ हो सकता है, हम थोड़ी देर के लिए स्ट्रिंग के सटीक स्थान की भविष्यवाणी नहीं कर सकते।
- इस प्रकार की परिघटना को प्रदोलनात्मक कहा जाता है और ऐसी गति को प्रदोलनात्मक गति कहा जाता है।
- इसे गिटार बजाते समय भी देखा जा सकता है।
- इसे बजाते समय खींचने पर गिटार के तार प्रदोलनात्मक करते हैं।

अतः विकल्प (B) सही है।

88. मादा लैंगिक हॉर्मोन एस्ट्रोजन है।

हार्मोन रासायनिक संदेशवाहक होते हैं जो अंतःस्रावी ग्रंथियों का उत्पादन करते हैं और प्रत्यक्ष रूप से रक्तप्रवाह में मुक्त होते हैं।

- हार्मोन कई शारीरिक प्रक्रियाओं को विनियमित करने में मदद करते हैं, जैसे कि भूख, नींद और विकास।

यौन विकास और प्रजनन में लैंगिक हॉर्मोन एक आवश्यक भूमिका निभाते हैं।

- लैंगिक ग्रंथियों का निर्माण करने वाली मुख्य ग्रंथियाँ अधिवृक्क ग्रंथियाँ और गोनाड हैं।
- इसमें महिलाओं में अंडाशय और पुरुषों में वृषण शामिल हैं।

अतः विकल्प (A) सही है।

89. वायरस कोई कोशिका नहीं है।

वायरस एक अकोशिकीय सूक्ष्म संक्रमण पैदा करने वाला एजेंट है। इसमें केवल एक प्रोटीन आवरण और एक न्यूक्लिक एसिड (या तो DNA या RNA) होता है। ये इंट्रासेल्युलर परजीवी हैं जो पोषण के लिए मेजबान पर निर्भर करते हैं।

अतः विकल्प (D) सही है।

90. सोना और तांबा नीले और बैंगनी प्रकाश को अवशोषित करते हैं, जिससे स्पेक्ट्रम में पीली रोशनी निकलती है।

- इसलिए सोना और तांबे का रंग पीला होता है।
- दुनिया में केवल दो गैर-चांदी धातु सोना और तांबा हैं।
- एक धातु को एक ऐसे तत्व के रूप में परिभाषित किया जाता है जो आसानी से सकारात्मक आयन (धनायन) बनाता है और इसमें धात्विक बंधन होते हैं।
- इन तत्वों में ऐसे इलेक्ट्रॉन होते हैं जो परमाणुओं के साथ शिथिल होते हैं, और उन्हें आसानी से स्थानांतरित कर देंगे।
- अधिकांश धातुओं के इलेक्ट्रॉन सभी रंगों को समान रूप से प्रतिबिंबित करते हैं जो प्रकाश के दृश्य स्पेक्ट्रम में होते हैं।
- इसलिए वे धातुएं सफेद चांदी के रूप में दिखाई देती हैं।

अतः विकल्प (B) सही है।

91. अपवर्तन घटना तारों के टिमटिमाने के लिए उत्तरदायी है।

- तारों का प्रकाश, पृथ्वी के वायुमंडल में प्रवेश करने पर, पृथ्वी की सतह तक पहुँचने से पहले लगातार अपवर्तन से गुजरता है।
- वायुमंडल तारों के प्रकाश को सामान्य की ओर झुका देता है, तारे की आभासी स्थिति उसकी वास्तविक स्थिति से थोड़ी भिन्न होती है।
- क्षितिज के पास देखने पर तारा अपनी वास्तविक स्थिति से थोड़ा ऊपर (ऊपर) दिखाई देता है।
- तारे की यह स्पष्ट स्थिति स्थिर नहीं है, लेकिन पृथ्वी के वायुमंडल की भौतिक स्थिति स्थिर नहीं होने के कारण यह थोड़ा बदलता रहता है।
- जैसे-जैसे तारे से आने वाली प्रकाश की किरणों का मार्ग थोड़ा बदलता रहता है, तारे की आभासी स्थिति में उतार-चढ़ाव होता है और आँखों में प्रवेश करने वाले तारों के प्रकाश की मात्रा टिमटिमाती है - तारा कभी चमकीला दिखाई देता है और कभी धुँधला, जो टिमटिमाता है प्रभाव।

अतः विकल्प (B) सही है।

92. हवा में ध्वनितरंग की चाल उमस के साथ बढ़ती है।

आर्द्रता का प्रभाव:

$$\Rightarrow v = \sqrt{\frac{\gamma P}{\rho}} \Rightarrow v \propto \frac{1}{\sqrt{\rho}}$$

- हवा का घनत्व सापेक्ष आर्द्रता के साथ भिन्न होता है। जब हवा में नमी की मात्रा बढ़ जाती है तो हवा में प्रति इकाई मात्रा में ऑक्सीजन और नाइट्रोजन की मात्रा कम हो जाती है। इस प्रकार, प्रति इकाई आयतन में हवा का द्रव्यमान कम हो जाता है, और परिणामस्वरूप हवा का घनत्व कम हो जाता है
- जैसे-जैसे आर्द्रता बढ़ती है, हवा का घनत्व कम होता जाता है जिससे ध्वनि का वेग बढ़ जाता है।
- इसलिए जैसे-जैसे आर्द्रता बढ़ती है ध्वनि की गति भी बढ़ती जाती है।

अतः विकल्प (C) सही है।

93. सही अर्थों में मुक्त रुप से किसी वस्तु का गिरना केवल निर्वात में होता है।

- किसी वस्तु के गिरने को मुक्त रुप से गिरना माना जाता है यदि उस पर लगने वाला बल केवल गुरुत्वाकर्षण हो।
- चूंकि निर्वात में कोई पदार्थ नहीं होता है, गुरुत्वाकर्षण के कारण मुक्त रुप से वस्तु के गिरने के खिलाफ कोई विपरीत बल नहीं लगता है।
- हवा और वायुमंडल में, वायुगतिकीय कर्षण होता है और समुद्र में गुरुत्वाकर्षण के कारण गति का विरोध पानी के कारण होता है।

अतः विकल्प (D) सही है।

94. डी-ब्रोगली तरंग दैर्ध्य (λ) निम्न द्वारा दिया जाता है:

$$\lambda = \frac{h}{mv}$$

जहां m कण का द्रव्यमान है

v कण का वेग है

जैसा कि समीकरण से देखा जा सकता है,

डी-ब्रोगली तरंग दैर्ध्य कण के द्रव्यमान और उसके वेग के विपरीत आनुपातिक है लेकिन कण की प्रकृति से स्वतंत्र है।

अतः विकल्प (D) सही है।

95. जब जाइलम अवरुद्ध हो जाता है तो पौधा मुरझा जाता है।

- जाइलम ट्रेकिड्स और वाहिकाएँ पौधों में पानी के परिवहन में शामिल सबसे महत्वपूर्ण ऊतक हैं।
- यदि जाइलम अवरुद्ध हो जाता है, तो जल परिवहन बाधित हो जाएगा।
- इससे संयंत्र के विभिन्न भागों में पानी की आपूर्ति में कमी या कमी आएगी।
- परिणामस्वरूप टर्गर दबाव धीरे-धीरे कम हो जाता है। इससे कोशिकाओं की कठोरता का नुकसान होगा और अंततः मुरझा जाएगा।
- तो, पत्तियाँ नीचे गिर जाएँगी या मुरझा जाएँगी, जिससे पूरा पौधा मुरझा जाएगा और मर जाएगा।

अतः विकल्प (A) सही है।

96. एपिस आर्थिक रूप से महत्वपूर्ण है क्योंकि यह शहद, मोम का उत्पादन करता है।

एपिस मेलिफेरा और ए. सेरेना मधुमक्खी की प्रजातियां हैं और आर्थिक रूप से बहुत महत्वपूर्ण हैं क्योंकि इनमें उच्च उपज क्षमता होती है। इनका उपयोग शहद और मोम दोनों के उत्पादन के लिए किया जाता है। शहद एक जटिल पदार्थ है, जब मधुमक्खियों द्वारा कॉलोनी के लिए भोजन के स्रोत के रूप में पौधों और पेड़ों से अमृत और मीठे जमा एकत्र किए जाते हैं, संशोधित किए जाते हैं और छत्ते में संग्रहीत किए जाते हैं।

अतः विकल्प (C) सही है।

97. मधुमक्खी शहद का स्राव करती है।

शहद एक मीठा भोजन है जो मधुमक्खियों द्वारा फूलों के अमृत का उपयोग करके बनाया जाता है। मधुमक्खियों का अन्य मुख्य उत्पाद मोम है।

अतः विकल्प (A) सही है।

98. मछली, सीप, झींगा और केकड़ों की खेती एक्वाकल्चर के अंतर्गत आती है।

- सेरीकल्चर रेशम के कीड़ों की संस्कृति और पालन है।
- सिल्वीकल्चर मूल्यों और जरूरतों, विशेष रूप से लकड़ी के उत्पादन को पूरा करने के लिए वनों की वृद्धि, संरचना/संरचना और गुणवत्ता को नियंत्रित करने की प्रथा है।
- पिस्कीकल्चर वाणिज्यिक उत्पादन के लिए केवल मछलियों का संवर्धन है।

अतः विकल्प (B) सही है।

99. अंतर्देशीय जल से प्रमुख मछली उत्पादन एक्वाकल्चर नामक संस्कृति के माध्यम से किया जाता है।

एक्वाकल्चर (कम आम तौर पर वर्तनी वाली एक्वाकल्चर), जिसे एक्वाफार्मिंग के रूप में भी जाना जाता है, मछली, क्रस्टेशियन, मोलस्क, शैवाल और जलीय पौधों (जैसे कमल) जैसे जलीय जीवों की नियंत्रित खेती ("खेती") है।

अतः विकल्प (A) सही है।

100. पृथ्वी के वायुमंडल के अभाव में आकाश काला दिखाई देगा।

- यदि पृथ्वी वायुमंडल से वंचित हो जाती तो वायुमंडल के न होने और वायु के अणुओं के कारण सूर्य के प्रकाश का प्रकीर्णन नहीं होता।
- आकाश चमकीले सितारों और सूरज के साथ अंधेरा/काला दिखेगा। सूरज काली पृष्ठभूमि के साथ सफेद और उज्जवल दिखाई देगा।

अतः विकल्प (A) सही है।

मॉक टेस्ट 04

Q.1 इनमें से कौन सा विकल्प पदार्थ की अवस्था को नहीं बदलेगा?

A. तापमान
B. ऊष्मा
C. दबाव
D. एक क्रिस्टल को चूर - चूर करना

Q.2 ___________ तापमान का वह पैमाना है, जिसमें तापमान केवल धनात्मक होता है।

A. फ़ारेनहाइट **B.** सेल्सियस
C. केल्विन **D.** उपरोक्त सभी

Q.3 निम्नलिखित में से द्रव्य का एक उदाहरण है, जिसे द्रव कहा जा सकता है:

A. कार्बन **B.** सल्फर
C. ऑक्सीजन **D.** फास्फोरस

Q.4 ठोस और तरल अवस्थाओं की सामान्य विशेषताएं _______

A. दोनों का आकार निश्चित होता है।
B. दोनों का आयतन निश्चित होता है।
C. दोनों कठोर होते हैं।
D. दोनों में अधिकतम आकर्षण बल होता है।

Q.5 5800Å तरंग दैर्ध्य वाले पीले विकिरण की (a) तरंग संख्या और (b) आवृत्ति की गणना कीजिए।

A. $1.724 \times 10^2\ cm^{-1}$, 5.172×10^{10} Hz
B. $2.724 \times 10^4\ cm^{-1}$, 5.172×10^{14} Hz
C. $5.724 \times 10^4\ cm^{-1}$, 5.172×10^{14} Hz
D. $1.724 \times 10^4\ cm^{-1}$, 5.172×10^{14} Hz

Q.6 100 वॉट का एक बल्ब $400\ nm$ वाली तरंगदैर्घ्य का एकवर्णी प्रकाश उत्सर्जित करता है। बल्ब द्वारा प्रति सेकंड उत्सर्जित फोटॉनों की संख्या की गणना कीजिए।

A. $3 \times 10^{20}\ s^{-1}$ **B.** $2.012 \times 10^{20}\ s^{-1}$
C. $5 \times 10^{20}\ s^{-1}$ **D.** $2.012 \times 10^{19}\ s^{-1}$

Q.7 हाइड्रोजन परमाणु के निम्नतम ऊर्जा स्तर में इलेक्ट्रॉन का कोणीय संवेग किसके बराबर होता है?

A. $\frac{\pi}{h}$ **B.** $\frac{h}{\pi}$ **C.** $\frac{h}{2\pi}$ **D.** $\frac{2\pi}{h}$

Q.8 तत्वों X, Y और Z के परमाणु क्रमांक क्रमशः $19{,}21$ और 25 हैं। इन तत्वों के M कोशों में उपस्थित इलेक्ट्रॉनों की संख्या का क्रम ______ है।

A. $Z > X > Y$ **B.** $X > Y > Z$
C. $Z > Y > X$ **D.** $Y > Z > X$

Q.9 $PbO + HCl \rightarrow PbCl_2 + H_2O$ समीकरण पर ध्यान दीजिये।

उक्त समीकरण के संतुलन हेतु HCl के ______ मोलों की आवश्यकता होती है।

A. 1 **B.** 4 **C.** 2 **D.** 3

Q.10 मैंगनीज डाइऑक्साइड को ऐलुमिनियम पाउडर के साथ तप्त करके मैंगनीज का निष्कर्षण किया जाता है। इस अभिक्रिया के संबंध में निम्नलिखित में से कौन-सा कथन सही है?

A. यह अभिक्रिया ऊष्माक्षेपी है।
B. यह अभिक्रिया ऊष्माशोषी है।
C. मैंगनीज ठोस रूप में उत्पादित है।
D. मैंगनीज, ऐलुमिनियम की तुलना में अधिक अभिक्रियाशील है।

Q.11 कॉपर सल्फेट घोल में डुबोकर लोहे की कीलें _____ हो जाती हैं।

A. थोड़ी हरी **B.** थोड़ी भूरी
C. थोड़ी धूसर **D.** थोड़ी नीली

Q.12 जब सल्फर डाइऑक्साइड पानी में घुल जाता है तो ___________ बनता है।

A. सल्फर ट्राइऑक्साइड **B.** सल्फर पेंटाओक्साइड
C. हाइड्रोक्लोरिक एसिड **D.** सल्फ्यूरस एसिड

Q.13 चींटी के काटने वाली जगह पर कैलामाइन के घोल को क्यों रगड़ा जाता है?

A. क्योंकि कैलामाइन का घोल एंटीसेप्टिक होता है।
B. क्योंकि कैलामाइन का घोल एलर्जी रोधी होता है।
C. क्योंकि कैलामाइन का घोल एंटासिड होता है।
D. क्योंकि कैलामाइन का घोल एंटीबायोटिक होता है।

Q.14 सोडियम कार्बोनेट एक क्षारीय लवण है क्योंकि यह _________ का लवण है।

A. प्रबल अम्ल और प्रबल क्षार
B. प्रबल अम्ल और दुर्बल क्षार
C. दुर्बल अम्ल और प्रबल क्षार
D. दुर्बल अम्ल और दुर्बल क्षार

Q.15 सोडियम हाइड्रोजन कार्बोनेट जब एसिटिक एसिड में मिलाया जाता है तो एक गैस निकलती है। निम्नलिखित में से कौन सा कथन निर्मित गैस के बारे में सही है?

(1) यह चूने के पानी को दूधिया कर देती है।
(2) यह एक जलते हुए स्प्लिंटर को बुझा देती है।
(3) यह सोडियम हाइड्रॉक्साइड के विलयन में घुल जाती है।
(4) इसमें तीखी गंध होती है।

A. (1) और (2) **B.** (1), (2) और (3)
C. (2), (3) और (4) **D.** (1) और (4)

Q.16 निम्नलिखित में से कौन सा संकेतक गैर-जलीय अनुमापन में उपयोग किया जाता है?

A. क्रिस्टल वायलेट संकेतक
B. थाइमोल ब्लू संकेतक
C. (A) और (B) दोनों
D. क्विनाल्डिन ब्लू

Q.17 कौन सी अधातु अपनी उच्च अभिक्रियाशीलता के कारण कमरे के तापमान पर पानी में संग्रहित किया जाता है?

A. क्लोरीन **B.** फास्फोरस **C.** कार्बन **D.** सल्फर

Q.18 निम्नलिखित सभी यौगिक गैर-आयनिक हैं, सिवाय:

A. कैल्शियम क्लोराइड **B.** सोडियम क्लोराइड
C. पोटेशियम क्लोराइड **D.** जल

Q.19 सिक्कों, टर्बाइनों, ब्लेडों आदि के निर्माण के लिए ______ और ______ को मिलाकर कांस्य बनाया जाता है।

A. 82% तांबा, 18% टिन **B.** 88% तांबा, 12% टिन
C. 88% तांबा, 12% लोहा **D.** 82% तांबा, 18% लोहा

Q.20 कॉपर क्लोराइड का विद्युत अपघटन करने पर क्या होता है?

A. कॉपर क्लोराइड को तोड़कर कॉपर बनता है।
B. क्लोरीन गैस बनती है।
C. यह काले रंग का हो जाता है।
D. (A) और (B) दोनों

Q.21 ग्रेफाइट में, प्रत्येक कार्बन परमाणु को तीन अन्य कार्बन परमाणुओं के साथ जोड़ा जाता है

[Indian Military Academy (IMA), 2019], [Officers Training Academy (OTA), 2019]

A. एक त्रि-आयामी संरचना का निर्माण
B. एक ही सतह में एक हेक्सागोनल व्यूह देता है
C. एक ही सतह में एक वर्ग व्यूह देता है
D. एक ही सतह में एक पंचकोणीय व्यूह देता है

Q.22 प्रिया कुछ कथन लिख रही हैं, गलत कथन चुनें और उनकी मदद करें:

A. असंतृप्त हाइड्रोकार्बन (कार्बन परमाणुओं के बीच डबल बॉन्ड या ट्रिपल बांड) संतृप्त हाइड्रोकार्बन की तुलना में कम अभिक्रियाशील होते हैं।
B. एथेन अणु (C_2H_6) 2 कार्बन परमाणुओं और 6 हाइड्रोजन परमाणुओं से बना है।
C. सबसे सरल एल्केनी आण्विक फार्मूला C_2H_2 है।
D. एक असंतृप्त हाइड्रोकार्बन जिसमें दो कार्बन परमाणु एक ट्रिपल बॉन्ड द्वारा जुड़े होते हैं, एक एल्केनी कहा जाता है।

Q.23 कार्बन परमाणुओं के बीच द्विबंध वाले हाइड्रोकार्बन समूह का नाम बताइए।

A. एल्केन **B.** ऐल्कीन
C. अल्काइन **D.** एल्डिहाइड

Q.24 C_2H_4 अणु में दो कार्बन परमाणुओं के बीच के द्वि-आबंध इंगित करता है:

A. एकाकी इलेक्ट्रॉनों के दो युग्म
B. अनियोजित इलेक्ट्रॉनों के दो युग्म
C. मोबिल इलेक्ट्रॉनों के दो युग्म
D. साझा इलेक्ट्रॉनों के दो युग्म

Q.25 उपकला ऊतकों के लिए निम्नलिखित में से कौन सा लक्षण सही है?

A. कोशिकाएं तरल अंतराकोशिकीय आधात्री के साथ सघन रूप से संकुलित होती हैं।
B. कोशिकाएं बहुल मात्रा में अंतराकोशिकीय आधात्री के साथ शिथिल रूप से संकुलित होती हैं।
C. कोशिकाएं लघु या अंतराकोशिकीय आधात्री के साथ सघन रूप से संकुलित होती हैं।
D. कोशिकाएं अल्प अंतराकोशिकीय आधात्री के साथ शिथिल रूप से संकुलित होती हैं।

Q.26 अंतरावस्था की पश्च समसूत्री अंतरकाल प्रावस्था के लिए कौन सा कथन गलत है?

A. इस प्रावस्था में, कोशिका उपापचयी रूप से सक्रिय होती है और लगातार वृद्धि करती है।
B. इसमें RNA, DNA और प्रोटीन की प्रतिकृति सम्मलित होती है।
C. कोशिकांग की संख्या में वृद्धि होती है।
D. कोशिका के कोशिका चक्र को रोकने और विभेदित होने का एक विकल्प होता है।

Q.27 सही युग्मन का चयन कीजिए।

A. मंडलवक - प्रकाश संश्लेषण
B. तारककाय - पाचन के एंजाइम
C. लयनकाय - अमीनो अम्ल का संश्लेषण
D. अंतर्द्रव्यी जालिका - नई केंद्रक झिल्ली का निर्माण

Q.28 निम्नलिखित में से कौन सा कोशिका चक्र की प्रावस्थाओं के बारे में सही है?

A. G_1 - प्रावस्था में, DNA की मात्रा मूल कोशिका में उपस्थित DNA की मात्रा की दोगुनी होती है
B. DNA प्रतिकृति S-प्रावस्था में होती है
C. एक लघु अंतरावस्था के बाद एक दीर्घ सूत्री विभाजन प्रावस्था होती है
D. सूत्री विभाजन प्रावस्था के बाद G_2-प्रावस्था होती है

Q.29 किसी भी कवक की कोशिका भित्ति पादप से भिन्न होती है:

A. सेलुलोस **B.** काइटिन
C. कोलेस्ट्रॉल **D.** ग्लाइकोजन

Q.30 किसकी गतिविधि के कारण वार्षिक वलय बनते हैं?

A. इंट्रासेलर कैम्बियम **B.** इंटरकलेरी कैम्बियम
C. एक्स्ट्रास्टेलर कैम्बियम **D.** प्राथमिक कैम्बियम

Q.31 स्पंजी ऊतक, आर्द्रताग्राही गुंठिका (वेलामेन), मौजूद होते है:

A. श्वसन मूल **B.** पराश्रयिक मूल
C. कंदिल मूल **D.** अधिपादपीय मूल

Q.32 नारियल का भूसा _____ ऊतकों से बना होता है।

A. कोलेन्काइमा **B.** जाइलम और फ्लोएम
C. स्केलेराइड्स **D.** स्क्लेरेनकाइमा

Q.33 वे अंग जिनमें एक कोशिका में एरोबिक श्वसन होता है:

A. राइबोसोम **B.** क्लोरोप्लास्ट
C. डिक्टोसोम्स **D.** माइटोकॉन्ड्रिया

Q.34 निम्नलिखित में से कौन जल के प्रकाश-अपघटन का स्थल है?

A. क्लोरोप्लास्ट का स्ट्रोमा
B. क्लोरोप्लास्ट का क्राइस्ट
C. क्लोरोप्लास्ट का राइबोसोम
D. थायलाकोइड थैली का लुमेन

Q.35 निम्नलिखित में से कौन सा/से कथन असत्य है/हैं?

a. यूकैरियोट्स में,वायुजीवी श्वसन साइटोप्लाज्म के भीतर होता है।
b. कई प्रोकैरियोट्स में, अवायवीय परिस्थितियों में किण्वन होता है।
c. वह उपापचयी मार्ग जिसके माध्यम से इलेक्ट्रॉन एक वाहक से दूसरे वाहक तक जाता है, इलेक्ट्रॉन परिवहन तंत्र कहलाता है।

A. केवल a **B.** केवल a और b
C. केवल b **D.** केवल b और c

Q.36 निम्नलिखित में से कौन-सा/से अनुमान प्रत्येक ग्लूकोज अणु के ऑक्सीकरण के लिए एटीपी के शुद्ध लाभ की गणना करने के लिए किया जाता है?

A. केवल ग्लूकोज का श्वसन किया जा रहा है।
B. मार्ग में किसी अन्य मध्यवर्ती का उपयोग किसी अन्य यौगिक के संश्लेषण के लिए नहीं किया जाता है।
C. ग्लाइकोलाइसिस में संश्लेषित एनएडीएच माइटोकॉन्ड्रिया में स्थानांतरित हो जाता है।
D. उपरोक्त सभी।

Q.37 मस्तिष्क _________ के लिए जिम्मेदार है।

A. विचार
B. दिल की धड़कन को नियंत्रित करना
C. शरीर को संतुलित करना
D. उपरोक्त सभी

Q.38 निम्नलिखित कथनों में से कौन सा सही हैं?

(i) वातावरण में किसी वस्तु की प्रतिक्रिया में अचानक की जाने वाली क्रिया प्रतिवर्ती क्रिया कहलाती है।

(ii) संवेदी न्यूरॉन रीढ़ की हड्डी से मांसपेशियों तक सिग्नल ले जाते हैं।
(iii) मोटर न्यूरॉन रिसेप्टर्स से रीढ़ की हड्डी तक सिग्नल ले जाते हैं।
(iv) वह मार्ग जिसके माध्यम से एक रिसेप्टर से एक मांसपेशी या एक ग्रंथि तक संकेत प्रेषित होते हैं, प्रतिवर्त चाप कहलाते हैं।

A. (i) और (ii) **B.** (i) और (iii)
C. (i) और (iv) **D.** (i), (ii) और (iii)

Q.39 मस्तिष्क के बारे में निम्नलिखित में से कौन सा कथन सत्य है?
(i) मस्तिष्क का मुख्य चिंतन भाग पश्च मस्तिष्क है।
(ii) श्रवण, गंध, स्मृति, दृष्टि आदि के केंद्र अग्रमस्तिष्क में स्थित होते हैं।
(iii) लार, उल्टी और रक्तचाप को पश्चमस्तिष्क में मज्जा द्वारा नियंत्रित किया जाता है।
(iv) सेरिबैलम शरीर की मुद्रा और संतुलन को नियंत्रित नहीं करता है।

A. (i) और (ii) **B.** (ii) और (iii)
C. (i), (ii) और (iii) **D.** (iii) और (iv)

Q.40 एक सिनैप्स में रासायनिक संकेत ________ से प्रेषित होता है।
A. एक न्यूरॉन के डेंड्राइट से दूसरे न्यूरॉन के एक्सोनल सिरे तक
B. एक ही न्यूरॉन के कोशिका शरीर के लिए अक्षतंतु
C. एक ही न्यूरॉन के अक्षतंतु सिरे से कोशिका शरीर तक अक्षतंतु
D. एक न्यूरॉन के अक्षीय सिरे से दूसरे न्यूरॉन के डेंड्राइट तक

Q.41 मासिक धर्म के बारे में निम्नलिखित में से कौन सा कथन गलत है?
A. मासिक धर्म द्रव आसानी से थक्का बना सकता है
B. मासिक धर्म के चक्र की शुरुआत को रजोदर्शन कहा जाता है
C. सामान्य मासिक धर्म के दौरान, लगभग 40 मिलीलीटर रक्त खो जाता है
D. महिलाओं में रजोनिवृत्ति में, गोनैडोट्रोपिक हार्मोन में विशेष रूप से अचानक वृद्धि होती है

Q.42 कूपिक चरण के दौरान, प्रमुख कूप के स्राव के परिणामस्वरूप उत्पन्न होता है:
A. एलएच
B. एण्ड्रोजन
C. एफएसएच
D. मैट्रिक्स-डिग्रेडिंग प्रोटीज

Q.43 एक टैडपोल ____ की प्रक्रिया से एक वयस्क मेंढक में विकसित होता है।
A. रूपांतरण **B.** निषेचन **C.** बडिंग **D.** क्लोनिंग

Q.44 एक पौधा जो पत्तियों द्वारा वानस्पतिक रूप से प्रजनन करता है वह है:
A. अदरक **B.** आलू
C. ब्रायोफिलम **D.** प्याज

Q.45 गुणसूत्र का वह घटक है जो आनुवंशिकता को नियंत्रित करता है:
A. हिस्टोन **B.** आरएनए **C.** डीएनए **D.** प्रोटीन

Q.46 जीन के वैकल्पिक रूप को ______ के रूप में जाना जाता है।
A. मल्टीपल्स **B.** लोकी **C.** गुणसूत्र **D.** एलेलेस

Q.47 एक मेंडियालियन प्रयोग में सफेद फूलों वाले छोटे मटर के पौधों के साथ बैंगनी फूलों वाले लंबे मटर के पौधों का प्रजनन शामिल था। सभी संततियों में बैंगनी रंग के फूल थे लेकिन उनमें से लगभग आधे छोटे थे। इससे पता चलता है कि लम्बे माता-पिता की आनुवंशिक संरचना को किस रूप में दर्शाया जा सकता है?
A. TTWW **B.** TTww **C.** TtWW **D.** TtWw

Q.48 एक फूल के परागकोष से उसी फूल के वर्तिकाग्र तक परागकणों को स्थानांतरित करने की प्रक्रिया __________ है।
A. दोहरा निषेचन **B.** स्व परागण
C. क्रॉस परागण **D.** निषेचन नहीं

Q.49 किसी वस्तु के जड़त्व के कारण वस्तु ________________ करती है।
A. इसकी गति बढ़ाने के लिए
B. इसकी गति कम करने के लिए
C. अपनी गति की स्थिति में किसी भी परिवर्तन का विरोध
D. घर्षण के कारण धीमा होना

Q.50 जब कोई कण सीधे रास्ते में चलता है, तो कण में होता है:
A. केवल स्पर्शरिखा त्वरण
B. केवल अभिकेन्द्र त्वरण
C. स्पर्शरिखा और अभिकेन्द्र त्वरण दोनों
D. उपरोक्त में से कोई नहीं

Q.51 कणों की एक निकाय का संवेग संरक्षित है यदि:
A. कण आवेशित और गतिशील होते हैं
B. निकाय पर कोई बाह्य बल कार्य नहीं कर रहा है
C. निकाय को बाहरी रूप से प्रदान किया गया एक बल है
D. उपरोक्त सभी

Q.52 N परिक्रमण प्रति मिनट पर घूमने वाले पिंड का कोणीय वेग (रेडियन/सेकेंड में) है:
A. $\pi \frac{N}{60}$ रेडियन/सेकेंड **B.** $2\pi \frac{N}{60}$ रेडियन/सेकेंड
C. $\pi \frac{N}{120}$ रेडियन/सेकेंड **D.** $\pi \frac{N}{180}$ रेडियन/सेकेंड

Q.53 जब कोई कण एकसमान वेग से वृत्ताकार पथ पर गति करता है, तो कण में होता है:
A. केवल स्पर्शरिखा त्वरण
B. केवल अभिकेन्द्र त्वरण
C. स्पर्शरिखा और अभिकेन्द्र त्वरण दोनों
D. उपरोक्त में से कोई नहीं

Q.54 किसी पिण्ड की गति का क्या कारण है जो प्रारंभ में विराम अवस्था में है?
A. बल **B.** विस्थापन **C.** गति **D.** वेग

Q.55 चलती बस में बैठे लोगों को बस रुकने पर झटका लगता है। इसका कारण है ____
A. गति का जड़त्व **B.** विश्राम का जड़त्व
C. कोणीय जड़त्व **D.** त्वरण का जड़त्व

Q.56 निम्न में से कौन-सा रैखिक गति का एक उदाहरण है?
A. एक गेंद लंबवत ऊपर फेंकी गई और लंबवत नीचे गिर रही है
B. एक लट्टू
C. घूर्णन करता एक पहिया
D. घूर्णन करता एक स्केटर

Q.57 ब्लैक होल का गुरुत्वीय त्वरण क्या है?
A. $g = \frac{GM}{R^2}$ **B.** $g = \infty$
C. $g = 0$ **D.** $g = \sqrt{\frac{GM}{R^2}}$

Q.58 यदि गुरुत्वीय प्रभाव में कमी होती, तो आपके विचार में निम्नलिखित में से कौन-सा बल कुछ हद तक परिवर्तित होता है?
A. चुंबकीय बल
B. स्थिरवैद्युत बल
C. श्यान बल
D. आर्किमिडीज का उत्थान

Q.59 गोलाकार शैल के केंद्र के गुरुत्वाकर्षण क्षेत्र की तीव्रता कितनी होती है?

A. परिवर्तनशील **B.** न्यूनतम
C. अधिकतम **D.** शून्य

Q.60 एक कण अनंत से पृथ्वी पर गिरता है। त्रिज्या R की पृथ्वी पर पहुंचने पर इसका वेग ________ है।

A. $2Rg$ **B.** Rg **C.** $\sqrt{Rg}$ **D.** $\sqrt{2Rg}$

Q.61 एक आयामी गति के लिए, बल F(x) और स्थितिज ऊर्जा U(x) इस प्रकार से संबंधित हैं:

A. $F(x) = \frac{-dU(x)}{dx}$ **B.** $F(x) = \frac{dU(x)}{dx}$
C. $U(x) = \frac{dF(x)}{dx}$ **D.** $U(x) = \frac{-dF(x)}{dx}$

Q.62 एक स्थिर शक्ति प्रदान करने वाली मशीन द्वारा एक पिंड को एक सीधी रेखा में ले जाया जाता है। t समय में पिंड द्वारा चली गई दूरी के समानुपाती होती है:

A. $t^{\frac{3}{4}}$ **B.** $t^{\frac{3}{2}}$ **C.** $t^{\frac{1}{4}}$ **D.** $t^{\frac{1}{2}}$

Q.63 6 m की ऊंचाई पर और 50 kg के द्रव्यमान के साथ स्थिर वस्तु की स्थितिज ऊर्जा ज्ञात कीजिए। $(g = 10\ m/s^2)$

A. 3000 J **B.** 3×10^4 J **C.** 300 J **D.** 30 J

Q.64 किसी निश्चित ऊँचाई पर किसी पिंड की संभावित ऊर्जा (P.E.) 200 J. है जब उसके द्वारा पृथ्वी की सतह को स्पर्श करने वाली गतिज ऊर्जा होती है: (वायु प्रतिरोध को नगण्य करें)

A. शून्य **B.** = स्थितिज ऊर्जा
C. <स्थितिज ऊर्जा **D.** > स्थितिज ऊर्जा

Q.65 बड़े आयाम वाले ध्वनि कम्पन _________ को उत्पन्न करते हैं।

A. क्षीण आवाज **B.** तीक्ष्ण स्वर
C. ऊँची ध्वनि **D.** कर्कश ध्वनि

Q.66 ध्वनि तरंग की निम्न विशेषता (ओं) में से कौन सा ध्वनि की प्रबलता निर्धारित करता है?

(i) आवृत्ति
(ii) आयाम
(iii) लय

A. केवल (i) और (ii) **B.** केवल (iii)
C. केवल (ii) **D.** केवल (i) और (iii)

Q.67 यदि किसी ध्वनि की आवृत्ति 20 Hz से कम हो तो उसे ________ ध्वनि कहते हैं।

A. श्रव्य **B.** अवश्रव्य
C. पराश्रव्य **D.** इनमें से कोई भी नहीं

Q.68 एक मिनट में औसतन 75 बार धड़कने वाले मानव हृदय की आवृत्ति कितनी होती है?

A. 75 हर्ट्ज **B.** 0.8 हर्ट्ज
C. 1.25 हर्ट्ज **D.** 0.013 हर्ट्ज

Q.69 फ्लेमिंग के वाम-हस्त नियम में अँगूठा किसकी दिशा का संकेत करता है?

A. धारा का **B.** चुंबकीय क्षेत्र का
C. बल का **D.** इनमें से कोई नहीं

Q.70 फ्यूज वायर में _______ होना चाहिए।

A. कम प्रतिरोध, कम गलनांक
B. उच्च प्रतिरोध, कम गलनांक
C. उच्च प्रतिरोध, उच्च गलनांक
D. कम प्रतिरोध, उच्च गलनांक

Q.71 ट्रांसफार्मर _________ के सिद्धांत पर काम करता है।

A. विद्युत **B.** विद्युत क्षेत्र
C. विद्युत् चुंबकीय प्रेरण **D.** चुंबकीय क्षेत्र

Q.72 एक लंबे सीधे परिनालिका में करंट के लिए दोनों सिरों पर उत्तरी-ध्रुव और दक्षिणी-ध्रुव बनाए जाते हैं। निम्नलिखित कथनों में से गलत कथन है:

A. परिनालिका के भीतर क्षेत्र रेखाएँ सीधी रेखाओं के रूप में होती हैं जो यह इंगित करती हैं कि परिनालिका के भीतर सभी बिंदुओं पर चुंबकीय क्षेत्र समान है।
B. परिनालिका के भीतर उत्पन्न प्रबल चुंबकीय क्षेत्र का उपयोग कुंडल के अंदर रखे जाने पर, नरम लोहे जैसे चुंबकीय सामग्री के टुकड़े को चुम्बकित करने के लिए किया जा सकता है।
C. परिनालिका से जुड़े चुंबकीय क्षेत्र का पैटर्न छड़ चुंबक के चारों ओर चुंबकीय क्षेत्र के पैटर्न से भिन्न होता है।
D. उत्तरी-ध्रुव और दक्षिणी-ध्रुव विनिमय स्थिति जब परिनालिका के माध्यम से धारा की दिशा उलट जाती है।

Q.73 निम्नलिखित में से गलत सुमेलित युग्म का चयन कीजिए:

A. सोनालिका - गेहूं
B. परभणी क्रांति - भिंडी
C. पूसा कोमल - फूलगोभी
D. पूसा स्वर्णिम - ब्रासिका (पात गोभी)

Q.74 निर्देश: निम्नलिखित कथनों को पढ़िए और सही उत्तर का चयन कीजिए।

कथन I: मिट्टी की जैविक उर्वरता बढ़ाने के लिए रोपण से पहले मिट्टी में शामिल उर्वरकों को सस्य उर्वरण (टॉप ड्रेसिंग) के रूप में जाना जाता है।

कथन II: फॉस्फोरस का उपयोग आमतौर पर सस्य उर्वरण (टॉप ड्रेसिंग) उर्वरकों के रूप में किया जाता है।

उपरोक्त कथनों के आलोक में नीचे दिए गए विकल्पों में से सर्वाधिक उपयुक्त उत्तर का चयन कीजिए।

A. कथन I सत्य है लेकिन कथन II असत्य है।
B. कथन I असत्य है लेकिन कथन II सत्य है।
C. कथन I और II दोनों सत्य हैं।
D. कथन I और II दोनों असत्य हैं।

Q.75 निम्नलिखित में से गलत युग्म का चयन कीजिए।

A. कृमि खाद → केंचुए
B. खेत की खाद → खेत का कचरा
C. फार्म क्षेत्र की खाद → गोबर, मूत्र और कूड़े
D. हरी खाद → रासायनिक यौगिक

Q.76 यूरिया एक ________ उर्वरक है।

A. नाइट्रोजनयुक्त **B.** फास्फोरस
C. पोटासिक **D.** इनमे से कोई भी नहीं

Q.77 सुनामी का अर्थ है:

A. भूकंप
B. पानी की बाढ़
C. समुद्र के नीचे भूकंप
D. समुद्र में ज्वालामुखी का फटना

Q.78 बिजली गिरने के दौरान वास्तव में _______ होता है।

A. बिजली का निर्वहन **B.** बिजली की चार्जिंग
C. बिजली का आवेश संचय **D.** ऊपर के सभी

Q.79 भूकंप की शक्ति को _______ नामक पैमाने पर परिमाण के रूप में व्यक्त किया जाता है।

A. रिक्टर पैमाने **B.** भूकंप पैमाने
C. पृथ्वी का पैमाना **D.** इनमें से कोई नहीं

Q.80 छाया गठन की घटना को समझाने के लिए प्रकाश के निम्नलिखित गुणों में से किसका उपयोग किया जा सकता है?

A. प्रकाश एक सीधी रेखा में यात्रा करता है।
B. प्रकाश तेज गति से यात्रा करता है।
C. प्रकाश सात रंगों से बना है।
D. प्रकाश अपारदर्शी वस्तुओं से नहीं गुजरता है।

[CTET Paper-II (Science & Mathematics), 2021]

A. C और D **B.** D और A **C.** A और B **D.** B और C

Q.81 एडैफिक कारकों में शामिल हैं:
A. अजैविक घटक **B.** जैविक घटक
C. प्रोड्यूसर्स **D.** उपभोक्ता

Q.82 हरे पौधे प्रकाश संश्लेषण की प्रक्रिया द्वारा अपना भोजन तैयार करने के लिए सूर्य की ऊर्जा का ________ प्रतिशत उपयोग करते हैं।
A. 1 प्रतिशत **B.** 10 प्रतिशत
C. 20 प्रतिशत **D.** 99 प्रतिशत

Q.83 खाद्य श्रृंखला के प्रत्येक पोषी स्तर पर जीवित जीवों के शरीर में हानिकारक रासायनिक पदार्थों जैसे कीटनाशकों के संचय की प्रक्रिया कहलाती है:
A. जैविक आवर्धन **B.** जैविक संचय
C. रासायनिक आवर्धन **D.** रासायनिक संचय

Q.84 खाद्य श्रृंखला में ऊर्जा का प्रवाह होता है:
A. गैर दिशात्मक **B.** द्वि दिशात्मक
C. एकदिशीय **D.** उपरोक्त में से कोई नहीं

Q.85 एक एम्पीयर की धारा बनाने वाले इलेक्ट्रॉनों की संख्या क्या है?
A. 2.25×10^{18} **B.** 2.25×10^{-18}
C. 6.25×10^{18} **D.** 6.25×10^{-18}

Q.86 विद्युत चुम्बक का कोर नर्म लोहे का बना होता है क्योंकि नर्म लोहे में ________ होता है।
A. उच्च घनत्व और उच्च धारणशीलता
B. कम घनत्व और उच्च धारणशीलता
C. उच्च संवेदनशीलता और कम धारणशीलता
D. कम संवेदनशीलता और कम धारणशीलता

Q.87 दो सीधे धारा वाहक तार के बीच बल पर क्या प्रभाव पड़ेगा, जब पहले तार की त्रिज्या को तार ले जाने वाली दो सीधी धाराओं के बीच की दूरी को समान रखते हुए बढ़ा दी जाती है?
A. यह बढ़ेगा
B. यह घटेगा
C. यह समान रहेगा
D. यह बढ़ेगा और फिर घटेगा

Q.88 विद्युतअपघटन की परिघटना का उपयोग करके विद्युतलेपन की प्रक्रिया मुख्यतः किसपर आधारित होती है?
A. विद्युतचुंबकीय प्रेरण
B. विद्युत धारा का रासायनिक प्रभाव
C. विद्युत धारा का तापन प्रभाव
D. विद्युत धारा का चुंबकीय प्रभाव

Q.89 निम्नलिखित में से कौन शुद्ध पदार्थ नहीं है?
A. ताँबा **B.** सोना
C. चीनी का घोल **D.** पानी

Q.90 एक मिश्रण जिसमें विभिन्न घटक होते हैं, _________ कहलाते हैं।
A. सजातीय मिश्रण **B.** विजातीय मिश्रण
C. विरल घोल **D.** इनमे से कोई भी नहीं

Q.91 पानी एक ______ है।
A. तत्व **B.** यौगिक **C.** शुद्ध पदार्थ **D.** मिश्रण

Q.92 शुष्क बर्फ क्या है?
A. बर्फ जिसमें क्रिस्टलीकरण का पानी न हो
B. बर्फ जो पिघले नहीं
C. ठोस कार्बन डाइऑक्साइड
D. इनमें से कोई नहीं

Q.93 He के 40 ग्राम में कितने मोल होते हैं?
A. 5 मोल **B.** 20 मोल **C.** 6 मोल **D.** 10 मोल

Q.94 द्रव्यमान के संरक्षण का नियम किसने प्रस्तावित किया था?
A. एंटोनी लेवोइसियर **B.** जोसेफ प्राउस्ट
C. लोरेंजो रोमानो **D.** जोसेफ लुइस

Q.95 तत्व X के क्लोराइड का आणविक सूत्र XCl है। निम्नलिखित में से कौन X के समान समूह में उपस्थित होगा?
A. Mg **B.** Al **C.** Zn **D.** Na

Q.96 amu के संदर्भ में हाइड्रोजन का द्रव्यमान कितना है?
A. 1.0020 amu **B.** 1.0180 amu
C. 1.0070 amu **D.** 1.0080 amu

Q.97 जल की सतह पर रखने पर कोई वस्तु तैरती या डूबती क्यों है?
A. गुरुत्वाकर्षण बल के कारण नीचे की दिशा में
B. वस्तु पर जल के उत्क्षेप के कारण
C. दोनों (A) और (B)
D. इनमें से कोई नहीं

Q.98 0.45 ग्राम/सेमी ^{3} घनत्व और 80 सेमी ^{3} आयतन की एक लकड़ी 0.8 ग्राम/सेमी ^{3} घनत्व के तरल में तैरती है। पानी की रेखा के ऊपर लकड़ी का अंश क्या है?
A. $\frac{7}{16}$ **B.** $\frac{2}{16}$ **C.** $\frac{3}{16}$ **D.** $\frac{4}{16}$

Q.99 यदि धातु के दो टुकड़ों को द्रव में डुबाने पर उन पर समान उत्क्षेप होता है, तो:
A. दोनों टुकड़ों का वजन बराबर होना चाहिए
B. दोनों टुकड़ों का घनत्व समान होना चाहिए
C. दोनों टुकड़ों का आयतन बराबर होना चाहिए
D. दोनों एक ही गहराई में तैर रहे हैं

Q.100 एक धातु का टुकड़ा गहरी झील में फेंका जाता है। जैसे ही यह पानी में गहराई तक डूबता है, इस पर कार्य करने वाला उत्प्लावक बल:
A. बढ़ता है
B. वैसा ही रहता है
C. कम हो जाता है
D. पहले बढ़ता है फिर घटता है

// स्मार्ट उत्तर पुस्तिका //

सही उत्तर — उन छात्रों का प्रतिशत जिन्होंने प्रश्नों का सही उत्तर दिया था।

छोड़ दिया — उन छात्रों का प्रतिशत जिन्होंने प्रश्नों को छोड़ दिया था।

प्रश्न संख्या	उत्तर	सही उत्तर	छोड़ दिया	प्रश्न संख्या	उत्तर	सही उत्तर	छोड़ दिया	प्रश्न संख्या	उत्तर	सही उत्तर	छोड़ दिया	प्रश्न संख्या	उत्तर	सही उत्तर	छोड़ दिया	प्रश्न संख्या	उत्तर	सही उत्तर	छोड़ दिया	प्रश्न संख्या	उत्तर	सही उत्तर	छोड़ दिया
1	D	45.68 %	1.74 %	18	D	81.76 %	0.0 %	35	A	60.53 %	1.54 %	52	B	64.02 %	1.9 %	69	C	45.94 %	1.1 %	86	C	56.48 %	1.39 %
2	C	89.59 %	0.0 %	19	B	89.65 %	0.0 %	36	D	63.32 %	1.12 %	53	B	41.37 %	1.46 %	70	B	87.8 %	0.0 %	87	C	68.21 %	1.71 %
3	C	56.19 %	1.35 %	20	D	57.47 %	1.02 %	37	D	82.22 %	0.0 %	54	A	43.2 %	1.43 %	71	C	87.12 %	0.0 %	88	B	89.69 %	0.0 %
4	B	87.64 %	0.0 %	21	B	62.49 %	1.55 %	38	C	21.1 %	4.89 %	55	A	49.78 %	1.87 %	72	C	46.22 %	1.04 %	89	C	82.02 %	0.0 %
5	D	53.8 %	1.84 %	22	A	57.78 %	1.64 %	39	B	18.1 %	3.67 %	56	A	43.91 %	1.56 %	73	C	79.4 %	0.0 %	90	B	87.93 %	0.0 %
6	B	29.54 %	4.35 %	23	B	65.03 %	1.88 %	40	D	14.19 %	3.73 %	57	B	69.39 %	1.16 %	74	D	64.44 %	1.62 %	91	B	58.34 %	1.0 %
7	C	43.77 %	1.56 %	24	D	41.97 %	1.92 %	41	A	89.38 %	0.0 %	58	D	84.78 %	0.0 %	75	D	61.47 %	1.8 %	92	C	58.48 %	1.1 %
8	C	18.8 %	4.16 %	25	C	57.64 %	1.99 %	42	C	23.18 %	4.28 %	59	D	78.86 %	0.0 %	76	A	77.82 %	0.0 %	93	D	60.87 %	1.34 %
9	C	76.11 %	0.0 %	26	B	47.49 %	2.0 %	43	A	28.59 %	4.17 %	60	D	16.42 %	3.69 %	77	C	52.89 %	1.27 %	94	A	80.26 %	0.0 %
10	A	18.4 %	4.83 %	27	D	68.04 %	1.94 %	44	C	53.63 %	1.76 %	61	A	77.83 %	0.0 %	78	A	50.46 %	1.56 %	95	D	69.2 %	1.84 %
11	B	62.07 %	1.97 %	28	B	46.69 %	1.77 %	45	C	54.46 %	1.29 %	62	B	53.52 %	1.3 %	79	A	47.11 %	1.77 %	96	D	53.38 %	1.9 %
12	D	88.71 %	0.0 %	29	A	62.95 %	1.68 %	46	D	82.76 %	0.0 %	63	A	57.42 %	1.57 %	80	B	51.94 %	1.56 %	97	C	56.05 %	1.73 %
13	C	56.24 %	1.55 %	30	A	62.91 %	1.89 %	47	C	19.73 %	4.33 %	64	B	83.8 %	0.0 %	81	A	83.45 %	0.0 %	98	A	56.66 %	1.39 %
14	C	26.32 %	3.04 %	31	D	68.0 %	1.93 %	48	B	48.38 %	1.19 %	65	C	51.78 %	1.91 %	82	A	58.86 %	1.4 %	99	C	48.47 %	1.73 %
15	B	54.34 %	1.52 %	32	D	25.65 %	3.03 %	49	C	50.39 %	1.29 %	66	C	49.0 %	1.96 %	83	A	44.98 %	1.78 %	100	B	69.6 %	1.05 %
16	C	85.29 %	0.0 %	33	D	61.05 %	1.41 %	50	A	79.02 %	0.0 %	67	B	53.85 %	1.77 %	84	C	89.46 %	0.0 %				
17	B	47.35 %	1.96 %	34	D	27.93 %	3.62 %	51	B	79.66 %	0.0 %	68	C	46.22 %	1.17 %	85	C	60.17 %	1.16 %				

//संकेत और समाधान//

1. एक क्रिस्टल को चूर - चूर करने से पदार्थ की अवस्था नहीं बदलेगी।

पदार्थ की अवस्था में परिवर्तन का अर्थ है किसी पदार्थ की भौतिक अवस्था में परिवर्तन, जो ठोस से तरल या तरल से वाष्प अवस्था में होता है।

जब हम किसी ठोस को चूर - चूर करते हैं तो वह छोटे-छोटे कणों में टूट जाता है लेकिन वह ठोस रहता है। इसका अर्थ है कि अवस्था में कोई परिवर्तन नहीं होगा।

अतः विकल्प (D) सही है।

2. तापमान: यह निकाय की उष्णता और शीतलता की कोटि का माप है। तापमान की SI इकाई केल्विन (K) है। चूंकि केल्विन पैमाने में हिमांक (273 K) पर और (373 K) पर वाष्प बिन्दु है। परम शून्य तापमान 0 केल्विन होता है। इस तापमान के नीचे, हम केल्विन पैमाने में नहीं माप सकते। इसलिए तापमान का केल्विन पैमाना केवल धनात्मक होता है।

अतः विकल्प (C) सही है।

3. ऑक्सीजन को एक द्रव पदार्थ माना जा सकता है क्योंकि ऑक्सीजन एक गैस है और इसके कण चलने के लिए पूरी तरह से स्वतंत्र हैं। इसलिए उनमें प्रवाहित होने की क्षमता है।

द्रव एक ऐसा पदार्थ है जिसका कोई निश्चित आकार नहीं होता है और आसानी से बाहरी दबाव में आ जाता है। उदाहरण के लिए: एक गैस या (विशेषकर) एक द्रव।

अतः विकल्प (C) सही है।

4. ठोस और तरल अवस्थाओं की सामान्य विशेषताएं दोनों में निश्चित आयतन होता है।

ठोस का एक निश्चित आकार होता है और एक निश्चित आयतन होता है। तरल पदार्थ, एक ऐसा पदार्थ जिसका कोई आकार नही होता, लेकिन निश्चित आयतन होता है, यह जगह के हिसाब से स्वतंत्र रूप से बह सकता है। अर्थात इसे जिस आकार के बर्तन मे रखेंगे, उस आकार का रूप ले लेता है।" उदाहरण: दूध, पानी, पारा, खून, शराब, खनिज तेल आदि।

अतः विकल्प (B) सही है।

5. दिया गया है,

तरंग दैर्ध्य $= 5800\text{Å} = 5800 \times 10^{-10}\ m$

जैसा कि हम जानते हैं,

प्रकाश की गति,

$c = 3 \times 10^{8}\ m/s$

(a) तरंग संख्या इस प्रकार दी गई है,

$\bar{\nu} = \frac{1}{\lambda}$

$= \frac{1}{5800 \times 10^{-10}}$

$= 1.724 \times 10^{6}\ m^{-1}$

$= 1.724 \times 10^{4}\ cm^{-1}$

(b) आवृत्ति इस प्रकार दी गई है

$\nu = \frac{c}{\lambda}$

$= \frac{3 \times 10^{8}}{5800 \times 10^{-10}}$

$= 5.172 \times 10^{14}$ Hz

अतः विकल्प (D) सही है।

6. दिया गया है,

बल्ब की शक्ति $= 100$ वॉट $= 100\ J\ s^{-1}$

तरंगदैर्घ्य, $\lambda = 400 \times 10^{-9} m$

प्लैंक स्थिरांक, $h = 6.626 \times 10^{-34} Js$

प्रकाश की गति, $= 3 \times 10^{8}\ m\ s^{-1}$

एक फोटॉन की ऊर्जा, $E = h\nu$

$= \frac{hc}{\lambda}$

$= \frac{6.626 \times 10^{-34} \times 3 \times 10^{8}}{400 \times 10^{-9}}$

$= 4.969 \times 10^{-19}\ J$

उत्सर्जित फोटॉनों की संख्या =बल्ब की शक्ति/एक फोटॉन की ऊर्जा

$= \frac{100}{4.969 \times 10^{-19}}$

$= 2.012 \times 10^{20}\ s^{-1}$

अतः विकल्प (B) सही है।

7. जैसा कि हम जानते हैं,

कोणीय गति के रूप में दिया जाता है,

$L = mvr$

कोणीय संवेग $\frac{h}{2\pi}$ के पूर्णांक गुणज पर होता है।

तब हम लिख सकते हैं,

$mvr = \frac{nh}{2\pi}$

$n = 1$ के लिए,

$mvr = \frac{h}{2\pi}$

अतः विकल्प (C) सही है।

8. $X - 19: 1\ s^2, 2\ s^2 2p^6, 3\ s^2 3p^6 4\ s^1$, यहाँ M शेल 3 ऊर्जा स्तर है जिसमें 8 इलेक्ट्रॉन $3s^2 3p^6$ होते हैं।

$Y - 21: 1s^2, 2s^2 2p^6, 3s^2 3p^6 4s^2 3d^2$, यहाँ M शेल 3 ऊर्जा स्तर को इंगित करता है जिसमें 9 इलेक्ट्रॉन $3s^2 3p^6 3d^1$ होते हैं।

$Z - 25: 1\ s^2, 2\ s^2 2p^6, 3\ s^2 3p^6 4\ s^2 3\ d^5$, यहाँ M शेल 3 ऊर्जा स्तर को इंगित करता है जिसमें 13 इलेक्ट्रॉन $3\ s^2 3p^6 3\ d^5$ होते हैं।

तो, यहाँ Z में M शेल में Y और X से अधिक इलेक्ट्रॉन होते हैं। इसलिए, क्रम $Z > Y > X$ है।

अतः विकल्प (C) सही है।

9. संतुलित रासायनिक समीकरण:

प्रतिक्रिया से पहले और बाद में परमाणुओं की संख्या की जांच करें।

उनके समक्ष गुणांक जोड़कर तत्वों को एक बार में संतुलित करें।

आवश्यकतानुसार गुणांक बदलें।

सदस्यताएँ कभी न बदलें।

$PbO + 2HCl \rightarrow PbCl_2 + H_2O$ संतुलित समीकरण है।

- समीकरण के संतुलन हेतु HCl के 2 मोलों की आवश्यकता है।

अतः विकल्प (C) सही है।

10. यह अभिक्रिया ऊष्माक्षेपी है।

एल्युमीनियम जैसी अधिक अभिक्रियाशील धातु का उपयोग धातुओं के ऑक्साइडों से निष्कर्षण में अपचायी कर्मक के रूप में भी किया जा सकता है। एल्युमिनियम का उपयोग एक अपचायी कर्मक के रूप में किया जाता है, जहां धातु ऑक्साइड जिंक, आदि की तुलना में तुलनात्मक रूप से अधिक अभिक्रियाशील धातु है। मैंगनीज और क्रोमियम धातुओं के ऑक्साइड कार्बन द्वारा संतोषजनक रूप से अपचयित नहीं होते हैं। तो, मैंगनीज और क्रोमियम धातुओं को एल्यूमीनियम पाउडर के साथ उनके ऑक्साइड की कमी से निकाला जाता है। एल्यूमीनियम चूर्ण धातु के ऑक्साइड को धातु में अपचयित कर देता है और स्वयं एल्यूमीनियम ऑक्साइड में ऑक्सीकृत हो जाता हैं। जब मैंगनीज डाइऑक्साइड को एल्यूमीनियम चूर्ण के साथ गर्म किया जाता है, तो मैंगनीज धातु का उत्पादन होता है, और निम्न अभिक्रिया होती है।

$$3MnO_2 + 4Al \rightarrow 3Mn + 2Al_2O_3 + \text{ऊष्मा}$$

उपरोक्त अभिक्रिया से, यह स्पष्ट है कि एल्यूमीनियम के साथ मैंगनीज डाइऑक्साइड का अपचयन एक अत्यधिक ऊष्माक्षेपी अभिक्रिया है। एल्यूमीनियम चूर्ण के साथ मैंगनीज डाइऑक्साइड के अपचयन के दौरान बहुत अधिक ऊष्मा उत्पन्न होती है, जिसके कोरण उत्पादित मैंगनीज धातु गलित अवस्था (या द्रव अवस्था) में होती है।

अतः विकल्प (A) सही है।

11. कॉपर सल्फेट घोल में डुबोकर लोहे की कीलें थोड़ी भूरी हो जाती हैं।

विस्थापन अभिक्रिया:

- यह एक अभिक्रिया है जिसमें परमाणु या परमाणुओं का एक सेट एक अणु में दूसरे परमाणु द्वारा विस्थापित किया जाता है।
- प्रतिक्रिया से पता चलता है कि लोहा तांबे की तुलना में अधिक प्रतिक्रियाशील है क्योंकि यह तांबा सल्फेट समाधान से तांबे को विस्थापित करता है।

इसलिए, लोहे के नाखून भूरे हो जाते हैं जबकि समाधान हरा हो जाता है।

$$CuSO4(aq) + Fe(s) \rightarrow FeSO4(aq) + Cu(s)$$

दो प्रक्रियाओं के बाद इस प्रतिक्रिया में:

- $Cu^{2+} + 2e = Cu^0$ (कमी प्रक्रिया, Cu ऑक्सीकरण एजेंट है)
- $Fe^0 - 2e = Fe^{2+}$ (ऑक्सीकरण प्रक्रिया, Fe कम करने वाला एजेंट है)
- प्रतिक्रिया डबल विस्थापन प्रतिक्रिया के साथ-साथ रेडॉक्स प्रतिक्रिया (ऑक्सीकरण और कमी दोनों एक साथ हो सकती है) हो सकती है।

अतः विकल्प (B) सही है।

12. जब सल्फर डाइऑक्साइड पानी में घुल जाता है तो सल्फ्यूरस एसिड बनता है।

$$SO_2 + H_2O \rightarrow H_2SO_3$$

सल्फ्यूरस एसिड:

- सल्फ्यूरस एसिड एक अच्छा अपचायक कारक है।
- सल्फ्यूरस एसिड एक रंगहीन तरल है।
- सल्फ्यूरस एसिड अस्थिर होता है और इसकी शुद्ध अवस्था में कभी भी अलग नहीं किया गया है। यह पानी और सल्फर डाइऑक्साइड में आसानी से विघटित हो जाता है।
- सल्फ्यूरस एसिड शक्तिशाली अपचायक कारक होते हैं, इसका उपयोग एक कीटाणुनाशक एजेंट के रूप में किया जाता है।
- यह क्लोरीन संवेदनशील तत्वों वाले अनुप्रयोगों के लिए एक हल्के विरंजन एजेंट के रूप में भी उपयोग किया जाता है।

अतः विकल्प (D) सही है।

13. कैलामाइन के घोल को चींटी के काटने वाली जगह पर रगड़ा जाता है क्योंकि कैलामाइन का घोल एंटासिड होता है।

चींटी के डंक में फॉर्मिक एसिड होता है। इसलिए जब कोई चींटी काटती है तो वह फॉर्मिक एसिड को हमारी त्वचा में इंजेक्ट कर देती है जिससे हमें जलन महसूस होती है। कैलामाइन प्रकृति में क्षारीय है। जब कोई एसिड क्षार के साथ अभिक्रिया करता है तो उदासीनीकरण अभिक्रिया होती है। इस प्रक्रिया के दौरान होने वाली अभिक्रिया है:

$$2HCOOH + ZnCO_3 \rightarrow Zn(HCOO)_2 + H_2CO_3$$

H_2CO_3 बनने के बाद पानी और कार्बन डाइऑक्साइड बनाने के लिए एक रासायनिक अभिक्रिया से गुजरना पड़ता है।

$$H_2CO_3 \rightarrow H_2O + CO_2$$

और इसलिए, चींटी के काटने पर त्वचा पर कैलामाइन का घोल लगाया जाता है ताकि एसिड-क्षार उदासीनीकरण अभिक्रिया हो।

अतः विकल्प (C) सही है।

14. सोडियम कार्बोनेट एक क्षारीय लवण है क्योंकि यह दुर्बल अम्ल और प्रबल क्षार का लवण है।

सोडियम कार्बोनेट Na_2CO_3 पानी में वियोजित होकर सोडियम आयन Na^+ और कार्बोनेट आयन CO_3^{2-} बनाता है। कार्बोनेट आयन एक न्यूक्लियोफाइल है इसलिए यह कार्बोनिक एसिड H_2CO_3 बनाने के लिए प्रोटॉन के साथ आसानी से अभिक्रिया करेगा। इसलिए, सोडियम कार्बोनेट बनाने के लिए होने वाली अम्लक्षार अभिक्रिया को इस प्रकार दिया जाता है:

$$H_2CO_3 + 2NaOH \rightarrow Na_2CO_3 + 2H_2O$$

हम जानते हैं कि सोडियम हाइड्रॉक्साइड एक प्रबल क्षार है और कार्बोनिक अम्ल एक दुर्बल अम्ल है। इसलिए, सोडियम कार्बोनिट एक क्षारीय लवण है क्योंकि यह दुर्बल अम्ल और प्रबल क्षार से प्राप्त लवण है।

अतः विकल्प (C) सही है।

15. सोडियम हाइड्रोजन कार्बोनेट को एसिटिक अम्ल में मिलाने पर एक गैस बनती है। निकलने वाली गैस कार्बन डाइऑक्साइड है, जिसमें चूने के पानी को दूधिया करने का गुण होता है। यह जलती हुई मोमबत्ती या छींटे को बुझा सकती है और यह सोडियम हाइड्रॉक्साइड विलयन में घुलकर सोडियम कार्बोनेट बनाती है लेकिन यह गैस गंधहीन प्रकृति की होती है। इसलिए, कथन (1), (2) और (3) सही हैं तथा कथन (4) गलत है।

अतः विकल्प (B) सही है।

16. गैर-जलीय अनुमापन एक विलायक माध्यम में कमजोर अम्लीय या बुनियादी विश्लेषणों का अनुमापन है जिसमें जल की कमी होती है। गैर-जलीय अनुमापन के लिए संकेतकों के प्रतिध्वनित, आयनित और संघीकृत रूपों का उपयोग किया जाता है; हालांकि, अभिक्रिया के अंत बिंदु पर रंग परिवर्तन अनुमापक प्रकृति के आधार पर अनुमापन के बीच भिन्न होता है।

- क्रिस्टल वायलेट संकेतक: यह व्यापक रूप से इस्तेमाल किया जाता है और 0.5% w/v विलयन के रूप में ग्लेशियल एसिटिक एसिड अनुमापन में नियोजित होता है।
- थाइमोल ब्लू: यह अक्सर विभिन्न अनुमापनों में pH संकेतक के रूप में उपयोग किया जाता है। इसका उपयोग मेथनॉल में 0.2% w/v विलयन के रूप में किया जाता है, जिसमें पीले से नीले रंग का परिवर्तन होता है।

- मिथाइल रेड संकेतक: यह 0.2% w/v डाइऑक्सिन विलयन में बनाया जाता है और इसका समापन बिंदु पीले से लाल रंग में परिवर्तन का संकेत देता है।

अत: विकल्प (C) सही है।

17. फास्फोरस अधातु है, जो अपनी उच्च अभिक्रियाशीलता के कारण कमरे के तापमान पर पानी में संग्रहित किया जाता है।

फास्फोरस एक बहुत ही अभिक्रियाशील अधातु है। हवा के संपर्क में आने पर यह आग पकड़ लेता है। वायुमंडलीय ऑक्सीजन के साथ फास्फोरस के संपर्क को रोकने के लिए, इसे पानी में संग्रहित किया जाता है।

अत: विकल्प (B) सही है।

18. जल एक सहसंयोजक यौगिक है। एक एकल जल के अणु में दो हाइड्रोजन परमाणुओं से जुड़ा एक ऑक्सीजन परमाणु होता है। प्रत्येक हाइड्रोजन परमाणु एक सहसंयोजक बंधन के माध्यम से ऑक्सीजन परमाणु से जुड़ा होता है।

ऑक्सीजन और हाइड्रोजन की प्रकृति के कारण जल में एक सहसंयोजक बंधन होता है, वे स्थिरता प्राप्त करने के लिए इलेक्ट्रॉनों को साझा करते हैं, और उनकी इलेक्ट्रोनगेटिविटी उनके बंधन को सहसंयोजक माने जाने के लिए पर्याप्त है।

सहसंयोजक बंधन: दो परमाणुओं के बीच उनके इलेक्ट्रॉनों के आपसी साझाकरण द्वारा बंधन को सहसंयोजक बंधन के रूप में जाना जाता है और यौगिक को सहसंयोजक सह के रूप में जाना जाता है।

अत: विकल्प (D) सही है।

19. कांस्य में $85 - 88\%$ तांबा, $12 - 12.5\%$ टिन, और कुछ अन्य धातुओं जैसे एल्यूमीनियम, मैंगनीज, जस्ता या निकल के साथ छोटे अनुपात में शामिल होते हैं। यह मिश्रण तांबे के गुणों को बेहतर बनाने के लिए बनाया गया है।

अत: विकल्प (B) सही है।

20. कॉपर क्लोराइड का इलेक्ट्रोलिसिस विद्युत ऊर्जा का उपयोग करके यौगिक (कॉपर क्लोराइड) के विभाजन (अपघटन) का एक तरीका है। विद्युत ऊर्जा डीसी बैटरी या पावर पैक की आपूर्ति से आती है। इलेक्ट्रोलाइट (जलीय या पिघला हुआ सोडियम क्लोराइड) नामक आयन युक्त एक संवाहक तरल में यौगिक (कॉपर क्लोराइड) होना चाहिए जिसे तोड़ा जा रहा है। बैटरी के साथ विद्युत परिपथ को पूरा करने के लिए विद्युत को इलेक्ट्रोलाइट में डूबे हुए इलेक्ट्रोड के माध्यम से प्रवाहित करना चाहिए।

इलेक्ट्रोलाइट कॉपर (II) क्लोराइड, इलेक्ट्रोलिसिस प्रक्रिया के दौरान करंट ले जाने के लिए कॉपर (II) आयनों Cu^{2+} और क्लोराइड आयनों Cl^- की उच्च सांद्रता प्रदान करता है।

अत: विकल्प (D) सही है।

21. ग्रेफाइट में एक विशाल सहसंयोजक संरचना होती है जिसमें प्रत्येक कार्बन परमाणु सहसंयोजक बंधों द्वारा तीन अन्य कार्बन परमाणुओं से जुड़ा होता है, कार्बन परमाणु परमाणुओं की हेक्सागोनल व्यवस्था के साथ परतें बनाते हैं, परतों के बीच कमजोर बल होते हैं, प्रत्येक कार्बन परमाणु में एक अनाबंधी बाहरी इलेक्ट्रॉन होता है, जो स्थानांतरित हो जाता है।

अतः विकल्प (B) सही है।

22. असंतृप्त हाइड्रोकार्बन (कार्बन परमाणुओं के बीच डबल बॉन्ड या ट्रिपल बॉन्ड) संतृप्त हाइड्रोकार्बन की तुलना में अधिक अभिक्रियाशील होते हैं। दूसरे शब्दों में, अल्केन्स और अल्कीन्स हाइड्रोकार्बन की तुलना में रासायनिक रूप से अधिक अभिक्रियाशील हैं।

अतः विकल्प (A) सही है।

23. हाइड्रोकार्बन का नाम और उनकी विशेषताएं नीचे दी गयी हैं:

हाइड्रोकार्बन	विशेषता
एल्केन	एकल बंध के साथ कार्बन-कार्बन
ऐल्कीन	द्विबंध के साथ कार्बन-कार्बन
अल्काइन	त्रि:बंध के साथ कार्बन-कार्बन
अल्कोहल	-OH कार्यात्मक समूह
एल्डिहाइड	-CHO कार्यात्मक समूह
कीटोन	-CO- कार्यात्मक समूह

अतः विकल्प (B) सही है।

24. C_2H_4 के बीच मौजूद द्वि-आबंध एक समन्वय सहसंयोजक बंध है जो साझा इलेक्ट्रॉन है। एकांकी इलेक्ट्रोन बंध नहीं बनाते हैं, इसी प्रकार से अनियोजित और अस्थिर इलेक्ट्रान बंध नहीं बनाएंगे।

अतः विकल्प (D) सही है।

25. उपकला ऊतक ग्रंथियों में मुख्य ऊतक होते हैं और शरीर की सभी सतहों और अंगों की बाह्य आवरण या परत का निर्माण करते हैं। इसमें निकट रूप से व्यवस्थित कोशिकाएं होती हैं, जो एक दूसरे के साथ दृढ़ रूप से व्यवस्थित होती हैं और या तो एकल या बहु परत का निर्माण करती हैं। कोशिकाएं के मजबूती से संकुलित होने के कारण बहुत कम अंतराकोशिकीय आधात्री होती है। अंतराकोशिकीय आधात्री में प्रोटीन होता है, और उपकला कोशिकाओं की कोशिका झिल्ली पर होता है।

अतः विकल्प (C) सही है।

26. कोशिका विभाजन के बाद अंतरावस्था पहली वृद्धि प्रावस्था होती है। अंतरावस्था में तीन प्रावस्थाएँ अर्थात G_1, S, और G_2 होती हैं जिसमें G_1 प्रावस्था की कोशिकाएँ अधिक कोशिकाद्रव्य और कोशिकांग का निर्माण करके परिपक्व हो जाती हैं। S प्रावस्था को पश्च -समसूत्री अंतरकाल प्रावस्था कहते हैं और उस प्रावस्था के दौरान, कोशिका DNAद्विगुणन के लिए आवश्यक एंजाइम और ऊर्जा को संश्लेषित करती है। यह अंतरावस्था के G_1 और G_2 प्रावस्था के मध्य होती है। G_2 प्रावस्था में, कोशिका विभाजन के लिए आवश्यक सभी कोशिका संरचनाओं का निर्माण होता है। उदाहरण: तारककेंद्र।

अतः विकल्प (B) सही है।

27. मंडलवक कार्बोहाइड्रेट के भंडारण का स्थल है। तारककाय संगठन, और और सूक्ष्मनलिका के केंद्रकन के लिए उत्तरदायी होता है, जबकि लयनकाय में एक पाचन एंजाइम होता है जिसका उपयोग आक्रमणकारी विषाणु और जीवाणु को नष्ट करने के लिए किया जाता है।

अंतर्द्रव्यी जालिका के कार्य कोशिका का ढांचा बनाना है। अंतर्द्रव्यी जालिका (ER) दो प्रकार के खुरदरी अंतर्द्रव्य जालिका (RER) तथा चिकनी अंतर्द्रव्य जालिका (SER) होते हैं। RER (अंतर्द्रव्यी जालिका) दो प्रकार के होते हैं। खुरदरी अंतर्द्रव्यी जालिका पर राइबोसोम लगे होते हैं जिस पर प्रोटीन संश्लेषित होती है। चिकनी अंतर्द्रव्य जालिका वसा अथवा लिपिड बनाती है। कुछ प्रोटीन तथा वसा कोशिका झिल्ली को बनाने में सहायता करते हैं। अंतर्द्रव्यी जालिका कोशिका की कुछ जैव रासायनिक क्रियाओं के लिए कोशिका द्रव्यी ढांचे का कार्य भी करती है। अंतर्द्रव्यी जालिका विषाणु, जीवाणु, नीले-हरे शैवाल तथा स्तनधारियों की लाल रक्त कणिकाओं में नहीं पाये जाते हैं।

अतः विकल्प (D) सही है।

28. S प्रावस्था या संश्लेषण प्रावस्था: यह एक संश्लेषी प्रावस्था है। यह G_1 प्रावस्था और G_2 प्रावस्था के मध्य होती है। DNA की प्रतिकृति इस S प्रावस्था के दौरान होती है और DNA की मात्रा दोगुनी हो जाती है।

कोशिका चक्र: घटनाओं का वह अनुक्रम जिसमे कोशिका अपने जीनोम का द्विगुणन एवं अन्य संघटको का संश्लेषण होता है और इसके बाद विभाजित होकर दो नयी संतति कोशिकाओं का निर्माण करती है, कोशिका चक्र कहलाती है।

अतः विकल्प (B) सही है।

29. कवक और पादप कोशिका भित्ति के बीच मुख्य अंतर सेलुलोस के कारण होता है जो पादप कोशिका भित्ति में मौजूद होता है, कवक में काइटिन उनके कोशिका भित्ति के एक प्रमुख घटक के रूप में होता है। काइटिन और सेलुलोस दोनों बहुशर्करा श्रृंखलाओं के बने होते हैं। इसके अलावा, कवक में क्लोरोफिल नहीं होता है, जबकि पादपों में यह मौजूद होता है। इसका कारण यह है कि कवक प्रकाश संश्लेषण करने के बजाय मिट्टी से पोषक तत्वों को खींचता है।

अत: विकल्प (A) सही है।

30. हर साल बढ़ते मौसम में, पेड़ केंद्रित कोशिकाओं में व्यवस्थित नई कोशिकाएं बनाता है जिन्हें ग्रोथ रिंग या वार्षिक वलय कहा जाता है। ये वार्षिक वलय एक बढ़ते मौसम के दौरान उत्पादित लकड़ी की मात्रा को दर्शाते हैं। ये वार्षिक वलय लकड़ी की आयु, तेज़ी, और इसके विकास की एकरूपता के बारे में बहुमूल्य जानकारी प्रस्तुत करते हैं।

- एक कैम्बियम जो जाइलम और फ्लोएम के बीच मौजूद होता है, उसे इंट्राफैसिकुलर कैम्बियम कहा जाता है। यह एक प्रकार का प्राथमिक गुण है।
- सबसे पहले, मेडुलेरी किरणों की कुछ कोशिकाएं इंटरस्कैसिकुलर कैम्बियम बनाने के लिए मेरिस्टेमेटिक बन जाती हैं जो एक माध्यमिक मेरिस्टेम है।
- इंट्राफैसिक्युलर और इंटरफैसिक्युलर कैम्बियम को सामूहिक रूप से संवहनी कैम्बियम के रूप में जाना जाता है।
- संवहनी कैम्बियम एक पूर्ण रिंग के रूप में बनता है।
- इस प्रकार, विकास की अंगूठी संवहनी कैंबियम से ली गई है जो कि वर्तमान में वाइलम और फ्लोएम है,जिसे इंट्रा-स्टेलर कैम्बियम भी कहा जाता है।

जिससे इंट्रासेलर कैम्बियम की गतिविधि के कारण वार्षिक वलय बनते हैं।

अतः विकल्प (A) सही है।

31. अधिपादप छोटे पौधे होते हैं जो उष्णकटिबंधीय वर्षा वन में अन्य पौधों पर उगते हैं।

अधिपादप के उदाहरण ऑर्किड और निलंबी काई हैं। आर्द्रताग्राही गुंठिका स्पंजी, बहु-अधिचर्म होती हैं जो कुछ अधिपादपीय या अर्ध-अधिपादपीय पौधों की जड़ों को आच्छादित करती हैं, जैसे ऑर्किड और क्लिविया प्रजातियां। आर्द्रताग्राही गुंठिका का कार्य जल का अवशोषण है। ऑर्किड की आर्द्रताग्राही गुंठिका वायव मूलों का सफेद या ग्रे आवरण होता है। यह कई कोशिका परत मोटी और वायुमंडलीय नमी और पोषक तत्वों को अवशोषित करने में सक्षम होती है। अक्सर, ऑर्किड की जड़ें सहजीवी कवक या जीवाणु से जुड़ी होती हैं। जीवाणु वायु से पोषक तत्वों का स्थिरीकरण कर सकता है। यह कार्यक्षमता ऑर्किड को उन स्थानों में मौजूद होने में सहायता करती है जो प्रजनन या वनस्पति लाभ प्रदान करते हैं जैसे कि अन्य पौधों की प्रजातियों से बेहतर प्रदर्शन या कम प्रतिस्पर्धा।

अतः विकल्प (D) सही है।

32. नारियल का भूसा *स्क्लेरेनकाइमा* ऊतकों से बना होता है।

स्क्लेरेन्काइमा ऊतक सरल स्थायी ऊतक में से एक है। यह ऊतक है जो पौधे को नारियल के भूसी की तरह कठोर और सख्त बनाता है। इस ऊतक की कोशिकाएँ मृत होती हैं। वे लंबे और संकीर्ण होते हैं क्योंकि लिग्निन के कारण दीवारें मोटी हो जाती हैं। अक्सर ये दीवारें इतनी मोटी होती हैं कि कोशिका के अंदर कोई आंतरिक गति नहीं होती है। यह ऊतक पत्तियों के शिराओं में, और बीजों और नटों के कठोर आवरण में, संवहनी बंडलों के आसपास, तनों में मौजूद होता है। यह पौधों के अंगों को शक्ति प्रदान करता है।

अतः विकल्प (D) सही है।

33. सेलुलर श्वसन की प्रक्रिया में, माइटोकॉन्ड्रिया मुख्य अंग के रूप में कार्य करता है। माइटोकॉन्ड्रिया को कोशिका का पावरहाउस कहा जाता है। वे रॉड के आकार के अंग हैं जो पोषक तत्वों को एटीपी में परिवर्तित करते हैं। एटीपी कोशिका की ऊर्जा मुद्रा है जो माइटोकॉन्ड्रिया द्वारा निर्मित होती है। एरोबिक श्वसन कोशिका के पावरहाउस यानी माइटोकॉन्ड्रिया में होता है। राइबोसोम प्रोटीन संश्लेषण में शामिल होते हैं। क्लोरोप्लास्ट प्रकाश संश्लेषण से संबंधित हैं। डिक्टोसोम्स जैव-अणुओं की पैकेजिंग और संशोधन करते हैं।

अतः विकल्प (D) सही है।

34. जल का प्रकाश-अपघटन प्रकाश अभिक्रिया के दौरान होता है। प्रकाश-अपघटन की घटना के लिए साइट थायलाकोइड लुमेन है। पानी के प्रकाश-अपघटन से प्रोटॉन निकलते हैं, जो लुमेन में जमा होते हैं और प्रोटॉन के इलेक्ट्रोकेमिकल ग्रेडिएंट में योगदान करते हैं। जारी किए गए इलेक्ट्रॉनों का उपयोग PSII के प्रतिक्रिया केंद्र में इलेक्ट्रॉन छिद्र को भरने के लिए किया जाता है और ऑक्सीजन अणु प्रकाश संश्लेषण के उत्पाद के रूप में जारी किया जाता है।

इसलिए, सही उत्तर 'थायलाकोइड थैली का लुमेन' है।

अतः विकल्प (D) सही है।

35. अधिकांश वायुजीवी श्वसन (ऑक्सीजन के साथ) कोशिका के माइटोकॉन्ड्रिया में होता है, और अवायवीय श्वसन (ऑक्सीजन के बिना) कोशिका के कोशिका द्रव्य के भीतर होता है। इसलिए कथन (a) असत्य है।

कई प्रोकैरियोट्स, एककोशिकीय यूकैरियोट्स और अंकुरित बीजों में अवायवीय परिस्थितियों में किण्वन होता है। इसलिए कथन (b) सही है।

वह उपापचयी मार्ग जिसके माध्यम से इलेक्ट्रॉन एक वाहक से दूसरे वाहक तक जाता है, इलेक्ट्रॉन परिवहन तंत्र (ETS) कहलाता है। इसलिए कथन (c) सही है।

अतः विकल्प (A) सही है।

36. एटीपी अणुओं की सैद्धांतिक गणना के लिए, विभिन्न धारणाएँ बनाई जाती हैं, जो इस प्रकार हैं:

- यह माना जाता है कि एरोबिक श्वसन के विभिन्न भाग जैसे ग्लाइकोलाइसिस, टीसीए चक्र और ईटीएस क्रमिक और व्यवस्थित मार्ग में होते हैं।
- ग्लाइकोलाइसिस की प्रक्रिया के दौरान उत्पादित एनएडीएच ऑक्सीडेटिव फास्फारिलीकरण से गुजरने के लिए माइटोकॉन्ड्रिया में प्रवेश करता है।
- एक ग्लूकोज अणु को एकमात्र सब्सट्रेट माना जाता है, जबकि यह माना जाता है कि कोई अन्य अणु मध्यवर्ती चरणों में मार्ग में प्रवेश नहीं करता है।
- श्वसन के दौरान उत्पन्न होने वाले मध्यवर्ती का उपयोग किसी अन्य प्रक्रिया में नहीं किया जाता है।

अतः विकल्प (D) सही है।

37. अग्र-मस्तिष्क संवेदी जानकारी को सोचने और व्याख्या करने के लिए जिम्मेदार है। पश्च मस्तिष्क शरीर की मुद्रा और संतुलन को बनाए रखने के लिए जिम्मेदार है। चूंकि उपरोक्त सभी कार्य मस्तिष्क द्वारा नियंत्रित होते हैं।

अतः विकल्प (D) सही है।

38. प्रतिवर्ती क्रिया उत्तेजनाओं के लिए अचानक और अनैच्छिक प्रतिक्रिया है। यह जीवों को ऐसी प्रतिकूल परिस्थितियों के अनुकूल होने में मदद करता है जिसमें शारीरिक नुकसान या मृत्यु भी हो सकती है। किसी गर्म या ठंडी वस्तु को स्पर्श करने के तुरंत बाद अपने हाथों को दूर खींचना प्रतिवर्त क्रिया का एक उत्कृष्ट उदाहरण है।

प्रतिवर्त चाप तंत्रिका मार्ग है जिसके बाद प्रतिवर्त क्रिया होती है। वह पथ जिसके माध्यम से संकेतों को रिसेप्टर से पेशी या ग्रंथि तक पहुँचाया जाता है, प्रतिवर्त चाप कहलाता है। प्रतिवर्ती चाप का एक उदाहरण यह तब होता है जब हम गलती से किसी गर्म वस्तु को स्पर्श कर लेते हैं।

अतः विकल्प (C) सही है।

39. अग्रमस्तिष्क में मनुष्यों के मस्तिष्क का अधिकांश भाग होता है। यह मस्तिष्क का मुख्य चिंतन भाग है। यह अधिकांश शारीरिक कार्यों और व्यवहार को नियंत्रित करता है। अग्रमस्तिष्क में सेरेब्रम, थैलेमस, हाइपोथैलेमस और लिम्बिक सिस्टम शामिल हैं। दृश्य धारणा, भाषा, गंध, स्मृति, श्रवण, दृष्टि आदि अग्रमस्तिष्क के कार्य हैं। लार, उल्टी, रक्तचाप जैसी अनैच्छिक क्रियाएं हिंदब्रेन में मज्जा द्वारा नियंत्रित होती हैं। सेरिबैलम शरीर के संतुलन और मुद्रा को बनाए रखता है।

अतः विकल्प (B) सही है।

40. एक सिनैप्स में, विद्युत संकेत को प्रीसानेप्टिक न्यूरॉन द्वारा न्यूरोट्रांसमीटर में 'अनुवादित' किया जाता है, जब तक कि यह दूसरे न्यूरॉन तक नहीं पहुंच जाता, तब तक रासायनिक सिनैप्टिक फांक में फैलता है (तैरता है)। इस प्रकार संकेत एक न्यूरॉन के अक्षीय सिरे से अगले न्यूरॉन के डेंड्रिटिक सिरे तक जाता है।

अतः विकल्प (D) सही है।

41. मासिक धर्म का रक्त थक्कारोधी से भरा होता है जो मोटे रक्त के थक्कों को तोड़ देता है और रक्त को थक्के जमने से रोकता है। यह एक मुक्त प्रवाह स्थिरता बनाए रखने में मदद करता है। मासिक धर्म के रक्त में, प्लास्मिनोजेन सक्रियकर्ता भी मौजूद होते हैं जो फाइब्रिनोलिसिस का कारण बनता है, जो थक्के को भंग कर देता है। इस प्रकार, सही विकल्प है 'मासिक धर्म द्रव आसानी से थक्का बना सकता है।'

अत: विकल्प (A) सही है।

42. एण्ड्रोजन कोशिकाओं को एण्ड्रोजन को संश्लेषित करने के लिए ल्यूटिनाइजिंग हार्मोन (एलएच) द्वारा उत्तेजित किया जाता है, जो ग्रैनुलोसा कोशिकाओं में एस्ट्रोजेन अग्रदूतों के रूप में फैलता है। एंट्रल या "प्रमुख" फॉलिकल्स एस्ट्रोजेन और इनहिबिन का स्राव करते हैं, जो फॉलिकल-उत्तेजक हार्मोन (एफएसएच) पर नकारात्मक प्रतिक्रिया देते हैं, इस प्रकार उनके पड़ोसी एंट्रल फॉलिकल्स को "बंद" करते हैं।

एफएसएच में वृद्धि भी ग्रैन्युलोसा कोशिकाओं द्वारा इनहिबिन बी के स्राव को उत्तेजित करती है। इनहिबिन बी अंत में कूपिक चरण के अंत की ओर एफएसएच के स्राव को कुंद कर देगा। डिंबोत्सर्जन से पहले एलएच वृद्धि के दौरान इनहिबिन बी का स्तर उच्चतम होगा, और बाद में जल्दी से शंकु हो जाएगा।

एक अंडाशय में एक कूप परिपक्व होता रहता है। यह प्रमुख कूप समूह में अन्य सभी कूपों को दबा देता है।

अत: विकल्प (C) सही है।

43. सही उत्तर **रूपांतरण** है।

रूपांतरण:

- यह जैविक प्रक्रिया है जिसके माध्यम से एक जानवर जन्म या अंडे से निकलने के बाद शारीरिक रूप से विकसित होता है।
- इसमें कोशिका के विकास और विभेदन के माध्यम से पशु के शरीर की संरचना में एक विशिष्ट और अपेक्षाकृत परिवर्तन होता है।
- मेटामोर्फोसिस (रुपांतरण) एक ग्रीक शब्द है जिसका अर्थ है परिवर्तन या काया पलट।

निषेचन:

- इसे शुक्रसेचन, परागण, सिंगेमी और संसेचन के रूप में भी जाना जाता है।
- यह एक नए एकल या संतानों के विकास को शुरू करने के लिए युग्मकों का संलयन है।

बडिंग:

- यह एक प्रकार का अलैंगिक जनन है।
- इसमें एक विशेष भाग पर कोशिका विभाजन के कारण एक नए जीव का विकास होता है।
- बड यीस्ट कोशिका से निकलने वाला छोटा कंद जैसा बहिर्गत भाग है।
- यह प्रजनन अलैंगिक होता है, इसलिए नवगठित जीव एक क्लोन होता है और उत्परिवर्तन को छोड़कर आनुवंशिक रूप से मूल जीव के समान है।

क्लोनिंग:

- यह कृत्रिम या स्वाभाविक रूप से समान या लगभग समान डीएनए वाले व्यक्तियों को उत्पन्न करने की प्रक्रिया है।
- यह शब्द हर्बर्ट जे वेबर द्वारा गढ़ा गया है।
- जैव प्रौद्योगिकी में इसका अनुप्रयोग बहुत प्रचलित है।

अत: विकल्प (A) सही है।

44. एक पौधा जो पत्तियों द्वारा वानस्पतिक रूप से प्रजनन करता है वह ब्रायोफिलम है। ब्रायोफिलम (अंकुरित पत्ती का पौधा) पत्तियों के सीमा में होता है। यदि इस पौधे का एक पत्ता नम मिट्टी पर गिरता है, तो प्रत्येक कली एक नए पौधे को जन्म दे सकती है। कुछ पौधों की जड़ें नए पौधों को भी जन्म दे सकती हैं। शकरकंद और डहलिया इसके उदाहरण हैं।

अतः विकल्प (C) सही है।

45. आनुवंशिकता माता-पिता से उनकी संतानों में या तो अलैंगिक प्रजनन या लैंगिक प्रजनन के माध्यम से लक्षणों का पारित होना है, संतान कोशिकाएं या जीव अपने माता-पिता की आनुवंशिक जानकारी प्राप्त करते हैं।

आनुवंशिक लक्षणों को डीएनए के माध्यम से एक पीढ़ी से दूसरी पीढ़ी तक पारित करने के लिए जाना जाता है जो आनुवंशिक जानकारी को कूटबद्ध करता है।

अतः विकल्प (C) सही है।

46. जीन के वैकल्पिक रूप को एलेलेस के रूप में जाना जाता है। एलेलेस अपने अनुक्रम में भिन्न होते हैं जिसके परिणामस्वरूप किसी विशेष विशेषता के भिन्न फेनोटाइप में परिणाम हो सकता है या नहीं भी हो सकता है। एलेलेस एक जीन की विविधताओं का प्रतिनिधित्व करते हैं जो एक विशेष गुण के लिए जिम्मेदार होते हैं।

अतः विकल्प (D) सही है।

47. एक पौधा बैंगनी रंग के फूल के लिए समयुग्मजी है क्योंकि संतति में सभी फूल बैंगनी रंग के होते हैं और ऊंचाई के लिए विषमयुग्मजी होते हैं क्योंकि संतति में आधे पौधे छोटे होते हैं। जैसा कि अन्य माता-पिता द्वि आवर्ती है, और दोनों में से किसी में भी व्यक्त नहीं किया जाएगा। हम परिणाम को पहले पौधे द्वारा उत्पादित युग्मकों के रूप में आसानी से देख सकते हैं, अर्थात "Tw" जो "tw" के साथ मिश्रित होने पर एक लंबा बैंगनी पौधा और "tw" का उत्पादन करेगा जो "tw" के साथ मिश्रित होने पर एक बौना सफेद पौधा जनित होगा।

अतः विकल्प (C) सही है।

48. एक फूल के परागकोष से उसी फूल के वर्तिकाग्र तक परागकणों को स्थानांतरित करने की प्रक्रिया स्वपरागण है। इसे ऑटोगैमी के रूप में भी जाना जाता है और हिबिस्कस की तरह उभयलिंगी फूलों (जिसमें पुंकेसर और स्त्रीकेसर दोनों होते हैं) में देखा जाता है।

अतः विकल्प (B) सही है।

49. किसी वस्तु के जड़त्व के कारण वस्तु अपनी गति की स्थिति में किसी भी परिवर्तन का विरोध करती है।

न्यूटन के गति का पहला नियम: इसे जड़त्व का नियम भी कहा जाता है। जड़त्व एक निकाय की क्षमता है जिसके आधार पर वह बदलाव का विरोध करता है। न्यूटन के गति के पहले नियम के अनुसार एक निकाय विरामावस्था पर अथवा एक सीधी रेखा में एकसमान गति में ही रहेगा जब तक की उस पर कोई बाह्य बल नही लगाया जाता है।

अतः विकल्प (C) सही है।

50. जब कोई कण सीधे पथ पर चलता है, तो कण में केवल स्पर्शरिखा त्वरण होता है।

किसी कण का वृत्ताकार पथ पर उस क्षण की स्पर्शरिखा की दिशा में गति करते हुए त्वरण को त्वरण या स्पर्शरिखा त्वरण के स्पर्शरिखा घटक के रूप में जाना जाता है।

अतः विकल्प (A) सही है।

51. संवेग के संरक्षण के नियम के अनुसार, एक निकाय की कुल गति एक पृथक निकाय के लिए संरक्षित है।

एक पृथक निकाय का अर्थ है कि निकाय पर कोई बाहरी संपर्क नहीं है।

इस प्रकार, यदि निकाय पर कोई बाहरी बल कार्य नहीं कर रहा है, तो कणों की एक निकाय की गति संरक्षित है।

अतः विकल्प (B) सही है।

52. N परिक्रमण प्रति मिनट पर घूमने वाले पिंड का कोणीय वेग 2π $\frac{N}{60}$ रेडियन/सेकेंड है।

कोणीय वेग को समय के साथ कोणीय विस्थापन के परिवर्तन की दर के रूप में परिभाषित किया गया है।

यह आमतौर पर ग्रीक अक्षर ω (ओमेगा) द्वारा व्यक्त किया जाता है।

गणितीय रूप से,

कोणीय वेग ω = $\frac{d\theta}{dt}$

यदि कोई पिंड N परिक्रमण प्रति मिनट की दर से घूम रहा है तो उसका कोणीय वेग ω = 2π $\frac{N}{60}$ रेडियन/सेकेंड

अतः विकल्प (B) सही है।

53. जब कोई कण एकसमान वेग से वृत्ताकार पथ पर गति करता है, तो कण में केवल अभिकेन्द्र त्वरण होता है।

किसी कण के वृत्ताकार पथ पर उस क्षण स्पर्शरेखा के सामान्य दिशा में गतिमान होने पर और वृत्ताकार पथ के केंद्र की ओर निर्देशित त्वरण को त्वरण या सामान्य त्वरण के सामान्य घटक के रूप में जाना जाता है। इसे रेडियल या अभिकेन्द्र त्वरण भी कहते हैं।

अत: विकल्प (B) सही है।

54. गति का प्रथम नियम कहता है कि कोई पिंड तब तक एकसमान गति की अवस्था में या विराम अवस्था में रहता है जब तक कि उस पर कोई बाह्य बल न लगाया जाए। इसे जड़त्व के नियम के रूप में भी जाना जाता है।

अतः विकल्प (A) सही है।

55. जब बस रुकती है तो उसमें बैठे लोगों को झटका लगता है। ऐसा इसलिए, क्योंकि जब बस चल रही थी, तो लोग उसके साथ चल रहे थे। अत: उनमें गति का जड़त्व था। जब बस रुकती है, तो बस का जड़त्व गति से बदलकर विराम का हो जाता है। लेकिन लोगों की गति का जड़त्व अब भी बनी हुई है। इसलिए उन्हें झटके का अनुभव होता है।

अतः विकल्प (A) सही है।

56. एक गेंद को लंबवत ऊपर फेंका जाता है और वह लंबवत नीचे गिरता है जो रैखिक गति का एक उदाहरण है।

रैखिक गति में कोई वस्तु सीधी रेखा में एक बिंदु से दूसरे बिंदु पर जाती है।

अतः विकल्प (A) सही है।

57. ब्लैक होल एक बहुत सघन पिंड है जहाँ गुरुत्वाकर्षण क्षेत्र इतना मजबूत होता है कि वह निकट से प्रवाहित होने वाले सभी विकिरण को अवशोषित कर लेता है।

ब्लैक होल किसी भी अन्य तारे की तरह ही है लेकिन अपने उच्च घनत्व और छोटी त्रिज्या के कारण यह गुरुत्वाकर्षण के कारण भारी बल प्रदान करते है इसलिए इसकी सतह पर गुरुत्वीय त्वरण बहुत अधिक होगा।

यह प्रयोगात्मक रूप से सिद्ध किया गया था, कि ब्लैक होल के लिए गुरुत्वीय त्वरण अनंत है, अर्थात, $g = \infty$

अत: विकल्प (B) सही है।

58. यदि गुरुत्वीय प्रभाव में कमी होती, तो आर्किमिडीज का उत्थान कुछ हद तक परिवर्तित होता है।

आर्किमिडीज के सिद्धांत में कहा गया है कि किसी पिंड पर कार्य करने वाला उत्प्लावन बल उसके द्वारा विस्थापित द्रव के भार के बराबर होता है। चूँकि किसी पिंड का भार एक गुरुत्वाकर्षण प्रभाव है, गुरुत्वाकर्षण प्रभाव में कमी के साथ आर्किमिडीज का उत्थान घटता है।

अतः विकल्प (D) सही है।

59. गोलाकार शैल के केंद्र के गुरुत्वाकर्षण क्षेत्र की तीव्रता शून्य होती है।

ऐसा इसलिए है क्योंकि सभी दिशाओं से बल बिल्कुल समान है। यह केंद्र से स्पष्ट है लेकिन जैसे ही आप एक तरफ जाते हैं आप उस तरफ के करीब होते हैं जो इसके खिंचाव को बढ़ाता है लेकिन यह इस तथ्य से पूरी तरह समायोजन है कि अब दूसरी तरफ अधिक द्रव्यमान है।

अतः विकल्प (D) सही है।

60. अनंत पर $P.E$ शून्य है और $K.E$ भी शून्य है क्योंकि कण अनंत पर आराम से शुरू होता है।

पृथ्वी की सतह पर और अनंत पर यांत्रिक ऊर्जा के संरक्षण का उपयोग करना,

$$K \cdot E_R + P \cdot E_R = 0$$

$$\frac{1}{2}mv^2 + \left(-\frac{GMm}{R}\right) = 0$$

$$\left(\frac{1}{2}\right)mv^2 = \left(\frac{GMm}{R}\right)$$

$$v^2 = \left(\frac{2GM}{R}\right)$$

$v^2 = 2gR$ (चूंकि $g = \frac{GM}{R^2}$)

$$\Rightarrow v = \sqrt{2gR}$$

अतः विकल्प (D) सही है।

61. स्थितिज ऊर्जा किसी वस्तु को किसी संदर्भ बिंदु से अपरिवर्तनवादी बल के लिए किसी दिए गए स्थान पर स्थानांतरित करने में किए गए नकारात्मक कार्य के बराबर होती है।

गणितीय रूप में, यह इस रूप में दिया गया है,

$$dU(x) = -F(x)dx$$

$$\therefore F(x) = \frac{-dU(x)}{dx}$$

जहां F न्यूटन में बल है और $\frac{dU}{dx}$ प्रति इकाई लंबाई में स्थितिज ऊर्जा में परिवर्तन है।

अतः विकल्प (A) सही है।

62. मान लें कि एक स्थिर शक्ति P देने वाली मशीन द्वारा एक पिंड को एक सीधी रेखा के साथ ले जाया जाता है। पिंड द्वारा चली गई दूरी S है।

शक्ति, $P = F.v.$ .....(1)

बल, $F = ma$....(2)

जहां, $v = \frac{S}{t}$

त्वरण, $a = \frac{S}{t^2}$

m= द्रव्यमान

समीकरण (1) और समीकरण (2) से, हम प्राप्त करते हैं

$P = \frac{mS}{t^2} \times \frac{S}{t}$

$S^2 = \frac{Pt^3}{m}$

उपरोक्त समीकरण से, हम प्राप्त करते हैं

$S^2 \propto t^3$

$S \propto t^{\frac{3}{2}}$

∴ समय t में पिंड द्वारा तय की गई दूरी $t^{\frac{3}{2}}$ के समानुपाती होती है।

अत: विकल्प (B) सही है।

63. दिया है:

द्रव्यमान (m) = 50 Kg

ऊंचाई (h) = 6 m

हम जानते हैं कि,

स्थितिज ऊर्जा = द्रव्यमान × ऊंचाई × गुरुत्वाकर्षण स्थिरांक

स्थितिज ऊर्जा = 50 × 10 × 6

स्थितिज ऊर्जा = 3000 J

अतः विकल्प (A) सही है।

64. ऊर्जा संरक्षण सिद्धांत के अनुसार, पिंड की गतिज ऊर्जा और स्थितिज ऊर्जा का योग हमेशा स्थिर रहता है।

- जैसे ही पिंड नीचे आता है पिंड की ऊंचाई कम हो जाती है और इसलिए स्थितिज ऊर्जा घट जाती है। यदि स्थितिज ऊर्जा घटती है तो गतिज ऊर्जा बढ़ेगी।
- जैसे ही पिंड जमीन को छूता है, कण की सभी प्रारंभिक स्थितिज ऊर्जा गतिज ऊर्जा में परिवर्तित हो जाती है।
- किसी निश्चित ऊँचाई पर किसी पिंड की स्थितिज ऊर्जा (P.E) 200 जूल है। इसके द्वारा होने वाली गतिज ऊर्जा जब पृथ्वी की सतह को स्पर्श करती है तो यह स्थितिज ऊर्जा (= P.E.) के समान होती है।

अत: विकल्प (B) सही है।

65. बड़े आयाम वाले ध्वनि कम्पन ऊँची ध्वनि को उत्पन्न करते हैं।

ध्वनि एक अनुदैर्ध्य तरंग के रूप में चलती है। हवा के माध्यम से संचरण करने वाला एक ध्वनि तरंग वास्तव में एक अनुदैर्ध्य तरंग होता है जिसमें संकुचन और विरलीकरण हैं। ध्वनि के अध्ययन को ध्वनिकी कहा जाता है।

- ध्वनि की तीव्रता को प्रबलता से पहचाना जाता है।
- ध्वनि की ऊँचाई ध्वनि उत्पन्न करने वाले कंपन के आयाम के वर्ग के समानुपाती होती है।

एक औसत मानव की श्रव्य सीमा 20 हर्ट्ज - 20 किलोहर्ट्ज़ है। हवा में ध्वनि की गति = 343 मी/से। हर्ट्ज (Hz) ध्वनि की आवृत्ति की इकाई है। डेसिबल (dB) ध्वनि की तीव्रता की इकाई है।

अत: विकल्प (C) सही है।

66. आयाम एक ध्वनि तरंग की विशेषता है जो ध्वनि की प्रबलता को निर्धारित करता है।

ध्वनि:

- ध्वनि अनुदैर्ध्य यांत्रिक तरंगें हैं।
- कंपन के कारण ध्वनि उत्पन्न होती है।
- ध्वनि तरंगों के लक्षण तीव्रता या ज़ोर, पिच, गुणवत्ता (लय) हैं
- अंतरिक्ष में किसी भी बिंदु पर ध्वनि की तीव्रता को परिभाषित किया जाता है क्योंकि ऊर्जा की मात्रा उस बिंदु प्रति इकाई समय के आसपास आयोजित प्रति इकाई क्षेत्र में सामान्य रूप से पारित हो जाती है।
- ध्वनि की तीव्रता की इकाई डेसिबल।
- एक ध्वनि की पिच जो एक गंभीर ध्वनि को गंभीर ध्वनि से अलग करती है। पिच आवृत्ति पर निर्भर करती है।
- गुणवत्ता (लय) हमें एक ही तीव्रता और पिच वाले दो स्रोतों द्वारा उत्पन्न ध्वनियों के बीच अंतर करने में सक्षम बनाती है।
- जब ध्वनि एक माध्यम से दूसरे माध्यम में प्रवेश करती है, तो इसकी गति और तरंगदैर्ध्य बदल जाती है लेकिन आवृत्ति अपरिवर्तित रहती है।

अत: विकल्प (C) सही है।

67. यदि किसी ध्वनि की आवृत्ति 20Hz से कम हो तो उसे अवश्रव्य ध्वनि कहते हैं।

ध्वनि तरंगें तीन प्रकार की होती हैं:

- अवश्रव्य तरंगें: 0 Hz से 20 Hz के बीच की आवृत्ति की ध्वनि तरंगों को अवश्रव्य तरंगें कहा जाता है। उदा. गर्जन, ज्वालामुखी आदि से उत्पन्न ध्वनि। हाथी और व्हेल जैसे जानवर अवश्रव्य ध्वनि सुन सकते हैं।
- श्रव्य तरंगें: 20 Hz से 20,000 Hz के बीच की आवृत्ति की ध्वनि तरंगों को श्रव्य तरंगें कहा जाता है। मानव कान इन आवृत्तियों को सुनने में सक्षम हो सकता है।
- पराश्रव्य तरंगें: 20,000 हर्ट्ज से ऊपर की आवृत्ति की ध्वनि तरंगों को पराश्रव्य तरंगें कहा जाता है। कई जानवर जैसे चमगादड़, बिल्ली, कुत्ते, चूहे आदि इसे सुन सकते हैं।

अत: विकल्प (B) सही है।

68. हर्ट्ज़ में आवृत्ति की गणना करने के लिए, हमें समय को सेकंड में मापना होगा।

अर्थात् $t = 1$ मिनट $= 60$ सेकंड।

जितनी बार यह धड़कता है $= 75$ बार प्रति मिनट।

आवृत्ति इस प्रकार दी गई है:

जितनी बार यह धड़कता है/सेकंड में लिया गया कुल समय $= \frac{75}{60} = 1.25$ हर्ट्ज।

इसलिए, मानव हृदय की आवृत्ति 1.25 प्रति सेकंड है।

अतः विकल्प (C) सही है।

69. फ्लेमिंग के वाम-हस्त नियम में अँगूठा बल की दिशा का संकेत करता है।

इस नियम के अनुसार, यदि हम अपने बाएँ हाथ की तीन अँगुलियों मध्यमा, तर्जनी तथा अँगूठे को परस्पर लंबवत फैलाएँ और यदि तर्जनी चुम्बकीय क्षेत्र की दिशा तथा मध्यमा धरा की दिशा को दर्शाते हैं,तब अँगूठा धारावाही चालक पर लगे बल की दिशा को व्यक्त करता है।

अतः विकल्प (C) सही है।

70. फ्यूज तार में उच्च प्रतिरोध और कम गलनांक होना चाहिए। ताकि यह निर्धारित मान से अधिक करंट को पास होने से रोके। कम गलनांक इसे टूटने देगा जब उत्पन्न गर्मी के कारण उच्च धारा इससे होकर गुजरेगी।

अतः विकल्प (B) सही है।

71. ट्रांसफार्मर विद्युत् चुंबकीय प्रेरण के सिद्धांत पर काम करता है।

ट्रांसफार्मर दो या दो से अधिक विद्युत परिपथों को एक सामान्य दोलन चुंबकीय सर्किट का उपयोग करके एक साथ जोड़कर करता है जो ट्रांसफार्मर द्वारा ही निर्मित होता है। एक ट्रांसफार्मर पारस्परिक प्रेरण के रूप में "विद्युत चुम्बकीय प्रेरण" के सिद्धांतों पर कार्य करता है।

म्युचुअल इंडक्शन वह प्रक्रिया है जिसके द्वारा तार का एक कॉइल चुंबकीय रूप से एक वोल्टेज को उसके करीब स्थित दूसरे कॉइल में प्रेरित करता है। तब हम कह सकते हैं कि ट्रांसफार्मर "चुंबकीय डोमेन" में काम करते हैं और ट्रांसफार्मर का नाम इस तथ्य से मिलता है कि वे एक वोल्टेज या वर्तमान स्तर को दूसरे में "रूपांतरित" करते हैं।

अतः विकल्प (C) सही है।

72. परिनालिका छड़ चुम्बक की तरह व्यवहार करती है। इसलिए परिनालिका से जुड़े चुंबकीय क्षेत्र का प्रतिरूप और छड़ चुंबक के चारों ओर समान होता है। इसके दो छोर पर भी दो ध्रुव हैं और क्षेत्र रेखाएँ भी समान दिखती हैं।

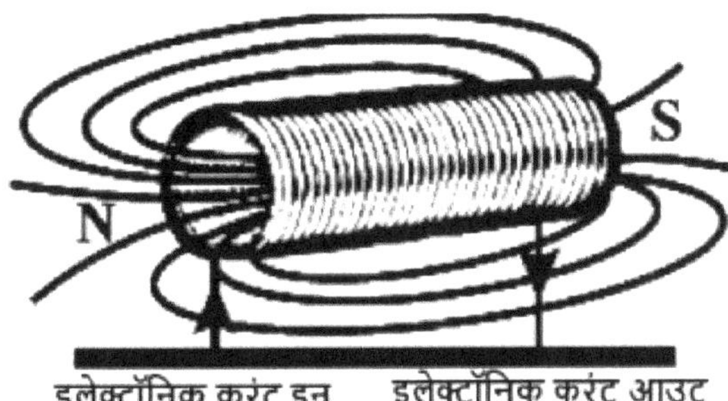

अतः विकल्प (C) सही है।

73. 'सोनलिका' गेहूं की अधिक उपज देने वाली और रोग प्रतिरोधी किस्म है। इसे 1963 में 'कल्याण सोना' नामक गेहूं की एक अन्य किस्म के साथ भारत में पेश किया गया था। इसलिए, यह सही सुमेलित है।

'परभणी क्रांति' भिंडी या एबेलमोस्कस एस्कुलेंटस की एक किस्म है। यह उत्परिवर्तन अभिजनन तकनीक द्वारा बनाया गया था। पीले मोज़ेक विषाणु के प्रतिरोध जीन को एक जंगली प्रजाति से उच्च उपज देने वाली प्रजातियों में स्थानांतरित किया गया था। इसलिए, यह सही सुमेलित है।

'पूसा कोमल' लोबिया की प्रतिरोधी किस्म है। इसमें जीवाणु तुषार के खिलाफ प्रतिरोध होता है। फूलगोभी की प्रतिरोधी किस्में हैं। 'पूसा शुभ्रा' और 'पूसा स्नोबॉल K-1' फूलगोभी की प्रतिरोधी किस्में हैं। फूलगोभी की किसमें ब्लैक रॉट और कर्ल ब्लाइट ब्लैक रॉट के खिलाफ प्रतिरोधी हैं। इसलिए, यह गलत सुमेलित है।

'पूसा स्वर्णिम' ब्रासिका (पात गोभी) की एक किस्म है जो सफेद जंग के खिलाफ प्रतिरोधी है। इसलिए, यह सही सुमेलित है।

अतः विकल्प (C) सही है।

74. बेसल खुराक: उर्वरक जो रोपण से पहले मिट्टी में शामिल हो जाते हैं; मिट्टी की जैविक उर्वरता बढ़ाने के लिए उर्वरक प्रयोग की आधारभूत खुराक के रूप में जाना जाता है।

सस्य उर्वरण (टॉप ड्रेसिंग): पौधों के पोषण में सुधार और पैदावार बढ़ाने के लिए बढ़ती अवधि के दौरान फसलों में खाद डालना। इसलिए, कथन I असत्य है।

नाइटोजन उर्वरक का उपयोग आमतौर पर सस्य उर्वरण (टॉप ड्रेसिंग) उर्वरकों के रूप में किया जाता है। अमीनियम नाइटेट सस्य उर्वरण (टॉप ड्रेसिंग) के लिए बहुत व्यापिक रूप से इस्तेमाल किया जाने वाला उर्वरक है। खनिज उर्वरक जो पानी में जल्दी घुलनशील होते हैं, अक्सर सस्य उर्वरण (टॉप ड्रेसिंग) के लिए उपयोग किए जाते हैं। इसलिए, कथन II असत्य है।

अतः सही विकल्प (D) है।

75. 'हरी खाद → रासायनिक यौगिक' गलत युग्म है।

हरी खाद की फसल उगाई जाती है और सड़न के लिए मिट्टी में परिवर्तित की जाती है। हरी खाद मिट्टी की भौतिक संरचना के साथ-साथ मिट्टी की उर्वरता में सुधार करती है। ढैंचा और सन भांग जैसी फसलों का उपयोग हरी खाद के रूप में किया जाता है।

अतः विकल्प (D) सही है।

76. यूरिया एक नाइट्रोजनयुक्त उर्वरक है।

यूरिया अपनी उच्च नाइट्रोजन सामग्री (46% N) के कारण देश में सबसे महत्वपूर्ण नाइट्रोजनी उर्वरक है। फसलों में इसके उपयोग के अलावा, यह प्रोटीन की आवश्यकता के एक हिस्से को बदलने के लिए पशु आहार के पूरक के रूप में उपयोग किया जाता है। विशेष रूप से प्लास्टिक के उत्पादन के लिए इसके कई औद्योगिक उपयोग हैं। हालांकि यूरिया अक्सर किसानों को सबसे कम कीमत पर बाजार में सबसे अधिक नाइट्रोजन प्रदान करता है, रासायनिक प्रतिक्रिया के माध्यम से नाइट्रोजन के नुकसान को रोकने के लिए यूरिया को मिट्टी में डालते समय विशेष कदम उठाए जाने चाहिए।

अतः विकल्प (A) सही है।

77. सुनामी समुद्र के एक बड़े और अचानक विस्थापन के कारण होने वाली अत्यंत लंबी लहरों की एक श्रृंखला है, जो आमतौर पर समुद्र तल के नीचे या उसके पास भूकंप का परिणाम है। यह बल लहरें बनाता है जो अपने स्रोत से दूर सभी दिशाओं में बाहर की ओर निकलती हैं, कभी-कभी पूरे महासागर घाटियों को पार करती हैं। हवा से चलने वाली लहरों के विपरीत, जो केवल समुद्र की सबसे ऊपरी परत के माध्यम से यात्रा करती हैं, सुनामी समुद्र तल से समुद्र की सतह तक पूरे जल स्तंभ के माध्यम से चलती है।

अतः विकल्प (C) सही है।

78. बिजली गिरने के दौरान वास्तव में बिजली का निर्वहन होता है।

बिजली, ग्रह पर सबसे शक्तिशाली प्राकृतिक शक्तियों में से एक है। यह तूफानी बादलों में निर्मित स्थैतिक बिजली का एक प्राकृतिक निर्वहन है। अधिकांश बिजली गरज के एक भाग के रूप में बनती है। हम स्थैतिक बिजली के अवलोकन से जानते हैं कि बिजली जैसे स्थैतिक विद्युत निर्वहन सकारात्मक और नकारात्मक आयनों में आवेशों के अलग होने के कारण होते हैं। समय के साथ एक से अधिक चार्ज तब तक बनता है जब तक कि विपरीत चार्ज के लिए इसका प्राकृतिक आकर्षण इसे बिजली का निर्वहन में स्थानांतरित नहीं कर देता।

अतः विकल्प (A) सही है।

79. भूकंप की तीव्रता को रिक्टर स्केल नामक पैमाने पर परिमाण के रूप में व्यक्त किया जाता है।

रिक्टर स्केल जिसे रिक्टर परिमाण पैमाना भी कहा जाता है, भूकंप की तीव्रता को मापने का एक उपकरण है, जिसे चार्ल्स फ्रांसिस रिक्टर द्वारा विकसित किया गया था और अपने ऐतिहासिक 1935 के पेपर में प्रस्तुत किया गया था, जहां उन्होंने इसे "परिमाण पैमाने" कहा था।

अतः विकल्प (A) सही है।

80. छाया निर्माण के लिए, प्रकाश, स्क्रीन और अपारदर्शी वस्तु के स्रोत की आवश्यकता होती है।

इसलिए, प्रकाश के इन गुणों का उपयोग छाया निर्माण की घटना को समझाने के लिए किया जा सकता है:

A. प्रकाश एक सीधी रेखा में यात्रा करता है।

D. प्रकाश अपारदर्शी वस्तुओं से नहीं गुजरता है।

अतः विकल्प (B) सही है।

81. एडैफिक कारकों में अजैविक घटक शामिल हैं।

एडैफिक कारक किसी विशेष क्षेत्र में पाई जाने वाली मिट्टी की भौतिक या रासायनिक संरचना से संबंधित एक अजैविक कारक है। मिट्टी के संबंध में एडैफिक कारक अजैविक कारक हैं। इन कारकों में शामिल हैं; मिट्टी की बनावट, मिट्टी की हवा, मिट्टी का तापमान, मिट्टी का पानी आदि।

अतः विकल्प (A) सही है।

82. हरे पौधे प्रकाश संश्लेषण की प्रक्रिया द्वारा अपना भोजन तैयार करने के लिए सूर्य की ऊर्जा का 1 प्रतिशत उपयोग करते हैं।

एक स्थलीय वातावरण में स्वपोषी अपनी पत्तियों पर गिरने वाली ऊर्जा के लगभग 1% को पकड़ते हैं और पारिस्थितिक तंत्र के बीच ऊर्जा विनिमय के एक अध्ययन के अनुसार इसे फ़ीड में बदल देते हैं।

अतः विकल्प (A) सही है।

83. खाद्य श्रृंखला के प्रत्येक पोषी स्तर पर जीवित जीवों के शरीर में हानिकारक रासायनिक पदार्थों जैसे कीटनाशकों के संचय की प्रक्रिया को जैविक आवर्धन के रूप में जाना जाता है।

जैव आवर्धन खाद्य श्रृंखला में विषाक्त पदार्थों के संचय को संदर्भित करता है। पर्यावरण में छोड़े जाने वाले जहरीले रसायनों को निचले जीवों जैसे पौधों, केंचुओं आदि द्वारा अवशोषित किया जाता है। इन रसायनों को तब विभिन्न पौष्टिकता स्तर में स्थानांतरित कर दिया जाता है जब निचले जीवों को अन्य जीवों द्वारा खाया जाता है।

अतः विकल्प (A) सही है।

84. खाद्य श्रृंखला में ऊर्जा का प्रवाह एक दिशा में होता है क्योंकि सूर्य पृथ्वी पर सभी पारिस्थितिक तंत्रों के लिए ऊर्जा का एकमात्र स्रोत है। तब स्वपोषी द्वारा ग्रहण की गई ऊर्जा वापस सूर्य की ओर नहीं लौटती है। इसलिए, खाद्य श्रृंखला में, ऊर्जा विभिन्न पोषी स्तरों के माध्यम से उत्तरोत्तर चलती है। ऊर्जा अब पिछले ट्राफिक स्तरों के लिए उपलब्ध नहीं है।

अतः विकल्प (C) सही है।

85. इलेक्ट्रॉनों की संख्या, n= (धारा (I) $\times$ समय (t))/(1 इलेक्ट्रॉन का चार्ज (e))

$$= \frac{(1 \times 1)}{1.6 \times 10^{-19}}$$

$$= 6.25 \times 10^{18}$$

अत: विकल्प (C) सही है।

86. विद्युत चुम्बक का कोर नर्म लोहे का बना होता है क्योंकि नर्म लोहे में उच्च संवेदनशीलता और कम धारणशीलता होती है।

विद्युत चुम्बक वे चुम्बक हैं जो धारा के लुप्त होते ही अपना सारा चुम्बकत्व खो देते हैं, इसलिए इसकी धारणशीलता क्षमता नगण्य होनी चाहिए। चूंकि नर्म लोहे में उच्च संवेदनशीलता और कम धारणशीलता होती है, इसलिए विद्युत चुंबक का कोर बनाने के लिए नर्म लोहे का उपयोग किया जाता है।

चुंबकीय संवेदनशीलता एक माप है कि एक प्रयुक्त चुंबकीय क्षेत्र में सामग्री कितनी चुम्बकित होगी। यह चुंबकीयकरण M (चुंबकीय क्षण प्रति इकाई आयतन) का अनुपात प्रयुक्त चुंबकीयकरण क्षेत्र तीव्रता H के लिए है।

अत: विकल्प (C) सही है।

87. तार ले जाने वाली दो सीधी धाराओं के बीच बल पर प्रभाव, जब पहले तार की त्रिज्या को तार ले जाने वाली दो सीधी धाराओं के बीच की दूरी को समान रखते हुए बढ़ा दिया जाता है, तो यह समान रहेगा।

दो समानांतर तारों के बीच प्रति इकाई लंबाई चुंबकीय बल इस प्रकार है-

$$\frac{F}{l} = \frac{\mu_0}{4\pi} \frac{2I_1I_2}{d}$$

ऊपर से, यह स्पष्ट है कि दो समानांतर तारों के बीच का बल तार को रखे गए माध्यम, दोनों तराओं के बीच की दूरी, तार 1 और तार 2 में प्रवाहित धारा पर निर्भर करता है।

दो समानांतर तारों के बीच का बल तार की त्रिज्या से स्वतंत्र होता है, इसलिए दो समानांतर तारों के बीच के बल पर कोई प्रभाव नहीं पड़ेगा।

अत: विकल्प (C) सही है।

88. विद्युतअपघटन की परिघटना का उपयोग करके विद्युतलेपन की प्रक्रिया मुख्य रूप से विद्युत प्रवाह के रासायनिक प्रभाव पर आधारित होती है। किसी भी धातु को विद्युत रूप से वर्कपीस पर चढ़ाया जा सकता है, और इस प्रक्रिया को विद्युतअपघटन कहा जाता है। जब भी प्रतिरोध में करंट प्रवाहित होता है तो उसमें ऊष्मा उत्पन्न होती है। विद्युत धारा द्वारा ऊष्मा उत्पन्न करने की घटना को विद्युत धारा का ऊष्मीय प्रभाव कहते हैं।

धारा के तापन प्रभाव के कारण, बल्ब का फिलामेंट उच्च ताप पर तप्त हो जाता है और वह प्रज्वलित होता है।

इसी तरह, संक्षारण को रोकने के लिए धातुओं को पिघलाया जाता है और एक अन्य सामग्री पर लेपित किया जाता है। यह विद्युत प्रवाह का एक रासायनिक प्रभाव है।

अत: विकल्प (B) सही है।

89. तांबा, सोना और पानी शुद्ध होते हैं लेकिन चीनी का घोल सजातीय मिश्रण होता है। तांबा, सोना और पानी एक ही तत्व से बने होते हैं लेकिन चीनी के घोल में चीनी विलेय और पानी विलायक के रूप में होता है।

अतः विकल्प (C) सही है।

90. एक मिश्रण जिसमें विभिन्न घटक होते हैं,विजातीय मिश्रण कहलाते हैं।

विजातीय मिश्रण: एक विजातीय मिश्रण एक गैर-समान संरचना वाला मिश्रण होता है जिसमें विभिन्न चरणों में घटक होते हैं। संरचना एक क्षेत्र से दूसरे क्षेत्र में भिन्न होती है जिसमें कम से कम दो चरण होते हैं जो स्पष्ट रूप से पहचाने जाने योग्य गुणों के साथ एक दूसरे से अलग रहते हैं। विषम मिश्रण में ऐसे कण होते हैं जो मिश्रित होने पर अपने रासायनिक गुणों को बनाए रखते हैं और मिश्रित होने के बाद उन्हें अलग किया जा सकता है। रासायनिक प्रक्रियाओं के निस्पंदन द्वारा विषम मिश्रण के घटकों को अलग किया जा सकता है। दो प्रकार के विषमांगी मिश्रण निलंबन और कोलाइड हैं।

उदाहरण:

- कंक्रीट एक समुच्चय का एक विषम मिश्रण है: सीमेंट और पानी।
- चीनी और रेत एक विषमांगी मिश्रण बनाते हैं। यदि आप बारीकी से देखते हैं, तो आप चीनी के छोटे क्रिस्टल और रेत के कणों की पहचान कर सकते हैं।
- कोला में बर्फ के टुकड़े एक विषमांगी मिश्रण बनाते हैं।

अतः विकल्प (B) सही है।

91. पानी के अणु में 2 हाइड्रोजन और 1 ऑक्सीजन परमाणु होते हैं। जब भिन्न-भिन्न तत्वों के दो या दो से अधिक परमाणु एक-दूसरे से निश्चित अनुपात में संयोग करते हैं, तो यौगिक का अणु प्राप्त होता है।

अतः विकल्प (B) सही है।

92. शुष्क बर्फ कार्बन डाइऑक्साइड के ठोस रूप का सामान्य नाम है।

- इसे शुष्क बर्फ कहा जाता है क्योंकि यह एक गीले तरल में नहीं पिघलती है।
- शुष्क बर्फ का परिशुद्ध करण होता है, जिसका अर्थ है कि यह अपने ठोस रूप से सीधे अपने गैसीय रूप में जाता है।

अत: विकल्प (C) सही है।

93. जैसा कि हम जानते हैं,

He का 1 मोल = 4 ग्राम

इसलिए, He का 40 ग्राम = 10 मोल

अतः विकल्प (D) सही है।

94. एंटोनी लेवोइसियर ने दहन के संबंध में कई प्रयोग किए और विभिन्न भौतिक और रासायनिक परिवर्तनों को देखा और समग्र द्रव्यमान में कोई परिवर्तन नहीं हुआ। इसलिए वह इस निष्कर्ष पर पहुंचा कि द्रव्यमान को न तो बनाया जा सकता है और न ही नष्ट किया जा सकता है अर्थात द्रव्यमान के संरक्षण का नियम।

अतः विकल्प (A) सही है।

95. क्लोराइड आयन Cl^{-1} के रूप में मौजूद होता है जो -1 का आवेश दर्शाता है। किसी यौगिक का रासायनिक सूत्र समग्र रूप से उदासीन होता है। यह धातु को +1 ऑक्सीकरण अवस्था प्रदर्शित करने का कारण बनता है। ऐसी ऑक्सीकरण अवस्था (आवेश) क्षार धातुओं द्वारा प्रदर्शित की जाती है। यहाँ उपस्थित एकमात्र क्षार धातु Na (सोडियम) है।

अतः विकल्प (D) सही है।

96. हाइड्रोजन परमाणु का द्रव्यमान 1.6736×10^{-24} ग्राम है।

जब amu के संदर्भ में परिवर्तित किया जाता है,

1.6736×10^{-24} ग्राम को 1.66056×10^{-24} ग्राम से विभाजित करने पर

$\frac{1.6736\times10^{-24}}{1.66056\times10^{-24}} = 1.0078$ amu

$= 1.008$ amu

अतः विकल्प (D) सही है।

97. जब किसी वस्तु को जल की सतह पर रखा जाता है तो वस्तु पर दो बल कार्य करते हैं।

- नीचे की दिशा में गुरुत्वाकर्षण बल और
- वस्तु पर जल का उत्क्षेप।

जब वस्तु पर कार्य करने वाला गुरुत्वाकर्षण बल जल के उत्क्षेप से अधिक होता है, तो वस्तु जल में डूब जाती है। दूसरी ओर, यदि वस्तु पर जल का उत्क्षेप गुरुत्वाकर्षण बल से अधिक होता है, तो वस्तु तैरती है।

अतः विकल्प (C) सही है।

98. लकड़ी का द्रव्यमान $=$ आयतन $\times$ लकड़ी का घनत्व

$= 80$ सेमी $^3 \times 0.45$ ग्राम/सेमी ^{3}

$= 36$ ग्राम

यदि लकड़ी तैरती है, तो वह 36 ग्राम द्रव को विस्थापित कर देगी जिसमें वह तैर रही है।

36 ग्राम $=$ जलमग्न लकड़ी का आयतन $\times$ द्रव का घनत्व

जलमग्न लकड़ी का आयतन $= 36$ ग्राम $\times 1$ सेमी $^3/0.8$ ग्राम

$= 45$ सेमी ^{3}

पानी की रेखा के ऊपर लकड़ी का अंश $=$ (लकड़ी का कुल आयतन $-$ जलमग्न लकड़ी का आयतन)/लकड़ी का कुल आयतन

$= (80$ सेमी $^3 - 45$ सेमी $^3)/80$ सेमी ^{3}

$= \frac{35}{80}$ सेमी ^{3}

$= \frac{7}{16}$

अतः विकल्प (A) सही है।

99. यदि धातु के दो टुकड़ों को द्रव में डुबाने पर उन पर समान उत्क्षेप होता है, तो दोनों टुकड़ों का आयतन समान होना चाहिए।

अतः विकल्प (C) सही है।

100. उत्प्लावक बल पानी के भार के बराबर होता है जिसे किसी वस्तु द्वारा विस्थापित किया गया है। चूँकि, धातु ब्लॉक की स्थिति पर ध्यान दिए बिना, धातु द्वारा विस्थापित आयतन समान होता है, इसलिए, उत्प्लावक बल समान रहता है।

अतः विकल्प (B) सही है।

मॉक टेस्ट 05

Q.1 निम्न में से किसका घनत्व सबसे कम है?

A. द्रव **B.** सोडियम **C.** गैस **D.** मर्क्युरी

Q.2 किसकी गतिज ऊर्जा सबसे कम होती है?

A. प्लाज्मा **B.** गैस
C. तरल पदार्थ **D.** ठोस

Q.3 गैस के गुब्बारों में हाइड्रोजन गैस के स्थान पर हीलियम गैस का प्रयोग किया जाता है क्योंकि यह ________ होती है।

[Territorial Army Officer, 2019]

A. हाइड्रोजन से हल्की
B. हाइड्रोजन से अधिक प्रचुर मात्रा में
C. गैर-ज्वलनशील
D. अधिक स्थिर

Q.4 गतिज ऊर्जा और स्थितिज ऊर्जा के बीच निम्नलिखित में से कौन सा संबंध ठोसों के बारे में सत्य है?

A. गतिज ऊर्जा = स्थितिज ऊर्जा
B. गतिज ऊर्जा > स्थितिज ऊर्जा
C. गतिज ऊर्जा < स्थितिज ऊर्जा
D. इनमें से कोई नहीं

Q.5 फास्फोरस की संयोजकता ________ है।

[Indian Military Academy (IMA), 2020], [Officers Training Academy (OTA), 2020]

A. 2, 3 **B.** 3, 4 **C.** 4, 5 **D.** 3, 5

Q.6 बोर के परमाणु मॉडल का मुख्य दोष है:

A. पारंपरिक और क्वांटम सिद्धांतों का मिश्रण
B. परमाणु गति का बहिष्करण
C. वर्णक्रमीय रेखाओं की बारीक संरचना की व्याख्या करने में विफल
D. बड़े परमाणुओं की व्याख्या करने में विफल

Q.7 किसी तत्व का तुल्यांकी भार और संयोजकता का गुणन _____ के बराबर होता है।

A. घनत्व **B.** सापेक्ष तापमान
C. परमाणु भार **D.** परमाणुता

Q.8 सल्फर डाइऑक्साइड में सल्फर की संयोजकता होती है:

A. 3 **B.** 4 **C.** 2 **D.** 1

Q.9 निम्नलिखित अभिक्रिया किस प्रकार की अभिक्रिया का एक उदाहरण है।

NH_3 (g) + HCl (g) → NH_4Cl (s)

A. योगज **B.** विस्थापन
C. अपघटन **D.** उदासीनीकरण

Q.10 निम्नलिखित अभिक्रिया को पूर्ण कीजिए :

$Al2O_3$ + 6HCl → 2 $AlCl_3$ + ______

A. H_2O **B.** $2H_2O$ **C.** $4H_2O$ **D.** $3H_2O$

Q.11 निम्नलिखित में से कौन सी अल्कोहल ल्यूकास अभिकर्मक के साथ सबसे अधिक प्रतिक्रियाशील है?

A. इथेनॉल
B. मेथनॉल
C. आइसोप्रोपाइल अल्कोहल
D. तृतीयक ब्यूटाइल अल्कोहल

Q.12 अभिक्रिया $Na_2SO_4(aq) + BaCl_2 \rightarrow BaSO_4(s) + 2NaCl(aq)$ ___________ का उदाहरण है।

A. अपचयन अभिक्रिया **B.** योग अभिक्रिया
C. अपघटन अभिक्रिया **D.** द्वि विस्थापन अभिक्रिया

Q.13 बेकिंग पाउडर के घटकों में से एक सोडियम हाइड्रोजन कार्बोनेट है, दूसरा घटक ____________ है।

A. हाइड्रोक्लोरिक अम्ल **B.** एसिटिक अम्ल
C. टार्टरिक अम्ल **D.** सल्फ्यूरिक अम्ल

Q.14 निम्नलिखित में से कौन-सी घटना तब घटित होती है, जब जल में अम्ल की थोड़ी सी मात्रा मिलाई जाती है?

1. आयनीकरण
2. तटस्थीकरण
3. तनुकरण
4. लवण निर्माण

A. (1) और (3) **B.** (1) और (2)
C. (2) और (3) **D.** (2) और (4)

Q.15 जब $K_2Cr_2O_7$ को ईथर की उपस्थिति में H_2SO_4 में मिलाया जाता है और H_2O_2 के साथ अच्छी तरह से हिलाया जाता है, तो एक तैरने वाला नीले रंग का कॉम्प्लेक्स X बनता है। ऑक्सीकरण अवस्था में परिवर्तन और कॉम्प्लेक्स X में Cr का प्रतिशत ______ है।

A. 6,49.8 **B.** 0,39.4 **C.** 2,76.9 **D.** 3,59.4

Q.16 निम्नलिखित में से कौन सा संकेतक गंध संबंधी संकेतक है?

A. लिटमस **B.** हल्दी
C. वनिला **D.** फिनोलफ्थेलिन

Q.17 निम्नलिखित में से कौन एक धातु है?

A. सल्फर **B.** आयोडीन **C.** लोहा **D.** कार्बन

Q.18 कांस्य के घटक क्या-क्या हैं?

A. Al + Cu + Mn + Mg **B.** Cu + Zn
C. Cu + Sn **D.** Pb + Sn

Q.19 निम्नलिखित में से कौन प्रतिक्रियाशीलता श्रृंखला में मैग्नीशियम और लेड के बीच स्थित है?

A. सोडियम **B.** सोना **C.** कैल्शियम **D.** जस्ता

Q.20 जंग लगने के लिए निम्नलिखित में से क्या आवश्यक है?

A. केवल O_2 **B.** O_2 और H_2O
C. O_2, H_2O और CO_2 **D.** केवल H_2O

Q.21 निम्नलिखित में से कौन सा संतृप्त कार्बन यौगिक का उदाहरण है?

A. एथेन **B.** ईथीन
C. एथीन **D.** उपरोक्त सभी

Q.22 कार्बन का कौन-सा अपररूप विद्युत का सुचालक है?

A. हीरा **B.** ग्रेफाइट **C.** फुलेरिन **D.** कोक

Q.23 निम्नलिखित में से कौन ऐल्काइनों की समजातीय श्रेणी से संबंधित है?

$C_6H_6, C_2H_6, C_2H_4, C_3H_4$

A. C_6H_6 **B.** C_2H_6 **C.** C_2H_4 **D.** C_3H_4

Q.24 निम्नलिखित में से कौन सा कथन कार्बन यौगिकों के लिए सही है?
A. अधिकांश कार्बन यौगिक विद्युत के सुचालक होते हैं।
B. अधिकांश कार्बन यौगिक विद्युत के कुचालक होते हैं।
C. कार्बन यौगिकों के अणुओं के बीच आकर्षण बल बहुत प्रबल नहीं होता है।
D. (B) और (C) दोनों

Q.25 सुकेन्द्रकी कोशिकाओं में ग्लाइकोप्रोटीन और ग्लाइकोलिपिड के निर्माण का मुख्य स्थल कौन सा है?
[NEET UG, 2020], [MPPEB Sub Engineer (Mechanical), 2020]
A. अंतर्द्रव्यी जालिका **B.** पेरोक्सीसोम
C. गाल्जी काय **D.** पालीसोम

Q.26 जल में घुलनशील वर्णक पादप कोशिका रिक्तिका में पाए जाते हैं:
A. ज़ैंथोफिल्स **B.** क्लोरोफिल
C. कैरोटीनॉयड **D.** एंथोसायनिन

Q.27 वह जीव जिनमें केंद्रक झिल्ली का अभाव होता है को क्या कहा जाता हैं?
A. सुकेंद्रकी **B.** प्रोकैरियोट
C. एककोशिकीय जीव **D.** बहुकोशिकीय जीव

Q.28 निम्नलिखित में से कौन सा कोशिका अंगक वायवीय श्वसन के लिए उत्तरदायी है?
A. माइटोकॉन्ड्रिया **B.** राइबोसोम
C. केन्द्रक **D.** गॉल्जी उपकरण

Q.29 शाकाहारी को ______ को पचाने के लिए छोटी आंत के बड़े होने की आवश्यकता होती है।
A. प्रोटीन **B.** वसा **C.** सेल्यूलोज **D.** विटामिन

Q.30 स्राव के लिए विशिष्ट स्तंभाकार को ________ कहा जाता है।
A. घनाकार उपकला **B.** स्तंभकार उपकला
C. रोमिकामय उपकला **D.** ग्रंथिक उपकला

Q.31 उपास्थिकोशिका में _______ पाए जाते हैं।
A. रक्त **B.** एपिथेलियम ऊतक
C. तंत्रिका ऊतक **D.** उपास्थि

Q.32 पशु और पौधे को जोड़ने वाली कड़ी को क्या कहते हैं?
A. अमीबा **B.** यूग्लेना
C. प्लाज्मोडियम **D.** पैरामीशियम

Q.33 निम्नलिखित में से कौन एरोबिक श्वसन का एक विशिष्ट गुण नहीं है?
A. एरोबिक श्वसन में, पाइरूवेट का पूर्ण ऑक्सीकरण होता है।
B. एरोबिक श्वसन में, एनएडीएच के दो अणु पाइरुविक एसिड के दो अणुओं के चयापचय से उत्पन्न होते हैं।
C. एनएडीएच एरोबिक श्वसन में बहुत धीरे-धीरे एनएडी+ में ऑक्सीकृत होता है।
D. एरोबिक श्वसन में ग्लूकोज पूरी तरह से CO_2 और H_2O में अवक्रमित हो जाता है।

Q.34 कार्बन चक्र में पौधों के लिए कार्बन का स्रोत है:
A. जीवाश्म ईंधन
B. कार्बोनेट चट्टानें
C. वायुमंडलीय कार्बन डाइऑक्साइड
D. इनमें से कोई नहीं

Q.35 वायवीय श्वसन के अंतिम उत्पाद कौन से हैं?
A. $CO_2 + H_2O +$ ऊर्जा
B. CO_2 + ऊर्जा
C. शर्करा + ऊर्जा + H_2O
D. $O_2 + CO_2 + H_2O$

Q.36 पादप प्रकाश-संश्लेषण से संबंधित किस प्रकार की अभिक्रिया में पेरॉक्सिसोम शामिल होते हैं?
A. ग्लाइकोलेट चक्र **B.** केल्विन चक्र
C. जीवाणु प्रकाश संश्लेषण **D.** ग्लाइऑक्साइलेट चक्र

Q.37 एक न्यूरॉन में, विद्युत सिग्नल का रासायनिक प्रतिक्रिया में रूपांतरण ________ पर होता है।
A. कोशिका-पिण्ड **B.** वृक्ष के समान अंत
C. अक्षीय अंत **D.** अक्षतंतु

Q.38 विद्युत आवेग एक न्यूरॉन में _______ से यात्रा करते है।
A. द्रुमिका → तंत्रिकाक्ष → तंत्रिकाक्षीय सिरा → कोशिका काय
B. कोशिका काय → द्रुमिका → तंत्रिकाक्ष → तंत्रिकाक्षीय सिरा
C. द्रुमिका → कोशिका काय → तंत्रिकाक्ष → तंत्रिकाक्षीय सिरा
D. तंत्रिकाक्षीय सिरा→ तंत्रिकाक्ष → कोशिका काय → द्रुमिका

Q.39 पौधों से परिपक्व पत्तियों और फलों के गिरने को प्रवर्तित करने वाला पदार्थ __________ है।
A. ऑक्सिन **B.** गिबरेलिन
C. एब्सिसिक एसिड **D.** साइटोकाइनिन

Q.40 प्ररोह की प्रकाश की ओर गति _________ होती है।
A. गुरूत्वानुवर्तन **B.** जलानुवर्तन
C. रसायनानुवर्तन **D.** प्रकाशानुवर्तन

Q.41 निम्नलिखित में से कौन-सा हॉर्मोन जनन तंत्र से संबंधित नहीं है?
A. प्रोजेस्टेरोन हॉर्मोन **B.** एड्रिनलीन हॉर्मोन
C. एस्ट्रोजन हॉर्मोन **D.** टेस्टोस्टेरोन हॉर्मोन

Q.42 उस अंग का नाम बताइए जहाँ भ्रूण विकसित होता है:
A. मूत्रवाहिनी **B.** डिम्बवाही नली
C. गर्भाशय **D.** गर्भाशय ग्रीवा

Q.43 निम्नलिखित में से कौन सा जीव अंडज है?
A. मेढक **B.** चूहा **C.** गिलहरी **D.** खरगोश

Q.44 वृषण से कौन-सा हार्मोन निकलता है?
A. थायरोक्सिन **B.** एड्रेनालाईन
C. इंसुलिन **D.** टेस्टोस्टेरोन

Q.45 मनुष्यों के युग्मनज में लिंग गुणसूत्रों की जोड़ी की संख्या ________ होती है।
A. एक **B.** दो **C.** तीन **D.** चार

Q.46 निम्नलिखित में से कौन मेंडल के प्रयोग का पूर्णतया असंभव परिणाम है (शुद्ध नस्ल के लंबे और छोटे मटर के पौधों की क्रॉस ब्रीडिंग)?
A. 3 लम्बे 1 छोटा पौधा
B. 24 लम्बे और 8 छोटे पौधे
C. 8 लम्बे और 10 छोटे पौधे
D. 4 लम्बे पौधे और 1 मध्यम ऊँचाई का पौधा

Q.47 निम्नलिखित में से कौन सा प्रत्यक्ष निष्कर्ष नहीं है जिसे मेंडल के प्रयोग से निकाला जा सकता है?
A. F_1 पीढ़ी में केवल एक पैतृक विशेषता व्यक्त की जाती है।
B. लैंगिक जनन करने वाले जीव में प्रत्येक लक्षण की दो प्रतियां विरासत में मिलती हैं।
C. पुनरावर्ती लक्षण व्यक्त करने के लिए, दोनों प्रतियां समान होनी चाहिए।
D. प्राकृतिक चयन एक विरासत में मिली विशेषता की आवृत्ति को बदल

सकता है।

Q.48 आप विकासवाद के सिद्धांत को किसके साथ जोड़ सकते हैं?

A. चार्ल्स डार्विन **B.** मेंडल
C. स्टैनली मिलर **D.** हेरोल्ड यूरे

Q.49 एक वस्तु कुछ दूरी x के लिए निरंतर वेग v से चलती है। यह कब तक गति में है?

A. $\frac{v}{x}$ **B.** $\frac{x}{v}$ **C.** $\frac{vx}{2}$ **D.** $\frac{v}{2x}$

Q.50 1.5 मीटर जमीन के ऊपर लटका हुआ एक चित्र दीवार से गिरकर जमीन से टकराता है। जमीन से टकराने से पहले यह कितना समय हवा में रहा होगा?
g = -9.8 मीटर/सेकंड^2

A. 0.55 सेकंड **B.** 4.9 सेकंड
C. 0.15 सेकंड **D.** 0.39 सेकंड

Q.51 एक आदमी ऊँचाई h की एक ऊँची सीढ़ी पर खड़ा है। वह थोड़ा आगे झुक जाता है और सीढ़ी से गिर जाता है। उसके गिरने का कारण जानने का सबसे अच्छा तरीका क्या होगा?

A. परवलयिक गति
B. गति के प्रकार को निर्धारित करने के लिए हमें उसका द्रव्यमान जानना होगा
C. वृतीय गति
D. एक आयामी गति

Q.52 बल, द्रव्यमान और त्वरण के बीच क्या संबंध है?

A. बल = द्रव्यमान / त्वरण **B.** बल = द्रव्यमान × त्वरण
C. बल = द्रव्यमान + त्वरण **D.** बल = द्रव्यमान - त्वरण

Q.53 वायु के माध्यम से एक विमान किस बल पर चलता है?

A. उत्थापक बल **B.** कर्षण बल
C. प्रणोद बल **D.** गुरुत्वाकर्षण बल

Q.54 8 किलोग्राम द्रव्यमान की एक बंदूक से 10 ग्राम की बुलेट 40 मीटर/सेंकेड की वेग से चलाई जाती है। बंदूक की प्रतिक्षेप वेग (मीटर/सेंकेड) ज्ञात करें।

A. 2 **B.** 0.1 **C.** 4 **D.** 0.05

Q.55 एक भारी लोहे के बक्से को जमीन पर रखा जाता है, एक व्यक्ति 200 N के बल के साथ बक्से को धक्का देने की कोशिश करता है और बक्सा गति नहीं करता है। इसका अर्थ है कि:

A. घर्षण बल = लगाया गया बल
B. घर्षण बल> लगाया गया बल
C. घर्षण बल ≥ लगाया गया बल
D. उपरोक्त मे से कोई नही

Q.56 किस प्रकार का बल किसी निकाय की स्थिति में परिवर्तन का कारण बनता है?

A. असंतुलित बल **B.** संतुलित बल
C. द्रव्यमान **D.** गुरुत्वाकर्षण

Q.57 पृथ्वी के चारों ओर वायुमंडल को बांधने वाला बल___________है

A. परमाणु बल **B.** गुरुत्वाकर्षण का बल
C. वायुमण्डलीय दबाव **D.** इनमें से कोई भी नहीं

Q.58 किसी उपग्रह को उसकी उचित कक्षा में प्रक्षेपित करने के लिए दो चरणों वाले रॉकेट को कितनी बार दागा जाना चाहिए?

A. एक **B.** दो **C.** तीन **D.** चार

Q.59 एक मिसाइल को पलायन वेग से कम वेग से प्रक्षेपित किया जाता है। इसकी गतिज और स्थितिज ऊर्जा का योग _______ है।

A. धनात्मक
B. ऋणात्मक
C. शून्य
D. इसके प्रारंभिक वेग के आधार पर धनात्मक या ऋणात्मक हो सकता है

Q.60 जिस वेग से एक प्रक्षेप्य को दागा जाना चाहिए ताकि वह पृथ्वी के गुरुत्वाकर्षण से बच सके _______ पर निर्भर नहीं करता है।

A. पृथ्वी का द्रव्यमान
B. प्रक्षेप्य का द्रव्यमान
C. प्रक्षेप्य की कक्षा की त्रिज्या
D. गुरुत्वाकर्षण स्थिरांक

Q.61 यदि किसी निकाय का वेग 4 गुना बढ़ जाता है तो इसकी गतिज ऊर्जा ________ बढ़ जाती है।

A. 16 गुना **B.** 4 गुना **C.** $\frac{1}{16}$ गुना **D.** $\frac{1}{4}$ गुना

Q.62 10 W की दर से 260 J कार्य करने में कितना समय लगेगा?

A. 24 सेकेंड **B.** 52 सेकेंड **C.** 26 सेकेंड **D.** 32 सेकेंड

Q.63 15 W की दर से 300 J कार्य करने में कितना समय लगेगा?

A. 24 सेकेंड **B.** 52 सेकेंड **C.** 20 सेकेंड **D.** 32 सेकेंड

Q.64 यदि 100 वाट के बल्ब को प्रति दिन पांच घंटे के लिए जलाया जाता है, तो प्रति यूनिट 75 पैसे की दर से 30 दिन का व्यय कितना होगा?

A. 10 रु. **B.** 7.5 रु.
C. 15 रु. **D.** 11.25 रु.

Q.65 डेसिबल है:

[UPTET Science and Maths, 2019]

A. शोर की तरंग दैर्ध्य **B.** ध्वनि स्तर का एक माप
C. एक संगीत नोट **D.** एक वाद्य यंत्र

Q.66 निम्नलिखित में से कौन-सा, ध्वनि तरंग को उसके माध्यम से गुजरने की अनुमति नहीं देता है?

A. द्रव और ठोस **B.** गैस और द्रव
C. ठोस और गैस **D.** निर्वात

Q.67 वायु में ध्वनि तरंग______ हैं।

A. अनुप्रस्थ **B.** अनुदैर्ध्य
C. विद्युतचुंबकीय **D.** ध्रुवीकृत

Q.68 1 हर्ट्ज़ बराबर होता है :

A. 1 कंपन प्रति मिनट **B.** 10 कंपन प्रति मिनट
C. 60 कंपन प्रति मिनट **D.** 600 कंपन प्रति मिनट

Q.69 इनमें से कौन इलेक्ट्रॉनिक करंट की सही परिभाषा है?

A. धारा जो निम्न विभव से उच्च विभव की ओर प्रवाहित होती है
B. वह धारा जो स्थिर रहती है
C. आयनों के प्रवाह द्वारा गठित धारा
D. उच्च क्षमता से निम्न क्षमता की ओर प्रवाहित होने वाली धारा

Q.70 क्षेत्र की चुंबकीय रेखाओं के संबंध में निम्नलिखित में से गलत कथनों का चयन कीजिए।

A. एक बिंदु पर चुंबकीय क्षेत्र की दिशा को उस दिशा के रूप में लिया जाता है जिसमें चुंबकीय कंपास सुई का उत्तरी ध्रुव इंगित करता है
B. चुंबकीय क्षेत्र रेखाएँ बंद वक्र होती हैं
C. यदि चुंबकीय क्षेत्र रेखाएं समानांतर और समान दूरी पर हैं, तो वे शून्य क्षेत्र शक्ति का प्रतिनिधित्व करती हैं
D. चुंबकीय क्षेत्र की आपेक्षिक शक्ति क्षेत्र रेखाओं की निकटता की डिग्री से प्रदर्शित होती है

Q.71 धारा द्वारा उत्पन्न ताप प्रभाव किसके कारण होता है?

A. इलेक्ट्रॉनों का टकराव
B. इलेक्ट्रॉनों की गति
C. इलेक्ट्रॉनों में प्रतिरोध
D. ऊर्जा की हानि

Q.72 एक प्रतिरोधक को $220\ V$ देने पर बिजली का क्षय 40 वाट है, फिर प्रतिरोध का मान_______ होगा।

A. 1210Ω
B. 2000Ω
C. 1000Ω
D. इनमें से कोई नहीं

Q.73 एक बाहरी चुंबकीय क्षेत्र में रखी गई प्रतिचुंबकीय सामग्री की एक पट्टी:

A. क्षेत्र रेखाओं को खींचेगी और उच्च से निम्न क्षेत्र की ओर बढ़ेगी
B. क्षेत्र रेखाओं को पीछे हटाती है और निम्न से उच्च क्षेत्र की ओर बढ़ती है
C. क्षेत्र रेखाओं को खींचती है और निम्न से उच्च क्षेत्र की ओर बढ़ती है
D. क्षेत्र रेखाओं को पीछे हटाती है और उच्च से निम्न क्षेत्र की ओर बढ़ती है

Q.74 प्रतिचुंबकीय पदार्थों के संबंध में निम्नलिखित में से कौन सा सही है?

A. उनके पास एक छोटी और सकारात्मक चुंबकीय संवेदनशीलता है
B. उनके पास एक बड़ी और नकारात्मक चुंबकीय संवेदनशीलता है
C. वे चुम्बक द्वारा बहुत कम आकर्षित होते हैं
D. वे चुम्बक द्वारा कमजोर रूप से प्रतिकर्षित होते हैं

Q.75 एक प्लॉटिंग कंपास को एक बार चुंबक के दक्षिणी ध्रुव के पास रखा जाता है। कंपास प्लॉट करने का सूचक होगा:

A. दक्षिणी ध्रुव से दूर इंगित करें
B. दक्षिणी ध्रुव के समानांतर बिंदु
C. दक्षिणी ध्रुव की ओर इंगित करें
D. दक्षिणी ध्रुव पर समकोण पर बिंदु

Q.76 जब एक छड़ चुंबक के केंद्र में एक छेद काट दिया जाता है, तो छड़ चुंबक की ध्रुव शक्ति ________।

A. बढ़ेगी
B. घटेगी
C. अपरिवर्तित रहेगी
D. इनमें से कोई नहीं

Q.77 एक कृषि प्रणाली जिसमें फसल उत्पादन को पशुधन उत्पादन के साथ जोड़ा जाता है:

A. मिश्रित कृषि प्रणाली
B. विविध कृषि प्रणाली
C. व्यापक खेती प्रणाली
D. अंतरफसलीय कृषि प्रणाली

Q.78 पौधों को कम मात्रा में जिन पोषक तत्वों की आवश्यकता होती है, उन्हें इस प्रकार माना जाता है:

A. सूक्ष्म पोषक तत्व
B. वृहत पोषक तत्व
C. मेगा पोषक तत्व
D. रासायनिक पोषक तत्व

Q.79 मछलीपालन के लिए चावल के खेतों को प्राथमिकता दी जाती है क्योंकि ___________________।

A. चावल का उपयोग मछलियों द्वारा चारे के रूप में किया जाता है
B. यह मछलीपालन को अधिक आर्थिक बनाता है
C. चावल पानी की क्यारियों में उगता है
D. खेतों में मछलियों को अंडे देने के लिए अनुकूल वातावरण मिलता है

Q.80 शहद की गुणवत्ता मुख्यतः _________ पर निर्भर करती है।

A. मधुमक्खी का प्रकार
B. फूलों की उपलब्धता
C. क्षेत्र की जलवायु
D. मधुमक्खी पालन की शर्तें

Q.81 ठोस अपशिष्ट निपटान की समस्या को _________ के माध्यम से कम किया जा सकता है।

A. पुनर्चक्रण
B. कम प्रदूषण
C. अधिक इमारती लकड़ी
D. जनसंख्या नियंत्रण

Q.82 यदि रवि दोपहर के भोजन के लिए दही/दही का सेवन कर रहा है, तो उसे खाद्य श्रृंखला में किस पोषी स्तर पर कब्जा माना जाना चाहिए?

A. प्रथम पोषी स्तर
B. दूसरा पोषी स्तर
C. तीसरा पोषी स्तर
D. चौथा पोषी स्तर

Q.83 मसल्स को इस प्रकार वर्णित किया जा सकता है:

A. उत्पादक
B. प्राथमिक उपभोक्ता
C. द्वितीयक उपभोक्ता
D. उपरोक्त में से कोई नहीं

Q.84 किस पोषी स्तर को गलत तरीके से परिभाषित किया गया है?

A. मांसाहारी - द्वितीयक या तृतीयक उपभोक्ता
B. अपघटक- माइक्रोबियल हेटरोट्रॉफ़्स
C. शाकाहारी - प्राथमिक उपभोक्ता
D. सर्वाहारी - मोल्ड, खमीर और मशरूम

Q.85 किसी पदार्थ का एक निश्चित आकार होता है और साथ ही निश्चित मात्रा भी। यह पदार्थ है:

[UPSESSB TGT Science, 2016]

A. गैस
B. द्रव
C. ठोस
D. इनमे से कोई एक

Q.86 बर्फ का गलनांक है:

A. - 273 C
B. 273 K
C. 273 C
D. - 273 K

Q.87 वह यौगिक जो जल के साथ एक साफ विलयन नहीं बनाता है?

A. बेकिंग पाउडर
B. रेत
C. चीनी
D. कास्टिक सोडा

Q.88 मिट्टी के घड़े में पानी किस प्रक्रिया के कारण ठंडा रहता है?

A. संघनन
B. वाष्पीकरण
C. उर्ध्वपातन
D. इनमे से कोई नहीं

Q.89 निम्नलिखित में से कौन क्वार्क द्वारा निर्मित नहीं है?

A. न्यूट्रॉन
B. पॉज़िट्रान
C. प्रोटॉन
D. π-मेसन

Q.90 रदरफोर्ड के अनुसार नाभिक की त्रिज्या, परमाणु की त्रिज्या से लगभग _______ होती है।

A. 10^5 गुना अधिक
B. 10^5 गुना कम
C. 10^9 गुना अधिक
D. 10^7 गुना अधिक

Q.91 एक रासायनिक अभिक्रिया के बाद ________।

A. अणुओं की संख्या पहले के समान होती है
B. यौगिकों की संख्या समान होती है
C. प्रत्येक तत्व के परमाणुओं की संख्या समान होती है
D. (A) और (B) दोनों

Q.92 प्रोपेन का आणविक सूत्र क्या है?

A. C_4H_4
B. CH_4
C. C_2H_6
D. C_3H_8

Q.93 तरल में निमज्जित निकाय का उत्क्षेप किस पर निर्भर करता है?

A. तरल की सतह की नीचे की गहराई
B. निकाय का घनत्व
C. तरल का घनत्व
D. इनमें से कोई नहीं

Q.94 आप्लवकेंद्री ऊँचाई किनके बीच की दूरी है?

A. पानी की सतह और दबाव का केंद्र
B. आप्लवकेंद्र और गुरुत्वाकर्षण का केंद्र
C. आप्लवकेंद्र और उत्प्लावकता का केंद्र
D. आप्लवकेंद्र और पानी की सतह

Q.95 जब एक वस्तु जल में गहराई में डूबती है, तो इस पर कार्य करने वाला उत्प्लावन बल:

A. घटता है
B. बढ़ता है
C. नियत रहता है
D. पहले घटता है फिर बढ़ता है

Q.96 पनडुब्बी निम्नलिखित में से किस सिद्धांत पर काम करती है?

A. बर्नौली का नियम
B. पास्कल का नियम
C. डार्सी का नियम
D. आर्किमिडीज का नियम

Q.97 इंद्रधनुष किस कारण बनता है:

A. केवल परावर्तन
B. प्रकीर्णन और संपूर्ण आंतरिक परावर्तन
C. विवर्तन
D. विक्षेपण

Q.98 खतरे के संकेतों में लाल प्रकाश का उपयोग क्यों किया जाता है?

A. लाल प्रकाश कम प्रकीर्णित होता है
B. लाल प्रकाश अधिक प्रकीर्णित होता है
C. प्रिज्म से गुजरने पर लाल प्रकाश अधिक विचलित होता है
D. इनमें से कोई नहीं

Q.99 कोहरे के माध्यम से कोई नहीं देख सकता क्योंकि:

A. कोहरा प्रकाश को अवशोषित करता है
B. कोहरे में बूंदों द्वारा प्रकाश का प्रकीर्णन होता है
C. प्रकाश कोहरे में बूंदों पर कुल परावर्तन दर्शाता है
D. कोहरे का अपवर्तक सूचकांक अनंत है

Q.100 कोलाइडीय कण द्वारा प्रकाश का प्रकीर्णन क्या कहलाता है?

A. रेले प्रकीर्णन
B. टिंडल प्रकीर्णन
C. जीमेन प्रभाव
D. कॉम्पटन प्रभाव

// स्मार्ट उत्तर पुस्तिका //

सही उत्तर उन छात्रों का प्रतिशत जिन्होंने प्रश्नों का सही उत्तर दिया था।

छोड़ दिया उन छात्रों का प्रतिशत जिन्होंने प्रश्नों को छोड़ दिया था।

प्रश्न संख्या	उत्तर	सही उत्तर	छोड़ दिया	प्रश्न संख्या	उत्तर	सही उत्तर	छोड़ दिया	प्रश्न संख्या	उत्तर	सही उत्तर	छोड़ दिया	प्रश्न संख्या	उत्तर	सही उत्तर	छोड़ दिया	प्रश्न संख्या	उत्तर	सही उत्तर	छोड़ दिया	प्रश्न संख्या	उत्तर	सही उत्तर	छोड़ दिया
1	C	87.49 %	0.0 %	18	C	81.43 %	0.0 %	35	A	84.66 %	0.0 %	52	B	79.28 %	0.0 %	69	A	40.47 %	1.3 %	86	B	41.64 %	1.47 %
2	D	61.38 %	1.19 %	19	D	84.56 %	0.0 %	36	A	28.56 %	4.19 %	53	C	59.23 %	1.06 %	70	C	54.36 %	1.93 %	87	B	64.14 %	1.01 %
3	C	53.47 %	1.55 %	20	B	83.77 %	0.0 %	37	C	47.38 %	1.24 %	54	D	87.47 %	0.0 %	71	A	69.38 %	1.72 %	88	B	62.4 %	1.85 %
4	C	30.46 %	4.98 %	21	A	54.96 %	1.75 %	38	C	54.19 %	1.73 %	55	C	42.16 %	1.19 %	72	A	44.57 %	1.48 %	89	B	52.53 %	1.04 %
5	D	42.03 %	1.09 %	22	B	80.7 %	0.0 %	39	C	60.42 %	1.01 %	56	A	42.0 %	1.11 %	73	D	54.17 %	1.38 %	90	B	86.52 %	0.0 %
6	D	49.3 %	1.09 %	23	D	43.96 %	1.76 %	40	D	51.95 %	1.39 %	57	B	87.32 %	0.0 %	74	D	67.14 %	1.0 %	91	C	64.03 %	1.47 %
7	C	82.69 %	0.0 %	24	D	26.45 %	4.22 %	41	B	68.09 %	1.21 %	58	B	84.97 %	0.0 %	75	C	23.49 %	4.61 %	92	D	56.42 %	1.35 %
8	B	48.55 %	1.69 %	25	C	54.15 %	1.74 %	42	C	42.09 %	1.86 %	59	B	83.19 %	0.0 %	76	C	44.04 %	1.6 %	93	C	50.81 %	1.4 %
9	D	14.66 %	3.61 %	26	D	43.86 %	1.71 %	43	A	13.53 %	3.12 %	60	B	53.78 %	1.59 %	77	A	49.43 %	1.25 %	94	B	77.52 %	0.0 %
10	D	47.38 %	1.97 %	27	B	85.04 %	0.0 %	44	D	51.8 %	1.94 %	61	A	59.92 %	1.66 %	78	A	43.5 %	1.66 %	95	C	49.33 %	1.72 %
11	D	30.94 %	3.22 %	28	A	43.38 %	1.49 %	45	A	53.89 %	1.23 %	62	C	67.9 %	1.58 %	79	C	54.01 %	1.71 %	96	D	67.83 %	1.6 %
12	D	65.04 %	1.97 %	29	C	64.34 %	1.78 %	46	D	46.28 %	1.38 %	63	C	63.56 %	1.82 %	80	B	59.5 %	1.18 %	97	B	46.97 %	1.78 %
13	C	41.48 %	1.19 %	30	D	62.68 %	1.73 %	47	D	10.96 %	3.4 %	64	D	13.12 %	3.71 %	81	A	83.34 %	0.0 %	98	A	89.48 %	0.0 %
14	A	13.91 %	4.22 %	31	D	52.95 %	1.49 %	48	A	42.19 %	1.27 %	65	B	85.07 %	0.0 %	82	C	56.85 %	1.35 %	99	B	40.99 %	1.53 %
15	B	48.53 %	1.88 %	32	B	62.04 %	1.17 %	49	B	77.0 %	0.0 %	66	D	47.36 %	1.29 %	83	C	55.94 %	1.53 %	100	B	47.45 %	1.69 %
16	C	60.05 %	1.24 %	33	C	22.41 %	4.77 %	50	A	15.37 %	3.68 %	67	B	81.82 %	0.0 %	84	D	85.6 %	0.0 %				
17	C	60.81 %	1.58 %	34	C	80.35 %	0.0 %	51	A	42.02 %	1.03 %	68	C	50.33 %	1.88 %	85	C	63.77 %	1.64 %				

//संकेत और समाधान//

1. गैसों में आमतौर पर कम घनत्व होता है क्योंकि मुख्य रूप से आकर्षण का अंतर-आणविक बल बेहतर होता है, गैस के अणु बहुत छोटे होते हैं।

नतीजतन, वे पूरे अंतरिक्ष में चले जाते हैं जो आगे बड़े अंतर-आणविक रिक्त स्थान की पीढ़ी की ओर जाता है। इसके अलावा, ठोस और तरल पदार्थ की तुलना में, गैसों में प्रति इकाई आयतन में अणुओं की संख्या बहुत कम होती है।

अतः विकल्प (C) सही है।

2. ठोसों की गतिज ऊर्जा सबसे कम होती है क्योंकि वे गति नहीं कर सकते हैं और केवल अपनी औसत स्थिति के बारे में उतार-चढ़ाव कर सकते हैं। जबकि तरल पदार्थों में ठोस की तुलना में अधिक गतिज ऊर्जा होती है, उनके अणु संवहन से गुजरते हैं और इसलिए गतिज ऊर्जा होती है। गैस के अणुओं में सबसे अधिक गतिज ऊर्जा होती है क्योंकि उनमें यादृच्छिक गति होती है और वे बहुत तेज गति से यात्रा करते हैं।

अतः विकल्प (D) सही है।

3. गैस के गुब्बारों में हाइड्रोजन गैस के स्थान पर हीलियम गैस का प्रयोग किया जाता है क्योंकि यह गैर-ज्वलनशील होती है।

हाइड्रोजन और हीलियम सबसे अधिक इस्तेमाल की जाने वाली लिफ्ट गैसें हैं। हालांकि हीलियम (डायटोमिक) हाइड्रोजन से दोगुना भारी है, लेकिन वे दोनों हवा की तुलना में इतने हल्के हैं कि यह अंतर अप्रासंगिक है।

आज हाइड्रोजन के बजाय हीलियम का उपयोग किया जाता है क्योंकि यह गैर-ज्वलनशील है जो चीजों को अधिक सुरक्षित बनाता है। आसपास की हवा के ऑक्सीजन के साथ मिश्रित होने पर हाइड्रोजन बहुत आसानी से प्रज्वलित हो सकती है।

अतः विकल्प (C) सही है।

4. गतिज ऊर्जा $<$ स्थितिज ऊर्जा : ठोसों के बारे में सत्य है।

एक ठोस में बंध पहले से ही बहुत मजबूत होते हैं इसलिए वहां उन्हें सुधारने की अधिक संभावना नहीं होती है। एक द्रव में उच्च क्षमता होती है क्योंकि बंध अभी भी काफी बढ़ सकते हैं। जब कोई वस्तु स्थिति बदलती है तो उसके बंध टूट जाते हैं जिससे स्थितिज ऊर्जा बढ़ जाती है।

अतः विकल्प (C) सही है।

5. फास्फोरस की परमाणु संख्या 15 है।

- इलेक्ट्रॉनिक विन्यास की संख्या 2,8,5 हैं।
- जब परमाणु 3 इलेक्ट्रॉन प्राप्त करता है तो कक्षा भर जाती है। या अन्यथा परमाणुओं को 5 इलेक्ट्रॉनों को खोना चाहिए। संयोजकता परमाणु की संयोजन क्षमता है। इसलिए, फास्फोरस की संयोजकता 3 और 5 है।

अतः विकल्प (D) सही है।

6. बोर का मॉडल केवल हाइड्रोजन या हाइड्रोजन जैसे परमाणुओं की स्पष्ट रूप से व्याख्या कर सकता है, यह लोहे, सोना, पारा आदि जैसे बड़े और भारी परमाणुओं पर लागू होने पर विफल हो जाता है।

परमाणु के बोर मॉडल में, इलेक्ट्रॉन नाभिक के चारों ओर परिभाषित गोलाकार कक्षाओं में यात्रा करते हैं। कक्षाओं को एक पूर्णांक, क्वांटम संख्या n द्वारा लेबल किया जाता है। इलेक्ट्रॉन ऊर्जा का उत्सर्जन या अवशोषण करके एक कक्षा से दूसरी कक्षा में कूद सकते हैं।

अतः विकल्प (D) सही है।

7. किसी तत्व का तुल्यांकी भार और संयोजकता का गुणन परमाणु भार के बराबर होता है।

सरल भाषा में, समतुल्य वजन एक यौगिक का द्रव्यमान होता है जो 1 ग्राम हाइड्रोजन या 8 ग्राम ऑक्सीजन के साथ जोड़ा जा सकता है।

परमाणु भार ÷ संयोजकता = तुल्यांकी भार

∴ परमाणु भार = समतुल्य वजन × संयोजकता

उदाहरण:

कैल्शियम का परमाणु भार = 40 ग्राम और

कैल्शियम की संयोजकता = 2, फिर,

कैल्शियम का तुल्यांकी भार = कैल्शियम का परमाणु भार÷कैलिसियम की संयोजकता

= 40 ÷ 2 = 20 ग्राम

अतः विकल्प (C) सही है।

8. सल्फर डाइऑक्साइड में सल्फर की संयोजकता 4 होती है।

- किसी परमाणु के संयोजकता कोश में उपस्थित इलेक्ट्रॉनों की संख्या को परमाणु की संयोजकता कहते हैं।
- सल्फर की परमाणु विस्तृत विविधता सोलह है और इसके संयोजक कोश में इलेक्ट्रॉनों की विविधता 6 है।
- इस प्रकार प्रत्येक ऑक्सीजन सल्फर परमाणु के साथ अपनी संयोजकता 4 बनाते हुए दो बंध बनाती है।

अतः विकल्प (B) सही है।

9. उदासीनीकरण अभिक्रिया:

- लवण और जल देने के लिए क्षारक और अम्ल की अभिक्रिया को उदासीनीकरण अभिक्रिया कहा जाता है।
- उदाहरण है: NaOH (प्रबल क्षारक) + HCl (प्रबल अम्ल) → NaCl + H_2O

इलेक्ट्रॉनों की एक जोड़ी दान करने में सक्षम यौगिकों लुईस क्षारक कहा जाता है, और इलेक्ट्रॉनों की एक एकल जोड़ी को स्वीकार करने में सक्षम यौगिकों एक लुईस अम्ल कहा जाता है, यह अम्ल और क्षारक के लुईस की अवधारणा है।

- इस अवधारणा पर, हम देखते हैं कि अमोनिया, NH_3, अपने सिर पर इलेक्ट्रॉनों की एक एकल जोड़ी है और इसे दान करने में सक्षम है, तो यह एक लुईस क्षारक है।
- दूसरी ओर, HCL, जो विलयन में एक प्रोटॉन दान कर सकता है, एक ब्रोंस्टेड लोरी अम्ल है।
- दी गई अभिक्रिया में, अमोनिया जो एक लुईस क्षारक है अम्ल HCL के साथ अभिक्रिया है, हमें प्रबल अम्ल और दुर्बल क्षारक का एक लवण NH_4Cl देने के लिए।

NH_3 (g) + HCl (g) → NH_4Cl (s)

- अभिक्रिया में, इस प्रकार एक अम्ल और एक क्षारक लवण देने के लिए अभिक्रिया कर रहा है, और इसलिए इसे उदासीनीकरण अभिक्रिया के रूप में वर्गीकृत किया जा सकता है।

इसलिए, NH_3 (g) + HCl (g) → NH_4Cl (s) एक उदासीनीकरण अभिक्रिया है।

अत: विकल्प (D) सही है।

10. हाइड्रोजन क्लोराइड के साथ प्रतिक्रिया पर एल्यूमीनियम ऑक्साइड एल्यूमीनियम क्लोराइड और पानी का उत्पादन करता है।

- दोनों तरफ 2 Al परमाणु हैं, इसलिए Al (एल्युमिनियम) संतुलित है।
- समीकरण के बाईं ओर, 6 H परमाणु हैं, इसलिए समीकरण के दाईं ओर 6 H परमाणुओं के साथ संतुलित होना चाहिए अर्थात $3H_2$।
- समीकरण के बाईं ओर 3 ऑक्सीजन परमाणु हैं और इसलिए समीकरण के दाईं ओर 3 ऑक्सीजन परमाणुओं के साथ संतुलित होने की आवश्यकता है यानी 3O।

- इसलिए संतुलित समीकरण है: $Al_2O_3 + 6HCl$ -----> $2AlCl_3 + 3H_2O$

अत: विकल्प (D) सही है।

11. इथेनॉल एक प्राथमिक अल्कोहल है और यह ल्यूकास अभिकर्मक के साथ तत्काल मैलापन नहीं देता है।

मेथनॉल भी प्राथमिक अल्कोहल है जो ल्यूकास अभिकर्मक के साथ मैलापन नहीं देता है।

आइसोप्रोपिल अल्कोहल द्वितीयक शराब है जो 5 से 10 मिनट के बाद ल्यूकास अभिकर्मक के साथ मैलापन देता है।

तृतीयक ब्यूटाइल अल्कोहल तृतीयक अल्कोहल है जो ल्यूकास अभिकर्मक के साथ अभिक्रिया पर तत्काल मैलापन देता है।

अभिक्रिया निम्नानुसार दी जा सकती है:

$(CH_3)_3C-OH + HCl \xrightarrow[ZnCl_2]{\text{निर्जल}} (CH_3)_3C-Cl + H_2O$

2-मिथाइलप्रोपेन-2-ol (3°) → 2-क्लोरो-2-मिथाइलप्रोपेन (मैलापन की तत्काल उपस्थिति)

$CH_3-CH(CH_3)-OH + HCl \xrightarrow[ZnCl_2]{\text{निर्जल}} CH_3-CH(CH_3)-Cl + H_2O$

प्रोपेन-2-ol (2°) → 2-क्लोरोप्रोपेन (मैलापन की धीमी गति)

$CH_3-CH_2-OH + HCl \xrightarrow[ZnCl_2]{\text{निर्जल}}$ कमरे के तापमान पर कोई प्रतिक्रिया नहीं (केवल गर्म होने पर ही टर्बिडिटी दिखाई देती है)

इथेनॉल (1°)

इसलिए, तृतीयक ब्यूटाइल अल्कोहल ल्यूकास अभिकर्मक के साथ सबसे अधिक प्रतिक्रियाशील है।

अत: विकल्प (D) सही है।

12. अभिक्रिया $Na_2SO_4(aq) + BaCl_2 \rightarrow BaSO_4(s) + 2NaCl(aq)$ द्वि विस्थापन अभिक्रिया का उदाहरण है।

- $Na_2SO_4 + BaCl_2$ के बीच अभिक्रिया ऊष्माशोषी अभिक्रिया है।
- जब बेरियम क्लोराइड $(BaCl_2)$ और सोडियम सल्फेट (Na_2SO_4), जो सोडियम क्लोराइड और बेरियम सल्फेट के बनता है।
- ऊपर दी गई अभिक्रिया के परिणामस्वरूप, बेरियम सल्फेट के गठन के कारण एक सफेद रंग का अवक्षेप होता है।
- $\mathrm{Na_2SO_4(aq) + BaCl_2 \rightarrow BaSO_4(s) + 2NaCl(qq) + 2NaCl(aq)}$
- जैसा कि निर्मित सफेद अवक्षेप ठंडा होता है, दी गई अभिक्रिया एक उष्माशोषी अभिक्रिया होने का अनुमान है।
- यह अभिक्रिया एक द्वि विस्थापन अभिक्रिया का एक उदाहरण भी है क्योंकि अभिकारकों में दो तत्व एक दूसरे को विस्थापित कर रहे हैं।

अत: विकल्प (D) सही है।

13. बेकिंग पाउडर के घटकों में से एक सोडियम हाइड्रोजन कार्बोनेट है, दूसरा घटक टार्टरिक अम्ल है।

बेकिंग पाउडर में एक क्षार होता है जो आम तौर पर बाइकार्बोनेट, एक सूखा बफर ओर एक अम्लीय लवण होता है। अम्लीय लवण एक दुर्बल अम्ल है जो क्षार के साथ अभिक्रिया करने के लिए जिम्मेदार होता है और इस प्रकार कार्बन डाइऑक्साइड का उत्पादन करता है, मिश्रण को ख़मीर प्रदान करता है। बेकिंग पाउडर में इस्तेमाल होने वाला टार्टरिक अम्ल, अम्ल के स्रोत के रूप में कार्य करता है जो बेकिंग सोडा के साथ अभिक्रिया करता है। यह अभिक्रिया कार्बन डाइऑक्साइड गैस पैदा करती है और कार्बन डाइऑक्साइड गैस के स्रोत के रूप में सक्रिय जीवाणुओं की वृद्धि का उपयोग करके उत्पादों को बढ़ने देती है।

अत: विकल्प (C) सही है।

14. आयनन और तनुकरण दोनों की घटना तब होती है जब पानी में अम्ल की थोड़ी मात्रा डाली जाती है।

जब अम्ल को जल के साथ तनुकृत किया जाता है, तो H+ आयनों की सांद्रता कम हो जाती है। अम्ल का तनुकरण एक ऊष्माक्षेपी प्रक्रिया है और इससे ऊष्मा निकलती है। किसी भी अम्ल को तनुकृत करने के लिए अम्ल में जल मिलाने की अपेक्षा जल में अम्ल मिलाना बेहतर होता है।

अम्ल का आयनीकरण इसका आयनों में पृथक्करण है। दुर्बल अम्ल अपने विलयन में केवल आंशिक रूप से आयनित होते हैं। दुर्बल अम्ल का आयनन एक संतुलन अभिक्रिया है और कभी भी पूर्ण नहीं होता है और इसलिए एक दुर्बल अम्ल कभी भी पूर्णतः वियोजित नहीं होता है।

अत: विकल्प (A) सही है।

15. जब $K_2Cr_2O_7$, H_2O_2 के साथ अभिक्रिया करता है, तो एक नीले रंग का यौगिक बनता है, जो CrO_5 है।

CrO_5 में Cr की ऑक्सीकरण संख्या $+6$ है, क्योंकि चार ऑक्सीजन परमाणु पेरोक्साइड लिंकेज में शामिल हैं।

तो, ऑक्सीकरण स्थिति में $K_2Cr_2O_7$, से CrO_5 में 0 का परिवर्तन होता है।

कॉम्प्लेक्स में क्रोमियम का प्रतिशत $= \frac{52}{132} \times 100 = 39.4\%$

CrO_5 की संरचना नीचे दी गई है:

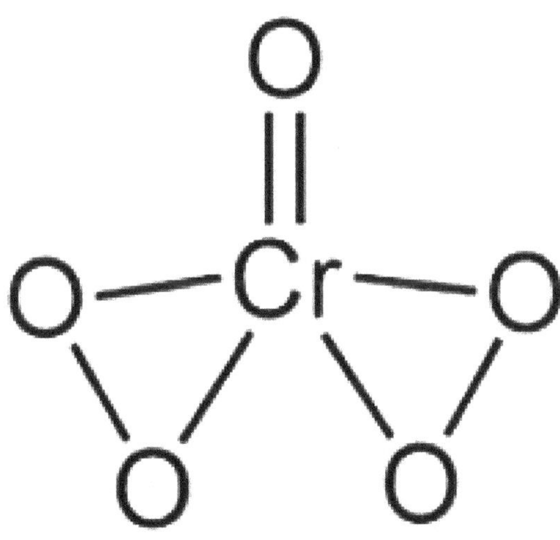

अत: विकल्प (B) सही है।

16. वनिला एक गंध संबंधी संकेतक है।

एक गंध संबंधी संकेतक एक ऐसा पदार्थ है जिसकी गंध इस पर निर्भर करती है कि यह एक अम्लीय या मूल समाधान के साथ मिश्रित है या नहीं। इसके अलावा, इन संकेतकों का उपयोग प्रयोगशाला में यह परीक्षण करने के लिए किया जा सकता है कि कोई घोल क्षार है या अम्ल। इस प्रकार के संकेतकों के कुछ उदाहरण वनिला सत्व, प्याज और लौंग का तेल हैं। वनिला सत्व में एक विशिष्ट सुखद गंध होती है। हालांकि, एक अम्लीय विलयन वनिला सत्व की गंध को नष्ट नहीं करता है जबकि एक क्षारीय विलयन वनिला सत्व की गंध को नष्ट करता है।

अत: विकल्प (C) सही है।

17. लोहा एक धातु है।

- धातुओं का एक धात्विक बंधन होता है और यह धनात्मक आयन (धनायन) बनाता है।
- धातुओं में अपारदर्शी, चमकदार, तन्य ध्वनिक गुण होते हैं।
- धातु ऊष्मा और विद्युत की सुचालक है।

धातु के उदाहरण हैं: लोहा, तांबा, जस्ता, आदि।

अतः विकल्प (C) सही है।

18. एक मिश्र धातु दो या अधिक धातुओं, या एक धातु और एक गैर-धातु का एक समरूप मिश्रण है।

Cu + Sn मिश्र धातु जिसे कांस्य कहा जाता है, विद्युत् के अच्छे सुचालक नहीं होते हैं जबकि तांबे का उपयोग विद्युत परिपथ बनाने के लिए किया जाता है।

अत: विकल्प (C) सही है।

19. जस्ता मैग्नीशियम और लेड के बीच प्रतिक्रियाशीलता श्रृंखला में स्थित है।

धातुओं और अधातुओं की प्रतिक्रियाशीलता श्रृंखला वे सूचियाँ हैं, जिनमें हम उन्हें उनकी रासायनिक गतिविधि के घटते क्रम में व्यवस्थित करते हैं। इसे गतिविधि श्रृंखला के रूप में भी जाना जाता है। प्रतिक्रियाशीलता श्रृंखला हमें विस्थापन प्रतिक्रिया के दौरान किसी अन्य धातु को विस्थापित करने के लिए धातु की क्षमता का अनुमान लगाने में मदद करती है।

अत: विकल्प (D) सही है।

20. लोहे में जंग लगना (पानी के संपर्क में लोहा एनोड बनाता है और हवा के संपर्क में कैथोड बनाता है)। एनोड पर, आयरन Fe^{2+} में ऑक्सीकृत हो जाता है, और कैथोड पर, ऑक्सीजन पानी में अपचित हो जाती है। पानी और ऑक्सीजन के संपर्क में आने पर लोहे और स्टील में जंग लग जाता है। जंग लगने के लिए पानी और ऑक्सीजन दोनों की जरूरत होती है।

अतः विकल्प (B) सही है।

21. एथेन संतृप्त कार्बन यौगिक का एक उदाहरण है।

- संतृप्त हाइड्रोकार्बन कार्बन यौगिक होते हैं जिनमें कार्बन परमाणुओं के बीच केवल एक बंधन होता है। एथेन एक रंगहीन, गंधहीन गैस है।
- एथेन प्राकृतिक गैस से औद्योगिक पैमाने पर और पेट्रोलियम शोधन के पेट्रोकेमिकल उपोत्पाद के रूप में अलग-थलग है।
- एथेन का रासायनिक सूत्र C_2H_6 है।
- चट्टानों के निर्माण में एथेन को तरल रूप में भूमिगत पाया जा सकता है।

अत: विकल्प (A) सही है।

22. ग्रेफाइट विद्युत का सुचालक है।

ग्रेफाइट कार्बन का एक अपररूप है जो कार्बन परमाणुओं के तल के ऊपर और नीचे इलेक्ट्रॉनों के अस्थानीयकरण के कारण विद्युत का संचालन करता है।

ग्रेफाइट गर्मी और बिजली का अच्छा संवाहक है। ऐसा इसलिए है, क्योंकि धातुओं की तरह, ग्रेफाइट में डेलोकाइज्ड (मुक्त) इलेक्ट्रॉन होते हैं। ये इलेक्ट्रॉन ग्रेफाइट की संरचना में घूमने के लिए स्वतंत्र हैं।

अत: विकल्प (B) सही है।

23. समजातीय श्रेणी समान रासायनिक गुणों वाले यौगिकों की एक श्रेणी है और कुछ कार्यात्मक समूह क्रमिक सदस्य से CH_2 से भिन्न होते हैं। एक ही सामान्य सूत्र वाले कार्बनिक यौगिकों में अलग-अलग लंबाई की कार्बन श्रेणी देखी गई हैं। C_3H_4 ऐल्काइन की एक समजातीय श्रेणी से संबंधित है।

अत: विकल्प (D) सही है।

24. कार्बन यौगिक सहसंयोजक बंध बनाते हैं, और वे मुक्त इलेक्ट्रॉनों को उत्पन्न नहीं करते हैं क्योंकि सभी इलेक्ट्रॉनों का उपयोग सहसंयोजक बंध बनाने के लिए किया जाता है। साथ ही कार्बन यौगिक स्वयं को आयनों में वियोजित नहीं करता है, इसलिए कार्बन यौगिक विद्युत के कुचालक होते हैं। इनके पास आकर्षण बल बहुत प्रबल नहीं होता हैं क्योंकि सहसंयोजक बंध आयनिक बंध से कमजोर होते है।

अत: विकल्प (D) सही है।

25. एंडोप्लाज्मिक रेटिकुलम द्वारा संश्लेषित सामग्री को गोल्गी तंत्र द्वारा संशोधित और पैक किया जाता है।

ग्लाइकोसिलट्रांसफेरेज़ की गतिविधि द्वारा प्रोटीन और लिपिड ग्लाइकोसिलेटेड होते हैं और ग्लाइकान उनसे जुड़े होते हैं।

ग्लाइकोसिलेशन एक द्वितीयक प्रोटीन प्रसंस्करण तंत्र है।

इसमें ग्लाइकोप्रोटीन के कार्बोहाइड्रेट भाग का संशोधन शामिल है।

अत: सही विकल्प (C) है।

26. एंथोसायनिन पानी में घुलनशील रंजक होते हैं। ये रिक्तिका में उपस्थित होते हैं। ये पीएच के आधार पर विभिन्न रंगों जैसे लाल, नीले या बैंगनी रंग में दिखाई देते हैं।

ज़ैंथोफिल्स पत्तियों का विशिष्ट पीला वर्णक हैं।

क्लोरोफिल एक शब्द है जिसका उपयोग साइनोबैक्टीरिया और शैवाल और पौधों के क्लोरोप्लास्ट में पाए जाने वाले कई निकट संबंधी हरे रंग के पिगमेंट के लिए किया जाता है।

कैरोटीनॉयड कई फलों और सब्जियों में चमकदार लाल, पीले और नारंगी रंग के लिए जिम्मेदार पौधे रंजक हैं। ये रंजक पौधे के स्वास्थ्य में महत्वपूर्ण भूमिका निभाते हैं।

अतः विकल्प (D) सही है।

27. वह जीव जिनमें केंद्रक झिल्ली का अभाव होता है को प्रोकैरियोट कहा जाता हैं।

- जीवाणु जैसे कुछ जीवों में, केंद्रक झिल्ली की अनुपस्थिति के कारण कोशिका का केंद्रक क्षेत्र कम स्पष्ट होता है।
- ऐसा अस्पष्ट केंद्रक क्षेत्र में केवल न्यूक्लिक अम्ल होते हैं जिन्हे केंद्रकाभ कहा जाता हैं।
- ऐसे जीव जिनकी कोशिकाओं में केंद्रक झिल्ली का अभाव होता है उन्हें प्राककेंद्रकी (प्रोकैरियोट) कहा जाता हैं (प्रो = आदिम या पूर्व; कैरियोट »कैरियोन = केंद्रक)।
- जिन जीवों में केंद्रक झिल्ली वाली कोशिकाएँ होती हैं, उन्हें सुकेंद्रकी कहा जाता है।
- प्राककेंद्रकी कोशिकाओं में सुकेंद्रकी कोशिकाओं में मौजूद अधिकांश अन्य कोशिकाद्रव्यी अंगक की भी कमी होती है।
- ऐसे जीवों के कई कार्य कोशिका द्रव्य के अस्पष्ट संगठित भागों द्वारा भी किए जाते हैं।

अतः विकल्प (B) सही है।

28. माइटोकॉन्ड्रिया कोशिका अंगक वायवीय श्वसन के लिए उत्तरदायी है।

माइटोकॉन्ड्रिया को कोशिका का शक्तिगृह कहा जाता है क्योंकि यह ATP का उत्पादन करता है, जो ऊर्जा देने वाला अणु है। ऑक्सीजन की उपस्थिति में, माइटोकॉन्ड्रिया के भीतर वायवीय श्वसन की प्रक्रिया में ATP जारी किया जाता है।

अतः विकल्प (A) सही है।

29. शाकाहारियों को सेल्यूलोज को पचाने के लिए छोटी आंत के बड़े होने की आवश्यकता होती है क्योंकि वह घास / हरी पत्तेदार सब्जियां खाते हैं, जो सेल्यूलोज और फाइबर से बनी होती है जो पचाने में मुश्किल होती है। इसलिए शाकाहारियों को सेल्यूलोज के पूर्ण पाचन के लिए छोटी आंत के लंबे होने की आवश्यकता होती है। शाकाहारियों की तुलना में मासाहारी कम मात्रा में भोजन करते हैं और इसलिए इसलिए उनकी आंत छोटी होती है।

अतः विकल्प (C) सही है।

30. स्राव के लिए विशिष्ट स्तंभाकार को ग्रंथिक उपकला कहा जाता है।

- स्तंभाकार या घनाकार कोशिकाओं में से कुछ स्राव के लिए विशिष्ट हो जाते हैं और ग्रंथिक उपकला कहलाते हैं।
- वे मुख्य रूप से दो प्रकार के होते हैं: एककोशिकीय, पृथक ग्रंथियों की कोशिकाएं (आहार नली की गॉब्लेट कोशिकाएं), और बहुकोशिकीय, कोशिकाओं के एक समूह (लार ग्रंथि) का समूह।
- एककोशिकीय ग्रंथिक स्तंभाकार घनाकारभ उपकला कोशिकाएं आमाशय, वृहदंत्र और मलाशय में उपस्थित होती हैं।

अतः विकल्प (D) सही है।

31. उपास्थिकोशिका में उपास्थि पाए जाते हैं। कार्टिलेज एक विशेष प्रकार का कंकाल संयोजी ऊतक है। यह शरीर को सहायता प्रदान करता है। कार्टिलेज की परिपक्व कोशिकाओं को "उपास्थिकोशिका" कहा जाता है। वे ल्युकेन नामक मैट्रिक्स गुहाओं में पाए जाते हैं। प्रत्येक लकुना में 1-4 उपास्थिकोशिका होते हैं।

अतः विकल्प (D) सही है।

32. यूग्लेना, एकल-कोशिका वाले फ्लैगेलेटेड सूक्ष्मजीवों की 1,000 से अधिक प्रजातियों का एक जीनस है जो पौधे और पशु दोनों विशेषताओं को प्रदर्शित करता है। यूग्लेना कार्बनिक पदार्थों से भरपूर ताजे और खारे पानी में रहती है और नम मिट्टी में भी पाई जा सकती है।

अत: विकल्प (B) सही है।

33. एनएडीएच का ऑक्सीकरण एनएडी+ में बहुत धीरे-धीरे होता है, यह एरोबिक श्वसन का एक विशिष्ट गुण नहीं है।

एरोबिक श्वसन की विशेषता गुण:

- एरोबिक श्वसन में ग्लूकोज पूरी तरह से CO_2 और H_2O में अवक्रमित हो जाता है।
- एरोबिक श्वसन में, एनएडीएच के दो अणु पाइरुविक एसिड के दो अणुओं के चयापचय से उत्पन्न होते हैं।
- एरोबिक श्वसन में, पाइरूवेट का पूर्ण ऑक्सीकरण होता है।
- श्वसन के इस रूप में गैसों का आदान-प्रदान होता है।
- यह साइटोप्लाज्म और माइटोकॉन्ड्रिया में पाया जा सकता है।
- ग्लूकोज कार्बन डाइऑक्साइड और पानी में टूट जाता है।
- सभी उच्च जीवों जैसे स्तनधारियों में इस प्रकार का श्वसन होता है।

अतः विकल्प (C) सही है।

34. कार्बन चक्र में पौधों के लिए कार्बन का स्रोत वायुमंडलीय कार्बन डाइऑक्साइड है।

पौधे सूर्य के प्रकाश की उपस्थिति में वायुमंडलीय कार्बन डाइऑक्साइड लेते हैं और प्रकाश संश्लेषण करते हैं और उपोत्पाद के रूप में ग्लूकोज और ऑक्सीजन का उत्पादन करते हैं। पौधे सीधे कार्बोनेट चट्टानों और जीवाश्म ईंधन से कार्बन लेने में सक्षम नहीं हैं। पौधों द्वारा कार्बन का उपयोग करने के लिए यह आवश्यक है कि कार्बन को वायुमंडलीय कार्बन डाइऑक्साइड के रूप में लिया जाए।

अतः विकल्प (C) सही है।

35. वायवीय श्वसन वह जगह है जहां ऊर्जा को मुक्त करने के लिए कार्बोहाइड्रेट के टूटने के लिए ऑक्सीजन का उपयोग किया जाता है।

वायवीय श्वसन की समग्र प्रक्रिया को इस प्रकार दर्शाया जा सकता है:

$$C_6H_{12}O_6 + 6O_2 \rightarrow 6CO_2 + 6H_2O + \text{ऊर्जा (एटीपी के रूप में)}$$

अतः विकल्प (A) सही है।

36. ग्लाइकोलेट चक्र को प्रकाश श्वसन के रूप में भी जाना जाता है जो C_3 पौधों में होता है और पौधों की कोशिकाओं के क्लोरोप्लास्ट, माइटोकॉन्ड्रिया और पेरोक्सिसोम में होता है। यह मार्ग प्रकाश संश्लेषण के कार्बन न्यूनीकरण चक्र के गैर-फॉस्फोराइलेटेड मध्यवर्ती से अमीनो एसिड ग्लाइसिन और सेरीन के निर्माण में शामिल है। ग्लाइकोलेट फोटोरेस्पिरेशन का मुख्य मेटाबोलाइट है। फोटोरेस्पिरेशन एक ऑक्सीडेटिव प्रक्रिया है जहां ग्लाइकोलेट का ऑक्सीकरण CO_2 के बाद के रिलीज के साथ होता है।

अतः विकल्प (A) सही है।

37. सिग्नल एक न्यूरॉन से दूसरे न्यूरॉन में स्थानांतरित होते हैं। रासायनिक सिग्नल की तुलना में विद्युत सिग्नल बहुत तीव्र होते हैं। न्यूरॉन की सतह पर मौजूद माइलिनेटेड म्यान सिग्नल के बेहतर संचालन में मदद करता है। अक्षतंतु (अक्षतंतु अंत) के अंत में, विद्युत सिग्नल एक रासायनिक सिग्नल में परिवर्तित हो जाता है, और अक्षतंतु न्यूरोट्रांसमीटर (एसिटाइलकोलाइन) नामक रासायनिक संदेशवाहकों को छोड़ता है जो उनके रिसेप्टर्स द्वारा बाद के न्यूरॉन के डेंड्राइट्स पर प्राप्त होते हैं। इस क्षेत्र को अन्तर्ग्रथन कहते हैं। तो, सही उत्तर 'अक्षीय अंत' है।

अतः विकल्प (C) सही है।

38. विद्युत आवेग एक न्यूरॉन में द्रुमिका → कोशिका काय → तंत्रिकाक्ष → तंत्रिकाक्षीय सिरा से यात्रा करते है।

- तंत्रिका या विद्युत आवेग विद्युत रासायनिक प्रक्रियाएं हैं जो न्यूरॉन के प्लाज्मा झिल्ली में क्रिया क्षमता में अंतर के कारण होती हैं।
- द्रुमिका आवेगों को प्राप्त करते हैं और इन्हें कोशिका काय की ओर संचारित करते हैं।
- तंत्रिकाक्ष विद्युतीय आवेगों को कोशिका काय से दूर सिनैप्स या तंत्रिका पेशी संधि तक पहुंचाते है।
- लड़ीनुमा संरचनाएं (सिनेप्टिक नोब) तंत्रिकाक्षीय सिरे में उपस्थित होती हैं और इनमें तंत्रिका संचारक होते हैं। ये आवेगों को दूसरे न्यूरॉन तक पहुंचाने में सहायता करते हैं।
- एक तंत्रिका आवेग तंत्रिकाक्षीय सिरों के माध्यम से एक न्यूरॉन से बाहर निकलता है।

अतः विकल्प (C) सही है।

39. एब्सिस्टिक एसिड एक पादप हार्मोन है जो पत्तियों के पुरानेपन को बढ़ावा देता है और फूलों और फलों के विच्छेदन का कारण बनता है। एब्सिसिक एसिड एक हार्मोन का एक उदाहरण है जो विकास को रोकता है। इसके प्रभावों में पत्तियों का मुरझाना शामिल है।

अतः विकल्प (C) सही है।

40. प्ररोह की प्रकाश की ओर गति प्रकाशानुवर्तन होती है।

- प्रकाशानुवर्तन एकदिशीय प्रकाश के प्रति अनुक्रिया में वक्रता की वृद्धि गति है।
- सूर्य के प्रकाश की उत्तेजना आने वाले सूर्य के प्रकाश की ओर प्ररोह के झुकने से पौधे को गति प्रदान करती है।
- प्रकाशानुवर्तन की अनुभूति के लिए प्ररोह शीर्ष एक बोधगम्य क्षेत्र है।
- यह धनात्मक और ऋणात्मक प्रकाशानुवर्तन दो प्रकार का होता है।

अतः विकल्प (D) सही है।

41. एड्रिनलीन हॉर्मोन जनन तंत्र से संबंधित नहीं है।

एड्रिनलीन:

इस हॉर्मोन को मज्जा के केंद्र में अधिवृक्क ग्रंथियों द्वारा स्रावित किया जाता है। एड्रिनलीन का मुख्य कार्य प्लीहा के संकुचन का उत्पादन करना है ताकि रक्त को संग्रहित किया जा सके, दिल की धड़कन और पसीने में वृद्धि करना, रक्त के जमने की अवधि को कम करना और प्यूपिलरी फैलाव करना है।

प्रोजेस्टेरोन हॉर्मोन:

प्रोजेस्टेरोन एक अंतर्जात स्टेरॉयड और प्रोजेस्टोजन सेक्स हार्मोन है जो आर्तवचक्र, गर्भावस्था और मनुष्यों और अन्य प्रजातियों के भ्रूणजनन में शामिल है। यह स्टेरॉयड हार्मोन के एक समूह से संबंधित है जिसे प्रोजेस्टोजेन कहा जाता है और यह शरीर में प्रमुख प्रोजेस्टोजन है।

एस्ट्रोजन हॉर्मोन:

एस्ट्रोजन, या ओइस्ट्रोजेन, लिंग हार्मोन की एक श्रेणी है जो मादा जनन तंत्र और माध्यमिक लिंग विशेषताओं के विकास और विनियमन के लिए जिम्मेदार है।

टेस्टोस्टेरोन हॉर्मोन:

टेस्टोस्टेरोन नर में प्राथमिक लिंग हॉर्मोन और एक उपचयी स्टेरॉयड है। नर मनुष्यों में, टेस्टोस्टेरोन पुरुष जनन ऊतकों जैसे कि वृषण और प्रोस्टेट के विकास में महत्वपूर्ण भूमिका निभाता है, साथ ही मांसपेशियों और हड्डी के द्रव्यमान और शरीर के बालों की वृद्धि जैसे माध्यमिक लिंग विशेषताओं को बढ़ावा देता है।

अत: विकल्प (B) सही है।

42. गर्भाशय में भ्रूण विकसित होता है।

अंग	कार्य
मूत्रवाहिनी	मूत्रवाहिनी मानव शरीर में एक ट्यूब होती है जो मूत्र को मूत्राशय तक ले जाती है।
डिम्बवाही नली	युग्मनज का गठन डिम्बवाही नली में होता है।
गर्भाशय	इसे गर्भ भी कहा जाता है। युग्मनज भ्रूण बनने के लिए गर्भाशय जाता है।
गर्भाशय ग्रीवा	यह संकीर्ण ट्यूब है जो योनि को गर्भाशय से जोड़ती है।

अत: विकल्प (C) सही है।

43. अंडज जानवर वे हैं जो अंडे देते हैं। अंडज जानवरों के उदाहरणों में पक्षी, सरीसृप, उभयचर, मछली, आदि शामिल हैं। अंडज जानवर पूरी तरह से विकसित जीवित छोटे जानवरों को जन्म देते हैं। उदाहरण- मवेशी, मानव, आदि।

अत: विकल्प (A) सही है।

44. वृषण से निकलने वाला हार्मोन टेस्टोस्टेरोन है। टेस्टोस्टेरोन पुरुष सेक्स हार्मोन है। यह वृषण और प्रोस्टेट जैसे पुरुष प्रजनन ऊतकों के विकास में महत्वपूर्ण भूमिका निभाता है। यह शरीर के बालों को भी बढ़ाता है।

हार्मोन	कार्य	ग्रंथि
थायरोक्सिन	यह शरीर के चयापचय को बनाए रखने में मदद करता है।	थाइरोइड
इंसुलिन	यह शरीर में शर्करा के स्तर को विनियमित करने में मदद करता है।	अग्न्याशय
एड्रेनालाईन	यह आपातकालीन स्थितियों के दौरान हृदय गति, रक्तचाप आदि को बढ़ाता है।	अधिवृक्क ग्रंथि

अत: विकल्प (D) सही है।

45. ऑटोसोम और लिंग गुणसूत्रों दोनों के जोड़े की संख्या मानव युग्मज में समान रहती है, जैसा कि वयस्क मानव में होता है। एक वयस्क मानव में तेईस जोड़े गुणसूत्र होते हैं जिनमें से बाईस जोड़े ऑटोसोम होते हैं और एक जोड़ा लिंग गुणसूत्र होता है। मानव युग्मनज में समान गुणसूत्रीय संघटन की अपेक्षा की जाती है क्योंकि वयस्क मानव, मानव युग्मनज से प्राप्त होता है।

तो, मानव युग्मनज में बाईस जोड़े ऑटोसोम और एक जोड़ी लिंग गुणसूत्र होते हैं। एक युग्मनज में, जो नर में विकसित होगा, लिंग गुणसूत्र युग्म में एक X और एक Y गुणसूत्र शामिल होंगे। एक युग्मनज में, जो मादा में विकसित होगा, लिंग गुणसूत्र युग्म में दो X गुणसूत्र होंगे।

अतः विकल्प (A) सही है।

46. एक मोनोहाइब्रिड क्रॉस का मेंडेलियन फेनोटाइपिक अनुपात 3: 1 है, जहां तीन प्रमुख विशेषता का प्रतिनिधित्व करते हैं जबकि 1 पुनरावर्ती विशेषता का प्रतिनिधित्व करता है। मेंडेलियन क्रॉस में कोई सम्मिश्रण विरासत मौजूद नहीं है, इसलिए बौने पौधे के साथ एक लंबा पौधा या तो लंबा या बौना पौधा देगा लेकिन मध्यम ऊंचाई वाला पौधा नहीं।

तो, गलत विकल्प '4 लम्बे पौधे और 1 मध्यम ऊँचाई का पौधा' है।

अतः विकल्प (D) सही है।

47. मेंडल द्वारा मटर के पौधों पर अपने प्रयोगों के आधार पर निकाले गए निष्कर्ष वंशानुक्रम के नियमों के रूप में सामने आए, वे नियम इस प्रकार थे:

विकल्प (D). प्राकृतिक चयन चार्ल्स डार्विन द्वारा प्रस्तुत एक अवधारणा है, जहां प्रकृति कुछ ऐसे लक्षणों का चयन करती है जो दूसरों पर जीवित रहने के लिए बेहतर रूप से अनुकूलित होते हैं, चाहे वह आवर्ती या प्रभावशाली हो। इसलिए, विरासत में मिली विशेषता की आवृत्ति को बदल सकते हैं। तो, सही उत्तर है 'प्राकृतिक चयन विरासत में मिली विशेषता की आवृत्ति को बदल सकता है।'

विकल्प (A). प्रभुत्व का नियम: एक ही विशेषता के विपरीत युग्मों के बीच एक क्रॉस के परिणामस्वरूप संतान 1 में केवल एक विशेषता, जो कि प्रमुख है, व्यक्त होगी।

विकल्प (B). युग्मक की शुद्धता का नियम: प्रत्येक लैंगिक जनन करने वाला जीव ऐसे युग्मक उत्पन्न करता है जो उनके गुणों के लिए सही होते हैं, अर्थात प्रत्येक लक्षण की एक प्रति ले जाते हैं। नर और मादा युग्मकों के संलयन से संतति में दो प्रतियाँ बनती हैं।

विकल्प (C). एक पुनरावर्ती लक्षण हमेशा समयुग्मक स्थिति में व्यक्त किया जाता है - उदाहरण, tt, rr, आदि।

अतः विकल्प (D) सही है।

48. चार्ल्स डार्विन ने विकासवाद का सिद्धांत दिया। चार्ल्स डार्विन ने विकासवाद का सिद्धांत दिया। डार्विनवाद अंग्रेजी प्रकृतिवादी चार्ल्स डार्विन (1809-1882) और अन्य द्वारा विकसित जैविक विकास का एक सिद्धांत है, जिसमें कहा गया है कि जीवों की सभी प्रजातियां छोटे, विरासत में मिली विविधताओं के प्राकृतिक चयन के माध्यम से उत्पन्न होती हैं और विकसित होती हैं जो व्यक्ति की प्रतिस्पर्धा करने, जीवित रहने और पुनरुत्पादित करने की क्षमता को बढ़ाती है।

अतः विकल्प (A) सही है।

49. एक वस्तु कुछ दूरी x के लिए निरंतर वेग v से चलती है। तब यह $\frac{x}{v}$ समय तक गति में है।

वेग, दूरी और समय के बीच संबंध है:

$$v = \frac{\Delta x}{\Delta t}$$

$$\Rightarrow \Delta t = \frac{\Delta x}{v}$$

दूरी और वेग का भागफल हमें वह समय देगा जब वस्तु गति में थी।

अतः विकल्प (B) सही है।

50. दिया है:

g = -9.8 मीटर/सेकंड^2

तय की गई दूरी $\Delta y = 1.5$ मीटर

चित्र का प्रारंभिक वेग शून्य है, क्योंकि यह विराम से शुरू होता है।

हम अंतिम वेग के लिए उपयुक्त गति समीकरण का उपयोग कर सकते हैं:

$$\Delta y = v_i t + \frac{1}{2} a t^2$$

विस्थापन ऋणात्मक होगा क्योंकि गेंद नीचे की दिशा में यात्रा कर रही है।

$$-1.5 = 0t + \frac{1}{2}(-9.8)t^2$$

$$-1.5 = -4.9t^2$$

$$1.5 = 4.9t^2$$

$$\frac{1.5}{4.9} = t^2$$

$0.306 = t^2$

$\sqrt{0.306} = \sqrt{t^2}$

t = 0.55 सेकंड

अतः विकल्प (A) सही है।

51. आदमी का गिरना परवलयिक होगा क्योंकि इसमें क्षैतिज और ऊर्ध्वाधर दोनों घटक होंगे।

गिरने का उसका ऊर्ध्वाधर घटक गुरुत्वाकर्षण के कारण उसके त्वरण के कारण मानक मुक्त-पतन होगा। गिरने का उसका क्षैतिज घटक उससे एक दिशा में "बहुत दूर झुकाव" से आएगा। यहां तक कि एक छोटा क्षैतिज वेग भी एक क्षैतिज प्रक्षेपवक्र बनाएगा।

यही कारण है कि जब लोग झुकते हैं और सीढ़ी से गिर जाते हैं तो वे या तो सीढ़ी को पकड़ने की कोशिश करते हैं (अपने क्षैतिज वेग को नकारने की कोशिश करते हैं) या सीढ़ी के आधार से थोड़ी दूरी पर गिर जाते हैं।

अतः विकल्प (A) सही है।

52. न्यूटन के दूसरे नियम को अक्सर F = ma के रूप में परिभाषित किया जाता है, जिसका अर्थ है कि किसी वस्तु पर कार्य करने वाला बल (F) वस्तु के द्रव्यमान (m) और उसके त्वरण (a) के गुणनफल के बराबर होता है। इसका अर्थ है कि किसी वस्तु का द्रव्यमान जितना अधिक होता है, उतनी ही अधिक गति से उसे बल देने की आवश्यकता होगी, और बल जितना अधिक होता है, वस्तु का त्वरण भी उतना ही अधिक होता है।

- बल (F) = द्रव्यमान (m) × त्वरण (a)
- बल की इकाई = बल की एसआई इकाई न्यूटन (N) है।
- 1 न्यूटन 1 किलोग्राम (kg)*m*s^{-2} के बराबर है।
- किसी वस्तु का त्वरण सीधे शुद्ध बल से संबंधित होता है और इसके द्रव्यमान से विपरीत होता है।
- किसी वस्तु का त्वरण दो चीजों, बल और द्रव्यमान पर निर्भर करता है।
- द्रव्यमान किसी वस्तु में पदार्थ की मात्रा का एक माप है।
- द्रव्यमान आमतौर पर ग्राम (g) या किलोग्राम (kg) में मापा जाता है।
- एक वस्तु का द्रव्यमान सभी परिस्थितियों में स्थिर होता है, इसके विपरीत वजन एक बल है जो गुरुत्वाकर्षण पर निर्भर करता है।

अत: विकल्प (B) सही है।

53. प्रणोद वह बल है जो एक वायुयान को वायु के माध्यम से ले जाता है।

प्रणोद एक यांत्रिक बल है। यह गैस के द्रव्यमान को तेज करने की अभिक्रिया के माध्यम से सबसे अधिक बार उत्पन्न होता है। इंजन गैस पर काम करता है और जैसे ही गैस को पीछे की ओर त्वरित किया जाता है, इंजन को विपरीत दिशा में त्वरित किया जाता है। इंजन द्रव्यमान का त्वरण विमान पर एक बल उत्पन्न करता है।

अत: विकल्प (C) सही है।

54. दिया गया है:

बुलेट का द्रव्यमान $= 10$ ग्राम $= 0.01$ किलोग्राम, बन्दूक का द्रव्यमान $=$ 8 किलोग्राम और बुलेट का वेग $= 40$ मीटर/ सेंकेड

जैसा कि हम जानते है,

$\Rightarrow$ संवेग $=$ द्रव्यमान $\times$ वेग

रेखीय संवेग के संरक्षण के नियम के अनुसार,

$\Rightarrow$ बुलेट का संवेग $(M_B) =$ बंदूक का संवेग (M_G)

$\Rightarrow$ बुलेट का द्रव्यमान $\times$ वेग $=$ बंदूक $\times$ वेग (V_G)

$\Rightarrow 0.01$ किलोग्राम $\times 40$ मीटर/सेंकेड $= 8$ किलोग्राम $\times V_G$

$\Rightarrow V_G = \left(\frac{1}{20}\right)$ मीटर/सेंकेड

$\Rightarrow V_G = 0.05$ मीटर/सेंकेड

अत: विकल्प (D) सही है।

55. एक भारी लोहे के बक्से को जमीन पर रखा जाता है, एक व्यक्ति 200 N के बल के साथ बक्से को धक्का देने की कोशिश करता है और बक्सा गति नहीं करता है। इसका अर्थ घर्षण बल ≥ लगाया गया बल है।

यह एक प्रकार का प्रतिरोध बल है जो दो संपर्क निकायों के बीच उनके बीच की सापेक्ष गति को रोकने के लिए कार्य करता है।

चूंकि खंड गति नही करता है तो घर्षण बल (fs) ≥ लगाया गया बल

इसका मतलब है घर्षण बल (fs) ≥ 200 N

अतः विकल्प (C) सही है।

56. असंतुलित बल किसी निकाय की स्थिति में परिवर्तन का कारण बनता है।

असंतुलित बल समान बल नहीं हैं, और वे गति और/या दिशा, जिसकी ओर वे जा रहे हैं, को बदलने के लिए किसी वस्तु की गति का कारण बनते हैं। जब दो असंतुलित बलों को विपरीत दिशाओं में लगाया जाता है तब उनका संयुक्त बल दोनों बलों के बीच अंतर के बराबर है।

अत: विकल्प (A) सही है।

57. पृथ्वी के चारों ओर वायुमंडल को बांधने वाला बल गुरुत्वाकर्षण का बल है।

गुरुत्वाकर्षण बल दो पिंडों के बीच कार्य करता है जिसमें एक पिंड हमेशा पृथ्वी होता है। यह चंद्रमा सहित पृथ्वी के चारों ओर आकाशीय पिंडों को अपने चारों ओर घूमने के लिए आवश्यक अभिकेंद्रीय बल भी प्रदान करता है।

इस प्रकार, गुरुत्वाकर्षण बल पृथ्वी के चारों ओर वायुमंडल को बांधता है।

अत: विकल्प (B) सही है।

58. किसी उपग्रह को उसकी उचित कक्षा में प्रक्षेपित करने के लिए दो चरणों वाले रॉकेट को दो बार दागा जाना चाहिए ।

लॉन्चिंग पैड को छोड़ने के तुरंत बाद रॉकेट पर कार्य करने वाले दो बल गुरुत्वाकर्षण बल और घर्षण बल हैं। गुरुत्वाकर्षण बल पृथ्वी की ओर नीचे की ओर कार्य करता है और घर्षण बल आसपास की हवा के कारण कार्य करता है।

अतः विकल्प (B) सही है।

59. एक मिसाइल को पलायन वेग से कम वेग से प्रक्षेपित किया जाता है। इसकी गतिज और स्थितिज ऊर्जा का योग ऋणात्मक होता है।

गतिज ऊर्जा और स्थितिज ऊर्जा का योग ऋणात्मक होता है। ऐसा इसलिए है क्योंकि पलायन वेग से कम वेग के लिए मिसाइल पृथ्वी के गुरुत्वाकर्षण क्षेत्र के कारण बाध्य है। अतः इसकी कुल ऊर्जा ऋणात्मक है।

अतः विकल्प (B) सही है।

60. जिस वेग से प्रक्षेप्य को प्रक्षेपित किया जाना चाहिए ताकि वह पृथ्वी के गुरुत्वाकर्षण से बच सके, प्रक्षेप्य के द्रव्यमान पर निर्भर नहीं करता है।

पलायन वेग की गणना करते हैं:

$$v_e = \sqrt{\frac{2GM}{R}}$$

इस व्यंजक में हम पृथ्वी का द्रव्यमान (M), पृथ्वी की त्रिज्या (R), गुरुत्वीय स्थिरांक (G) देख सकते हैं। प्रक्षेप्य के द्रव्यमान का कोई फर्क नहीं पड़ता।

अतः विकल्प (B) सही है।

61. दिया है:

किसी निकाय का वेग 4 गुना बढ़ जाता है

इसलिए $v' = 4v$ अर्थात परिवर्तित वेग

गतिज ऊर्जा $E = \frac{1}{2}(m \times v^2)$

गतिज ऊर्जा $E' = \frac{1}{2}(m \times v'^2) = \frac{1}{2}(m \times (4v)^2)$

$E' = 16E$

अतः विकल्प (A) सही है।

62. दिया गया है,

किया गया कार्य =W $= 260$ J

शक्ति =P $= 10$ W

कार्य करने की दर शक्ति है,

$P = \frac{W}{t}$

या $t = \frac{W}{P} = \frac{260}{10} = 26$ सेकेंड

इसलिए, 10 W की दर से 260 J काम करने के लिए आवश्यक समय 26 सेकेंड है।

अत: विकल्प (C) सही है।

63. दिया गया है,

किया गया कार्य = W $= 300$ J

शक्ति =P $= 15$ W

कार्य करने की दर शक्ति है,

$P = \frac{W}{t}$

या, $t = \frac{W}{P} = \frac{300}{15} = 20$ सेकेंड

इसलिए, 15 W की दर से 300 J कार्य करने के लिए आवश्यक समय 20 सेकेंड है।

अतः विकल्प (C) सही है।

64. विद्युत की 1 इकाई $= 1kWh = 1000$ वाट-घंटा $= 3.6 \times 10^6 J$

1 किलो वाट $= 1000$ वाट

$100W = 0.1$ किलोवाट $[\because 1$ किलोवाट $= 1000W]$

30 दिनों में बल्ब की कुल खपत $= 0.1$ किलोवाट $\times 30$ दिन $\times 5$ घंटे/दिन $= 15$ किलोवाट-घंटा

दिया गया है, 1 यूनिट की लागत $= 75$ पैसे

तो कुल व्यय $= 75 \times 15 = 1125$ पैसे $= 11.25$ रु.

अतः विकल्प (D) सही है।

65. डेसिबल एक लघुगणक इकाई है जिसका उपयोग ध्वनि स्तर को मापने के लिए किया जाता है।

- यह इलेक्ट्रॉनिकी, सिग्नल और संचार में भी व्यापक रूप से उपयोग किया जाता है।
- जितना उच्च डेसिबल स्तर होगा, उतना जोर शोर होगा।
- डेसिबल पैमाने पर, 10 के स्तर में वृद्धि का मतलब है कि एक ध्वनि वास्तव में 10 गुना अधिक तीव्र, या शक्तिशाली है।
- एक फुसफुसाहट लगभग 30 dB की होती है और एक सामान्य बातचीत लगभग 60 dB की होती है।
- लंबे समय तक 70 dB से अधिक का शोर हमारी सुनने की क्षमता को नुकसान पहुंचाना शुरू कर सकता है और 120 dB से ऊपर का अधिक शोर हमारे कानों को तत्क्षण नुकसान पहुंचा सकता है।

अतः विकल्प (B) सही है।

66. निर्वात, ध्वनि तरंग को उसके माध्यम से गुजरने की अनुमति नहीं देता है।

- निर्वात एक ऐसा माध्यम है जिससे ध्वनि तरंगें नहीं गुजर सकतीं हैं। निर्वात मूल रूप से वायु रहित एक क्षेत्र होता है।
- चूँकि ध्वनि तरंगें, यांत्रिक तरंगें होती हैं, इसलिए वे बिना कंपन वाले माध्यम से प्रसारित नहीं हो सकती हैं। ध्वनि तरंग को निर्वात के माध्यम से प्रसारित नहीं किया जा सकता है।
- ध्वनि तरंगें ठोस, द्रव और गैसीय माध्यमों से प्रसारित हो सकती हैं।

अतः विकल्प (D) सही है।

67. चूँकि ध्वनि तरंगें अनुदैर्ध्य तरंगें होती हैं, वायु के कण ध्वनि के संचरण की दिशा में इधर-उधर कंपन करते हैं। यह इसके स्रोत के कंपन द्वारा निर्मित होता है। यह सुना जाता है कि आवृत्ति 20 Hz से $20{,}000$ Hz के बीच है। यह संपीड़न और विरलन की तरंग है। संपीड़न उच्च वायु घनत्व वाला क्षेत्र है और विरलीकरण कम वायु घनत्व वाला क्षेत्र है।

अतः विकल्प (B) सही है।

68. हर्ट्ज़ आवृत्ति की इकाई है।

1 हर्ट्ज़ =1 कंपन प्रति सेकंड =60 कंपन प्रति मिनट

अतः विकल्प (C) सही है।

69. वह धारा जो निम्न (ऋणात्मक) विभव के एक बिन्दु से उच्च (धनात्मक) विभव पर एक बिन्दु की ओर प्रवाहित होती है, इलेक्ट्रॉनिक धारा कहलाती है। इलेक्ट्रॉनिक करंट ऋणात्मक रूप से आवेशित इलेक्ट्रॉनों की गति से उत्पन्न होता है।

अत: विकल्प (A) सही है।

70. चुंबकीय क्षेत्र रेखाओं के बारे में गलत कथन यह है कि यदि चुंबकीय क्षेत्र रेखाएं समानांतर और समान दूरी पर हैं तो वे शून्य क्षेत्र शक्ति का प्रतिनिधित्व करती हैं क्योंकि यदि वे समानांतर हैं और समान दूरी पर हैं तो उनके पास एक समान चुंबकीय क्षेत्र है और शून्य चुंबकीय क्षेत्र की ताकत नहीं है।

अतः विकल्प (C) सही है।

71. विद्युत धारा द्वारा उत्पन्न तापीय प्रभाव इलेक्ट्रॉनों के टकराव के कारण होता है।

जब एक चालक के सिरों पर एक विभवांतर लागू किया जाता है तो इसके मुक्त इलेक्ट्रॉन लागू क्षेत्र के विपरीत दिशा में त्वरित होते हैं।लेकिन इलेक्ट्रॉनों की गति एक स्थिर ड्रिफ्ट गति से आगे नहीं बढ़ती है। ऐसा इसलिए है, क्योंकि उनकी गति के दौरान, इलेक्ट्रॉन धनात्मक धातु आयनों के साथ अक्सर टकराते हैं।

टक्करों के बीच मुक्त त्वरण के अंतराल के दौरान इलेक्ट्रॉनों द्वारा प्राप्त गतिज ऊर्जा टकराव के समय धातु आयनों में स्थानांतरित हो जाती है। धातु के आयन अपने माध्य स्थिति के बारे में अधिक से अधिक बलपूर्वक कंपन करना शुरू कर देते हैं।

आयनों की औसत गतिज ऊर्जा बढ़ जाती है। इससे चालक का तापमान बढ़ जाता है। इस प्रकार धारा प्रवाहित होने के कारण चालक गर्म हो जाता है।

अत: विकल्प (A) सही है।

72. दिया गया है,

विभव अंतर $(V) = 220\ V$ और बल्ब की बल $(P) = 40\ W$

प्रतिरोध के रूप में गणना की जा सकती है,

$$R = \frac{V^2}{P}$$

$$= \frac{(220)^2}{40} = 1210\Omega$$

अत: विकल्प (A) सही है।

73. एक बाहरी चुंबकीय क्षेत्र में रखी गई प्रतिचुंबकीय सामग्री की एक पट्टी क्षेत्र रेखाओं को पीछे हटा देगी और उच्च से निम्न क्षेत्र में चली जाएगी।

प्रतिचुंबकीय पदार्थ: वे पदार्थ जो बाहरी चुंबकीय क्षेत्र में लगाए गए क्षेत्र के विपरीत दिशा में रखे जाने पर कमजोर रूप से चुम्बकित होते हैं, प्रतिचुंबकीय पदार्थ कहलाते हैं।

उदाहरण: तांबा, सीसा, सोना, चांदी, जस्ता, सुरमा, बिस्मथ, आदि।

गुण:

- इन पदार्थों को एक चुंबक द्वारा प्रतिकर्षित किया जाता है।
- इन पदार्थों के परमाणु कक्षक पूर्ण रूप से भरे हुए हैं।
- यह लागू चुंबकीय क्षेत्र की दिशा के विपरीत दिशा में कमजोर चुंबकत्व विकसित करता है।
- जैसे ही चुंबकीय क्षेत्र हटा दिया जाता है, यह अपना चुंबकत्व खो देता है।
- जब एक गैर-समान चुंबकीय क्षेत्र में रखा जाता है, तो यह चुंबकीय क्षेत्र के मजबूत से कमजोर क्षेत्रों में स्थानांतरित हो जाता है।
- जब एक समान चुंबकीय क्षेत्र में रखा जाता है, तो यह स्वयं को चुंबकीय क्षेत्र की दिशा के लंबवत संरेखित करता है।
- चुंबकीय संवेदनशीलता एक छोटा नकारात्मक मूल्य है।
- सापेक्ष पारगम्यता एक के करीब होती है और हमेशा 1 से कम होती है।
- मुक्त स्थान की तुलना में चुंबकीय पारगम्यता थोड़ी कम होती है।

अतः विकल्प (D) सही है।

74. प्रतिचुंबकीय पदार्थ चुम्बक द्वारा कमजोर रूप से प्रतिकर्षित होते हैं। X ऋणात्मक और बहुत छोटा है। प्रतिचुंबकीय सामग्री वे हैं जिन्हें कुछ लोग आम तौर पर गैर-चुंबकीय मानते हैं, और इसमें पानी, लकड़ी, अधिकांश कार्बनिक यौगिक जैसे पेट्रोलियम और कुछ प्लास्टिक, और तांबे सहित कई धातुएं शामिल हैं, विशेष रूप से कई कोर इलेक्ट्रॉनों के साथ भारी, जैसे पारा, सोना और बिस्मथ।

अत: विकल्प (D) सही है।

75. एक प्लॉटिंग कंपास को एक बार चुंबक के दक्षिणी ध्रुव के पास रखा जाता है। कम्पास की साजिश रचने का सूचक दक्षिणी ध्रुव की ओर इशारा करता है।

जैसे-जैसे आप चुंबकीय दक्षिणी ध्रुव के करीब पहुंचेंगे, क्षेत्र रेखाएं घुमावदार होकर सीधे चुंबकीय दक्षिणी ध्रुव में गोता लगाएँगी, जो पृथ्वी की सतह के लंबवत चलती है। "अक्सर, कम्पास वास्तव में काम नहीं करेगा," ब्रिटिश अंटार्कटिक सर्वेक्षण के एक भूभौतिकीविद् टॉम जॉर्डन ने कहा।

अत: विकल्प (C) सही है।

76. जब एक छड़ चुंबक के केंद्र में एक छेद काट दिया जाता है, तो छड़ चुंबक की ध्रुव शक्ति अपरिवर्तित रहेगी।

- चुम्बक पर वह बिंदु जिसमें अधिकतम आकर्षण गुण होता है, चुम्बक के ध्रुव कहलाते हैं।
- चुम्बक के ध्रुव सिरे से थोड़े अंदर होते हैं।
- जब चुंबक के केंद्र में एक छेद काट दिया जाता है, तो उसका सिरा अप्रभावित रहता है जहां चुंबक के ध्रुव होते हैं।

अत: विकल्प (C) सही है।

77. एक कृषि प्रणाली जिसमें फसल उत्पादन को पशुधन उत्पादन के साथ जोड़ा जाता है, मिश्रित कृषि प्रणाली है।

एक प्रकार की खेती जिसमें फसलों का उत्पादन एक खेत में पशुधन के पालन के साथ किया जाता है, मिश्रित खेती के रूप में जाना जाता है। यह खेती की एक प्रणाली है जिसमें एक किसान विभिन्न प्रकार की कृषि पद्धतियों को एक साथ करता है। विभिन्न स्रोतों से अपनी आय बढ़ाने की दृष्टि से मिश्रित खेती की जाती है। मिश्रित खेती एक ही खेत पर दो स्वतंत्र कृषि उद्यमों का संयोजन है।

अत: विकल्प (A) सही है।

78. पौधों को कम मात्रा में जिन पोषक तत्वों की आवश्यकता होती है, उन्हें सूक्ष्म पोषक तत्व माना जाता है।

सूक्ष्म पोषक तत्व वे विटामिन और खनिज होते हैं जिनकी शरीर को बहुत कम मात्रा में आवश्यकता होती है। हालांकि, शरीर के स्वास्थ्य पर उनका प्रभाव महत्वपूर्ण है, और उनमें से किसी की भी कमी गंभीर और यहां तक कि जीवन-जोखिम की स्थिति पैदा कर सकती है।

उदाहरण: लोहा, मैंगनीज, बोरान, जस्ता, तांबा, मोलिब्डेनम, क्लोरीन

अतः विकल्प (A) सही है।

79. मछलीपालन के लिए चावल के खेतों को प्राथमिकता दी जाती है क्योंकि चावल पानी की क्यारियों में उगता है।

मछली के कृत्रिम प्रजनन, पालन और प्रत्यारोपण को मछली पालन कहते हैं। इसे मछली पालन भी कहते हैं। यह एक्वाकल्चर का मुख्य प्रकार है जबकि अन्य तरीके समुद्री संवर्धन के दायरे में आ सकते हैं। इसमें आम तौर पर भोजन के लिए टैंकों या बाड़ों में मछलियों का व्यावसायिक पालना शामिल है। मछली के खेतों से मछली की प्रजातियों में गोभी, तिलापिया कैटफ़िश और सामन शामिल हैं। चावल की फसलों के बीच मछली फसल का उत्पादन किसान को बेमौसमी व्यवसाय देता है।

अत: विकल्प (C) सही है।

80. शहद की गुणवत्ता मुख्यतः फूलों की उपलब्धता पर निर्भर करती है।

शहद की संरचना और गुणवत्ता परिवर्तनशील होती है और यह मुख्य रूप से पराग के वानस्पतिक स्रोत पर निर्भर करती है जिससे इसे प्राप्त किया जाता है, लेकिन यह रस और पराग संग्रह के लिए मधुमक्खियों के लिए उपलब्ध फूलों पर भी निर्भर करता है। फूलों की पर्याप्त मात्रा के अलावा, उपलब्ध फूलों की किस्म शहद के स्वाद को निर्धारित करेगी।

अत: विकल्प (B) सही है।

81. पुनर्चक्रण के माध्यम से ठोस अपशिष्ट निपटान की समस्या को कम किया जा सकता है।

पुनर्चक्रण अपशिष्ट पदार्थों को नई सामग्री और वस्तुओं में परिवर्तित करने की प्रक्रिया है। यह "पारंपरिक" अपशिष्ट निपटान का एक विकल्प है जो सामग्री को बचा सकता है और ग्रीनहाउस गैस उत्सर्जन को कम करने में मदद कर सकता है। पुनर्चक्रण संभावित उपयोगी सामग्रियों की बर्बादी को रोक सकता है और ताजा कच्चे माल की खपत को कम कर सकता है जिससे ऊर्जा का उपयोग, वायु प्रदूषण (भस्मीकरण से) और जल प्रदूषण कम हो जाता है।

अतः विकल्प (A) सही है।

82. गाय के दूध से दही बनता है। गाय एक प्राथमिक उपभोक्ता है जो उत्पादक (घास) पर भोजन करती है और दूसरे पोषी स्तर पर रहती है। जीव से प्राप्त उत्पाद को दूसरे पोषी स्तर पर खाने से रवि तीसरे पोषी स्तर का हो जाता है।

अतः विकल्प (C) सही है।

83. खाद्य जाल में यदि हम अन्य जीवों के संबंध में मसल्स की स्थिति का निरीक्षण करते हैं तो हम देखेंगे कि शैवाल प्राथमिक उत्पादक सूक्ष्म जानवर हैं जो शैवाल का उपभोग करते हैं और प्राथमिक उपभोक्ता हैं और मसल्स अगले ट्राफिक स्तर पर हैं और द्वितीयक उपभोक्ता हैं।

अतः विकल्प (C) सही है।

84. सर्वाहारी - मोल्ड, खमीर और मशरूम, पोषी स्तर गलत तरीके से परिभाषित किया गया है।

सर्वाहारी पौधे और पशु दोनों पदार्थों का उपभोग करते हैं। मोल्ड, यीस्ट और मशरूम सैप्रोफाइट हैं जो मृत और क्षयकारी पदार्थों को खाते हैं।

अतः विकल्प (D) सही है।

85. किसी पदार्थ का एक निश्चित आकार होता है और साथ ही निश्चित मात्रा भी। यह ठोस पदार्थ है।

पदार्थ की अवस्थाएं:

- पदार्थ विभिन्न रूपों में प्रकृति में मौजूद हैं, पदार्थ के तीन बुनियादी अवस्थाएं ठोस, तरल और गैस हैं।
- इन तीनों के अलावा, इस पदार्थ के दो और अवस्था मौजूद हैं जिन्हें हम अपने दैनिक जीवन में नहीं देखते हैं। वे प्लाज्मा और बोस-आइंस्टीन संघनन हैं।

ठोस के गुण:

- ठोस पदार्थों में, कणों को बारीकी से पैक किया जाता है और कणों के बीच अंतराल छोटे होते हैं और इसलिए उन्हें संकुचित करना कठिन होता है।
- ठोस में एक निश्चित आकार और मात्रा होती है।

द्रव के गुण:

- एक द्रव में, कणों को ठोस की तुलना में कम कसकर पैक किया जाता है और ठोस की तुलना में कम से कम मुश्किल होता है क्योंकि कणों को स्थानांतरित करने के लिए उनके बीच कम जगह होती है लेकिन ठोस की तुलना में अधिक ।
- द्रव पदार्थ उस पात्र का आकार लेते हैं जिसमें उन्हें रखा जाता है।

गैस के गुण:

- गैसों में, कण एक दूसरे से दूर होते हैं, कणों के बीच आकर्षण बल नगण्य होता है और वे स्वतंत्र रूप से आगे बढ़ सकते हैं।
- ठोस और द्रव पदार्थों की तुलना में गैसीय अवस्था में सबसे अधिक संपीडन होता है।

अत: विकल्प (C) सही है।

86. बर्फ का गलनांक 273 K है।

- पानी सभी तीन रूपों में मौजूद हो सकता है अर्थात् ठोस, द्रव्य और गैस।
- बर्फ के रूप में ठोस, पानी के रूप में द्रव्य और जलवाष्प के रूप में गैस।
- गलनांक वह तापमान होता है जिसपर एक पदार्थ अपनी अवस्था को ठोस से द्रव्य में परिवर्तित करता है।
- बर्फ के लिए डिग्री सेल्सियस में तापमान 0 है और केल्विन में यह 273 होता है।
- केल्विन तापमान की SI इकाई है और 0°C = 273 K है।
- °C को K में परिवर्तित करने के लिए सूत्र निम्न है: K = 273 + °C में तापमान।
- वह तापमान जिसपर एक द्रव्य गैस में परिवर्तित होता है, उसे इसके क्वथनांक के रूप में संदर्भित किया जाता है।
- पानी के लिए क्वथनांक 100°C अर्थात् 373 K है।

अत: विकल्प (B) सही है।

87. रेत साफ विलयन नहीं बनाता है क्योंकि इसमें इसकी सतह पर सूक्ष्म धूल के कण होते हैं, जो जल में घुल जाते हैं, इस प्रकार इसे अस्पष्ट बनाते हैं।

हालांकि रेत कंटेनर के तल पर बैठ जाती है, लेकिन जल अभी भी अस्पष्ट होगा।

अवसादन और निस्तारण:

- इन विधियों का उपयोग तब किया जाता है जब एक घटक एक तरल होता है और दूसरा एक अघुलनशील ठोस होता है, जो तरल, अर्थात कीचड़ और जल से भारी होता है।
- यदि किसी बीकर में कीचड़युक्त जल को कुछ समय तक बिना हिलाए रख दिया जाता है, तो मृदा के कण (मिट्टी और रेत) नीचे आ जाते हैं। इस प्रक्रिया को अवसादन कहा जाता है।
- शीर्ष पर आंशिक रूप से स्पष्ट तरल को धीरे से दूसरे बीकर में स्थानांतरित किया जा सकता है। इस प्रक्रिया को निस्तारण के रूप में जाना जाता है।

अत: विकल्प (B) सही है।

88. मिट्टी के घड़े में पानी वाष्पीकरण प्रक्रिया के कारण ठंडा रहता है।

- गर्मियों में इस्तेमाल किया जाने वाला एक मिट्टी का घड़ा इसकी छिद्रपूर्ण सतह से पानी के वाष्पीकरण द्वारा अनिवार्य रूप से पानी को ठंडा करता है।
- मिट्टी के घड़े की दीवारें झरझरा होती हैं, जिससे पानी रिसता है और बर्तन की सतह से वाष्पित हो जाता है।
- वाष्पीकरण के लिए आवश्यक ऊष्मा बर्तन के अंदर के पानी से ली जाती है, इस प्रकार अंदर जमा पानी को ठंडा किया जाता है। यही कारण है कि गर्मी के दिनों में भी मिट्टी के घड़े में पानी ठंडा रहता है।

अत: विकल्प (B) सही है।

89. क्वार्क: क्वार्क पदार्थ का एक मूलभूत कण है। यह परमाणुओं का एक प्रकार का प्राथमिक कण है।

क्वार्क के 6 प्रकार हैं (अप , डाउन, स्ट्रेन्ज, चार्म, बॉटम और टॉप)

क्वार्क, मिश्रित कणों को हैड्रोन कहते हैं, सबसे स्थिर हैड्रॉन प्रोटॉन और न्यूट्रॉन हैं।

- प्रोटॉन दो अप क्वार्क और एक डाउन क्वार्क से बना होता है।
- न्यूट्रॉन दो डाउन क्वार्क और एक अप क्वार्क से बना होता है।
- इसी तरह, पॉज़िट्रॉन क्वार्क कणों से बना है।
- π-मेसन: कोई भी तीन उप-परमाणु कणों π^0, π^+ , और π^- पाई-मेसन है।
- पाई मेसन सबसे हल्के मेसन हैं।

अत: विकल्प (B) सही है।

90. रदरफोर्ड के अनुसार नाभिक की त्रिज्या, परमाणु की त्रिज्या से लगभग _______ होती है।

रदरफोर्ड के अनुसार नाभिक का आयतन परमाणु के कुल आयतन की तुलना में नगण्य है। परमाणु की त्रिज्या लगभग 10^{-10} होती है व नाभिक की त्रिज्या 10^{-15} होती है।

अत: विकल्प (B) सही है।

91. एक रासायनिक अभिक्रिया के बाद प्रत्येक तत्व के परमाणुओं की संख्या समान होती है।

- पदार्थ के संरक्षण के नियम के अनुसार पदार्थ को बनाया या नष्ट नहीं किया जा सकता है।
- अतः, रासायनिक समीकरणों में अभिकारकों के प्रत्येक तत्व के परमाणुओं की संख्या, उत्पादों के प्रत्येक तत्व के परमाणुओं की संख्या से मेल खानी चाहिए।
- एक रासायनिक समीकरण में, कोई नया परमाणु नहीं बनता है, और कोई परमाणु नष्ट नहीं होता है।
- संरक्षण के नियम के अनुसार, अभिकारक(अभिकारकों) के सभी परमाणु, उत्पाद के परमाणुओं के बराबर होने चाहिए।
- परिणामस्वरूप, रासायनिक समीकरण संतुलित होना चाहिए।
- यह अभिकारकों और/या उत्पादों में गुणांकों को शामिल करके पूरा किया जाता है।
- गुणांकों का शामिल होना रससमीकरणमिति (स्टोकियोमेट्री) नामक एक विधि कहलाता है।

अत: विकल्प (C) सही है।

92. आणविक सूत्र C_3H_8 का रासायनिक नाम प्रोपेन है।

आणविक सूत्र C_3H_8 के साथ प्रोपेन की संरचना में 10 सहसंयोजक बांड होते हैं।

- सहसंयोजक बांड: दो परमाणुओं के बीच दो संयोजी इलेक्ट्रॉन के साझाकरण द्वारा गठित रासायनिक बांड।
- प्रोपेन अणु में 8 कार्बन-हाइड्रोजन सहसंयोजक बांड और 2 कार्बन-कार्बन सहसंयोजक बांड मौजूद होते हैं। तो, प्रोपेन में मौजूद सहसंयोजक बांड की कुल संख्या $(8 + 2 = 10)$ होगी।

अत: विकल्प (D) सही है।

93. जब एक निकाय या तो पूर्ण रूप से या आंशिक रूप से तरल में निमज्जित होता है, तो निकाय द्वारा अनुभव किए गए द्रवस्थैतिक दाब बलों के शुद्ध ऊर्ध्वाधर घटक के कारण एक उत्तोलन उत्पन्न होता है। इस उत्तोलन को उत्प्लावक बल कहा जाता है और इस घटना को उत्प्लावकता कहा जाता है।

आर्किमिडीज का सिद्धांत बताता है कि एक निमज्जित निकाय पर उत्प्लावक बल निकाय द्वारा विस्थापित तरल के वजन के बराबर होता है और यह विस्थापित आयतन के केंद्रक के माध्यम से उर्ध्वाधर रूप से ऊपर की ओर कार्य करता है।

अतः निमज्जित निकाय का शुद्ध वज़न (इसके द्वारा अनुभव किया गया उर्ध्वाधर रूप से नीचे की ओर का बल) उस मात्रा से इसके वास्तविक वजन में से घट जाता है जो उत्प्लावक बल के बराबर होता है।

$$F_B = \rho g h A = \rho g V$$

$$F_B = f(V_{\text{विस्थापित}}, \rho)$$

अत: विकल्प (C) सही है।

94. आप्लवकेंद्र को उस बिंदु के रूप में परिभाषित किया जाता है जिसके चारों ओर एक निकाय एक छोटे कोण से झुके होने पर दोलन करना प्रारंभ करता है।

- आप्लवकेंद्र को उस बिंदु के रूप में भी परिभाषित किया जा सकता है जिस पर उत्प्लावक बल के कार्य की रेखा निकाय के लम्बवत अक्ष से तब मिलेगी जब निकाय को एक छोटा कोणीय विस्थापन दिया जाता है।
- दूरी MG अर्थात् एक प्लवमान निकाय के आप्लवकेंद्र और निकाय के गुरुत्वाकर्षण केंद्र के बीच की दूरी आप्लवकेंद्री ऊंचाई कहलाती है।
- इसे रेखा BG के अनुदिश मापा जाता है।

अत: विकल्प (B) सही है।

95. आर्किमिडीज़ सिद्धांत:

- कोई वस्तु जो एक तरल में डूबती है, उस पर एक ऊपर की ओर बल कार्य करता है जिसका परिमाण विस्थापित तरल के भार के बराबर होता है।
- वस्तु पर आरोपित ऊपर की ओर बल उत्प्लावन बल कहलाता है।
- यदि वस्तु का द्रव्यमान m है तो वस्तु का भार (W) mg होता है। किसी वस्तु का भार हमेशा नीचे की ओर कार्य करता है।
- उत्प्लावन बल $F_b = \rho V g$.
- जहाँ ρ = घनत्व, V = विस्थापित आयतन और g = गुरुत्व के कारण त्वरण
- यह ऊँचाई पर निर्भर नहीं करता है और अतः यह नियत रहता है।

अत: विकल्प (C) सही है।

96. आर्किमिडीज सिद्धांत/नियम:

- आर्किमिडीज के सिद्धांत में कहा गया है कि ऊपर की ओर बल जो एक ऐसी वस्तु द्वारा आरोपित होता है जो या तो आंशिक रूप से या पूरी तरह से एक तरल पदार्थ में डूबी होती है जो वस्तु द्वारा विस्थापित तरल के वजन के बराबर होती है। यह सिद्धांत प्लवन के नियम को साबित करने में मदद करता है।
- प्लवन का नियम बताता है कि एक तैरते हुए निकाय का वजन उसके द्वारा विस्थापित तरल के वजन के बराबर होता है।
- उदाहरण के लिए - समुद्र में एक जहाज या पनडुब्बी डूबता नहीं जब तक पानी का भार अपने वजन के बराबर होता है।

अत: विकल्प (D) सही है।

97. इंद्रधनुष प्रकीर्णन और संपूर्ण आंतरिक परावर्तन के कारण बनता है।

- वह परिघटना जिसमें एक सफेद प्रकाश किरण जब प्रिज्म पर गिरती है तो उसके घटक रंगों में अलग हो जाती है जिसे प्रकाश का प्रकीर्णन कहा जाता है।
- एक प्रकाश पुंज के रंगीन घटकों के बैंड को इसका स्पेक्ट्रम कहा जाता है।
- एक इंद्रधनुष एक प्राकृतिक वर्णक्रम, बारिश के बाद आकाश में दिखाई देता है।
- यह वातावरण में मौजूद पानी की छोटी बूंदों द्वारा सूर्य के प्रकाश के प्रकीर्णन के कारण होता है।
- एक इंद्रधनुष हमेशा सूर्य के विपरीत दिशा में बनता है।
- पानी की बूंदें छोटे प्रिज्म की तरह काम करती हैं।
- वे आपतित सूर्य के प्रकाश को अपवर्तित करते है और प्रकीर्णन करते हैं, फिर इसे आंतरिक रूप से परावर्तित करते हैं, और अंत में इसे फिर से अपवर्तित करते हैं जब यह बारिश की बूंदों से बाहर निकलता है।
- प्रकाश के प्रकीर्णन और आंतरिक परावर्तन के कारण, विभिन्न रंग पर्यवेक्षक की आंख तक पहुंचते हैं।

अत: विकल्प (B) सही है।

98. लाल प्रकाश की तरंग दैर्ध्य अन्य रंगों की तुलना में अधिक होती है। इसलिए, यह किसी भी अन्य रंग की तुलना में कम प्रकीर्णित होता है। इसलिए खतरे के संकेत में लाल रंग का प्रयोग किया जाता है।

प्रकाश का प्रकीर्णन: जिस परिघटना में प्रकाश की किरण प्रयुक्त प्रकाश की तरंगदैर्ध्य के तुलनीय आयामों के कणों से गुजरने पर अन्य सभी दिशाओं में पुनर्निर्देशित होती है, उसे प्रकाश का प्रकीर्णन कहते हैं।

अत: विकल्प (A) सही है।

99. कोहरे के माध्यम से कोई नहीं देख सकता क्योंकि कोहरे में बूंदों द्वारा प्रकाश का प्रकीर्णन होता है।

- कोहरे की बूंदों से प्रकाश के विक्षेपं के कारण कोहरे के माध्यम से देखना मुश्किल है।
- जैसा कि हम जानते हैं कि वायुमंडल में वायु और अन्य महीन कणों के अणुओं को निलंबित कर दिया जाता है, जिसका आकार दृश्यमान प्रकाश की तरंगदैर्ध्य से छोटा होता है।
- जैसे ही प्रकाश कोहरे के बीच से गुजरता है, प्रकाश इन कणों से सभी दिशाओं में बिखर जाता है और उसे देखना मुश्किल हो जाता है।

अत: विकल्प (B) सही है।

100. कोलाइडीय कण द्वारा प्रकाश का प्रकीर्णन टिंडल प्रकीर्णन कहलाता है।

- टिंडल प्रभाव तब देखा जाता है जब प्रकाश-प्रकीर्णन वाला अभिकण पदार्थ प्रकाश-संचार माध्यम के अलावा अन्य माध्यम में विक्षेपित होता है।
- टिंडल प्रभाव तब भी देखा जा सकता है जब प्रकाश का एक महीन बीम एक छोटे छेद के माध्यम से एक कमरे में प्रवेश करता है। यह हवा में धूल और धुएं के कणों द्वारा प्रकाश के प्रकीर्णन के कारण होता है।

अत: विकल्प (B) सही है।

// टिप्पणियाँ //

// टिप्पणियाँ //

www.ingramcontent.com/pod-product-compliance
Ingram Content Group UK Ltd.
Pitfield, Milton Keynes, MK11 3LW, UK
UKHW061704190726
13853UKWH00008B/2403

9 789355 565617